全国高职高专规划教材·汽车系列

汽车底盘故障诊断与维修技术

主　编　陈友鹏
副主编　涂超群　卢　鹏
主　审　王晓模

北京大学出版社
PEKING UNIVERSITY PRESS

内 容 简 介

本书根据现代汽车底盘、车身的结构与维修的特点,综合介绍汽车底盘、车身的故障机理、诊断、维修等知识,并对常见综合故障实例进行分析。

全书分为 7 章,全面地介绍传动系故障诊断与维修、制动系故障诊断与维修、转向系故障诊断与维修、行驶系故障诊断与维修、自动变速器故障诊断与检修、ABS 系统故障诊断与检修、汽车车身检测与修复。本书注重理论与实践的结合,突出介绍汽车底盘故障诊断与维修技术的新知识、新技术,内容通俗易懂。

本书可作为高等职业院校汽车检测与维修、汽车运用等相关专业的教材,也可作为汽车技术培训等相关课程的教材,同时可供汽车维修人员和工程技术人员参考。

图书在版编目(CIP)数据

汽车底盘故障诊断与维修技术/陈友鹏主编. —北京:北京大学出版社,2014.3
(全国高职高专规划教材·汽车系列)
ISBN 978-7-301-23758-8

Ⅰ.①汽… Ⅱ.①陈… Ⅲ.①汽车–底盘–故障诊断–高等职业教育–教材 ②汽车–底盘–故障修复–高等职业教育–教材 Ⅳ.①U472.41

中国版本图书馆 CIP 数据核字(2014)第 013835 号

书　　　　名:	汽车底盘故障诊断与维修技术
著作责任者:	陈友鹏　主编
策 划 编 辑:	桂　春
责 任 编 辑:	桂　春
标 准 书 号:	ISBN 978-7-301-23758-8/TH·0381
出 版 发 行:	北京大学出版社
地　　　　址:	北京市海淀区成府路 205 号　100871
网　　　　址:	http://www.pup.cn　新浪官方微博:@北京大学出版社
电 子 信 箱:	zyjy@pup.cn
电　　　　话:	邮购部 62752015　发行部 62750672　编辑部 62765126　出版部 62754962
印 刷 者:	北京飞达印刷有限责任公司
经 销 者:	新华书店
	787 毫米×1020 毫米　16 开本　14.75 印张　371 千字
	2014 年 3 月第 1 版　2016 年 8 月第 2 次印刷
定　　　　价:	32.00 元

未经许可,不得以任何方式复制或抄袭本书之部分或全部内容。
版权所有,侵权必究
举报电话:010-62752024　电子信箱:fd@pup.pku.edu.cn

前　言

随着我国汽车产业迅速发展，汽车产销旺盛的需求带动了我国汽车维修行业蓬勃而迅速的发展。随着我国汽车保有量的稳步增加，汽车故障的诊断与维修就显得尤为重要。而高素质的汽车故障诊断与维修人才短缺已成为现代汽车维修行业日益突出的问题。同时，汽车技术日新月异，大量新技术的应用，取代了很多沿用多年的传统技术，这些都对汽车维修人员提出了更高的要求。在国家大力发展职业教育的方针下，全国各地大量的职业技术院校、职业技能培训机构开设汽车维修与检测技术专业。

作为我国未来汽车维修行业主力军的高职高专汽车专业的学生，必须要全面地掌握先进的汽车维修技术，以符合行业的发展。本书根据高职高专职业教育特点和现代汽车底盘的维修特点和发展趋势，在传统维修技术基础上，结合大量新的、符合现代汽车维修行业一线状况的维修技术，重点介绍了现代汽车底盘中各系统的组成，典型故障的现象、原因、故障检测、诊断与排除方法以及底盘各部件的维修方法，力图将这些知识有机地融合为一个整体。本书以培养从事汽车维修一线工作的高级应用型人才为目标，并结合了汽车维修企业的生产实践，在内容上突出基础理论知识的应用和实践能力的培养，具有很强的针对性，同时注重对学生创新能力、职业道德的培养。

本书由陈友鹏任主编，涂超群、卢鹏任副主编，全书由王晓模主审。

本书在编写过程中参考了大量的资料与文献，并得到了广东物资君豪汽车贸易有限公司副总经理、高级工程师、技术总监陈胜潮，湖南益阳申湘别克汽车销售有限公司技术总监杨志及广州（增城）庆铃汽车销售有限公司、广州南凌汽车销售有限公司的大力支持和帮助，在此表示衷心的感谢。

由于编者水平有限，书中难免有不足之处，敬请与读者批评指正，以便修订时改进。

编　者
2014 年 3 月

目 录

第1章 传动系故障诊断与维修 ………… 1

- 1.1 传动系概述 …………………………… 1
  - 1.1.1 传动系的主要功用及组成 …… 1
  - 1.1.2 传动系常见故障 ……………… 3
- 1.2 离合器故障诊断与维修 ……………… 3
  - 1.2.1 离合器概述 …………………… 4
  - 1.2.2 离合器故障诊断 ……………… 5
  - 1.2.3 离合器主要机件的维修 …… 10
- 1.3 机械手动变速器故障诊断与维修 … 12
  - 1.3.1 机械手动变速器概述 ………… 13
  - 1.3.2 机械手动变速器故障诊断 …… 14
  - 1.3.3 机械手动变速器的维修 …… 21
- 1.4 万向传动装置故障诊断与维修 …… 26
  - 1.4.1 万向传动装置的组成与作用 ………………………… 26
  - 1.4.2 万向传动装置故障诊断 …… 27
  - 1.4.3 万向传动装置的维修 ……… 29
- 1.5 驱动桥故障诊断与维修 …………… 31
  - 1.5.1 驱动桥概述 ………………… 31
  - 1.5.2 驱动桥故障诊断 …………… 32
  - 1.5.3 驱动桥的维修 ……………… 34
- 复习思考题 ………………………………… 42

第2章 制动系故障诊断与维修 ………… 43

- 2.1 液压制动系故障诊断分析 ………… 43
  - 2.1.1 液压制动系概述 …………… 43
  - 2.1.2 液压制动系故障诊断分析 … 43
- 2.2 气压制动系故障诊断分析 ………… 53
  - 2.2.1 气压制动系概述 …………… 53
  - 2.2.2 气压制动系故障诊断分析 … 54
- 2.3 驻车制动系故障诊断、调整与检修 …………………………………… 61
  - 2.3.1 驻车制动系故障诊断 ……… 61
  - 2.3.2 驻车制动系的调整与检修 … 62
- 2.4 制动系的调整与检修 ……………… 64
  - 2.4.1 液压制动系的维护、调整与检修 …………………………… 64
  - 2.4.2 气压制动系的维护、调整与检修 …………………………… 73
- 复习思考题 ………………………………… 79

第3章 转向系故障诊断与维修 ………… 80

- 3.1 转向系故障诊断分析 ……………… 80
  - 3.1.1 转向系概述 ………………… 80
  - 3.1.2 机械转向系故障诊断分析 … 81
  - 3.1.3 液压助力转向系故障诊断分析 ………………………… 84
- 3.2 转向系检查与调整 ………………… 86
  - 3.2.1 转向系的检查 ……………… 87
  - 3.2.2 转向系的调整 ……………… 90
- 3.3 转向系的维修 ……………………… 92
  - 3.3.1 机械转向系的维修 ………… 92
  - 3.3.2 典型转向系的维修 ………… 94
  - 3.3.3 电控电动助力转向系的维修 ……………………………… 100
- 复习思考题 ………………………………… 103

第4章 行驶系故障诊断与维修 ………… 105

- 4.1 行驶系故障诊断分析 ……………… 105
  - 4.1.1 行驶系概述 ………………… 105
  - 4.1.2 行驶系故障诊断分析 ……… 107
- 4.2 行驶系的拆检、装配与调整 ……… 118
  - 4.2.1 前桥与前悬架的维修 ……… 118
  - 4.2.2 后桥与后悬架的维修 ……… 127
  - 4.2.3 轮胎的维护 ………………… 131
  - 4.2.4 前轮侧滑量的检测 ………… 133
  - 4.2.5 四轮定位的检测 …………… 134
  - 4.2.6 电控悬架的检修 …………… 135
- 复习思考题 ………………………………… 138

第5章 自动变速器故障诊断与检修 ……… 139

- 5.1 自动变速器故障诊断分析 ……… 139
  - 5.1.1 自动变速器概述 ……… 139
  - 5.1.2 自动变速器常见故障诊断分析 ……… 139
- 5.2 自动变速器试验 ……… 152
  - 5.2.1 自动变速器试验 ……… 152
  - 5.2.2 自动变速器使用注意事项 ……… 170
- 5.3 自动变速器主要机件的检修 ……… 172
  - 5.3.1 液力变矩器的检修 ……… 172
  - 5.3.2 自动变速器油泵的检修 ……… 173
  - 5.3.3 自动变速器离合器的检修 ……… 173
  - 5.3.4 自动变速器制动器的检修 ……… 175
  - 5.3.5 单向离合器的检修 ……… 175
  - 5.3.6 行星齿轮机构的检修 ……… 176
  - 5.3.7 液压控制阀板的检修 ……… 176
  - 5.3.8 电磁阀的检修 ……… 177
  - 5.3.9 P/N 开关的检修 ……… 177
  - 5.3.10 散热器的检修 ……… 177
  - 5.3.11 车速传感器的检修 ……… 177
- 复习思考题 ……… 178

第6章 ABS 系统故障诊断与检修 ……… 179

- 6.1 ABS 系统故障诊断分析 ……… 179
  - 6.1.1 ABS 系统概述 ……… 179
  - 6.1.2 ABS 系统故障诊断分析 ……… 180
- 6.2 典型汽车 ABS 系统的检修 ……… 183
  - 6.2.1 广州本田雅阁轿车 ABS 系统概述 ……… 184
  - 6.2.2 本田雅阁轿车 ABS 系统的检测 ……… 186
  - 6.2.3 本田雅阁轿车 ABS 系统故障码的读取与说明 ……… 188
  - 6.2.4 本田雅阁轿车 ABS 系统 ABS 指示灯的检查 ……… 192
  - 6.2.5 本田雅阁轿车 ABS 系统 ABS 电脑和失效保护继电器的拆装 ……… 195
  - 6.2.6 调节器的拆卸与安装 ……… 196
  - 6.2.7 车轮转速传感器的检测与拆装 ……… 197
- 复习思考题 ……… 199

第7章 汽车车身检测与修复 ……… 200

- 7.1 概述 ……… 200
- 7.2 汽车车身变形的检测 ……… 203
  - 7.2.1 车身变形检测的基本步骤 ……… 203
  - 7.2.2 车身测量的意义 ……… 203
  - 7.2.3 车身测量的基准 ……… 204
  - 7.2.4 车身测量方法的应用 ……… 206
- 7.3 汽车车身整形 ……… 209
  - 7.3.1 碰撞力分析 ……… 210
  - 7.3.2 车身损坏 ……… 211
  - 7.3.3 车身整形 ……… 213
  - 7.3.4 车身局部修复工艺 ……… 215
- 7.4 汽车车身主要零件的修理 ……… 217
  - 7.4.1 保险杠的维修 ……… 218
  - 7.4.2 翼子板的维修 ……… 218
  - 7.4.3 车门的维修 ……… 221
  - 7.4.4 车门框和立柱的维修 ……… 221
  - 7.4.5 车顶的维修 ……… 222
  - 7.4.6 发动机罩的维修 ……… 223
- 7.5 汽车车身表面涂层的修复 ……… 224
  - 7.5.1 常用涂料 ……… 224
  - 7.5.2 颜色调配 ……… 226
  - 7.5.3 常用喷涂修理工具及设备设施 ……… 227
  - 7.5.4 汽车车身表面涂层的修复 ……… 228
- 复习思考题 ……… 229

参考文献 ……… 230

第1章 传动系故障诊断与维修

学习目标

本章主要掌握传动系各总成机件的故障现象;掌握传动系各总成产生故障的主要原因及故障原因的分析方法;掌握传动系各主要总成故障的诊断方法;掌握传动系各总成主要机件的维护和检修方法。

1.1 传动系概述

知识目标

1. 巩固汽车传动系的基本结构与相关原理知识。
2. 了解汽车传动系各机件的运行状况。

能力目标

能够准确指出并熟练掌握汽车传动系各机件结构及在汽车运行时的基本状况。

1.1.1 传动系的主要功用及组成

1. 传动系的主要功用

(1) 减速、变速:减速增矩,变速以适应各工作状况。
(2) 倒驶:设倒挡。发动机不能倒转,汽车却可后退。
(3) 中断传动:用离合器、空挡。发动机不停机,汽车却可停驶。
(4) 差速作用:允许左、右驱动轮转速不同。

传动系按传动形式的不同可分为机械式、液力机械式、静液式、电力式等;按布置方式的不同可分为前置前驱动(FR)、前置后驱动(FF)、后置后驱动(RR)、四轮驱动(4WD)。

2. 传动系的组成

传动系由离合器、变速器(及分动器)、万向传动装置和驱动桥(主减速器、差速器、半轴)等组成,如图1-1所示。

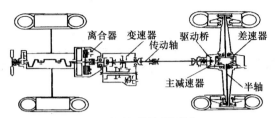

(a) 发动机前置后轮驱动

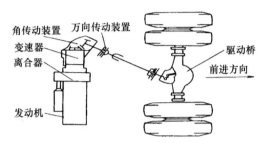

(b) 发动机后置后轮驱动

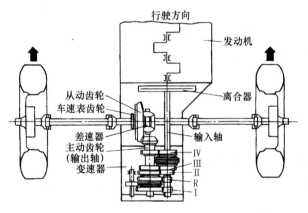

(c) 发动机前纵置前轮驱动

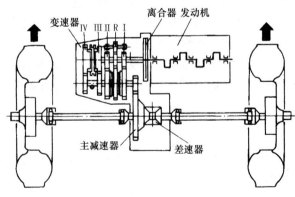

(d) 发动机前横置前轮驱动

图1-1 传动系的布置方式

1.1.2 传动系常见故障

传动系常见故障为功能异常和异响,其常见故障部位如图1-2所示。

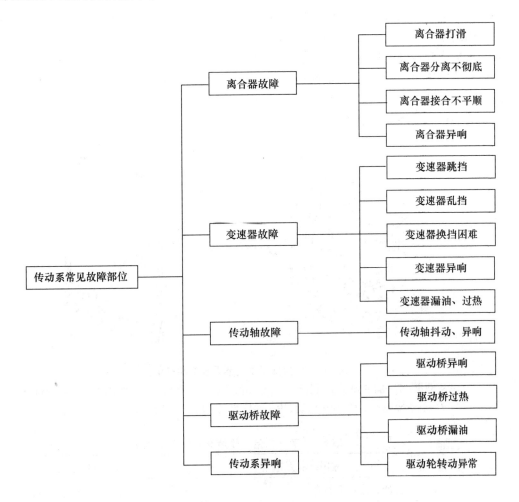

图1-2 传动系常见故障部位

1.2 离合器故障诊断与维修

知识目标

1. 掌握离合器各类故障的常见现象。
2. 掌握引起离合器各类故障产生的主要原因及分析方法。
3. 掌握离合器主要机件的检修方法。

能力目标

1. 能够利用离合器产生故障时出现的现象解决离合器各种相关故障。

2. 能对离合器主要机件进行检修。

1.2.1 离合器概述

离合器是传动系的主要组成部分。离合器主要由主动部分、从动部分、压紧机构和操纵机构组成,如图1-3所示。它的主动部分与发动机飞轮相连,从动部分与变速器相连。从汽车起步到行驶的过程中,它使发动机与变速器暂时分离或接合,以切断或传递发动机向传动系统输出的动力,起到保证汽车平稳起步、便于换挡、防止传动系统过载等作用。离合器使用频率较高,常见故障为离合器打滑、分离不彻底、接合不平顺、异响等,其常见故障部位和故障原因如表1-1所示。

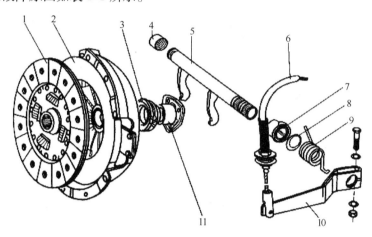

图1-3 膜片弹簧离合器及操纵机构的组成
1—从动盘;2—膜片弹簧-压板组;3—分离轴承;4—衬套;5—分离轴;6—离合器拉索;
7—轴承套及密封件;8—卡簧;9—回位弹簧;10—分离轴传动杆;11—分离套筒

表1-1 离合器常见故障部位和故障原因

序号	故障部位	故障现象及危害	故障原因
1	踏板	打滑,分离不彻底	不能回位,自由行程过大、过小
2	分离杠杆	调整不当,打滑或分离不彻底;支架松旷发响	调整不当,不在一个平面内;支架螺母松动
3	从动盘	打滑,异响,分离不开	油污,变薄,烧损,破裂,铆钉外露,钢片翘曲,盘毂键槽锈蚀
4	压盘	起步发抖	翘曲划伤,龟裂
5	压紧弹簧	打滑,起步发抖	过软、折断,弹力不均,膜片弹簧变形
6	离合器盖	壳盖高度不够,分离杠杆位置过低,分离不开	变形,分离杠杆座磨损
7	分离轴承	烧蚀卡滞,发响	严重缺油,回位弹簧过软、脱落
8	分离叉轴	间隙过大,分离不开	衬套松旷
9	减振弹簧	发抖	断裂失效
10	飞轮	离合器打滑	端面翘曲,连接螺栓松动

1.2.2 离合器故障诊断

1. 离合器打滑

1）故障现象

(1) 汽车起步时,放松离合器踏板后,汽车不能灵敏起步或起步困难。
(2) 汽车加速行驶时,车速不能随发动机转速的提高而提高。
(3) 行驶过程中感到行驶无力,严重时产生焦臭味或冒烟等现象。

2）故障产生的主要原因

导致离合器打滑故障的实质就是离合器的接合力过小。根本原因是压盘不能牢固地压在从动盘上,或从动盘摩擦片的摩擦系数过小。产生这种故障的具体原因主要有以下几点。

(1) 离合器踏板自由行程过小或无自由行程、踏板不能完全回位,分离轴承常压在分离杠杆上,使压盘处于半分离状态。
(2) 离合器拉索失效,丧失自调功能。
(3) 分离轴承发卡,不能回位。
(4) 离合器摩擦片烧损、硬化、有油污或磨损严重。
(5) 膜片弹簧疲劳、开裂或失效,致使压紧力不足。
(6) 离合器压盘或飞轮表面翘曲变形。
(7) 离合器与飞轮连接螺栓松动。

3）故障诊断与排除

离合器如果出现打滑的故障,一般判断方法有以下几种。

(1) 做起步实验。汽车停放在平地上,拉紧手制动,挂上起步挡,汽车不能感到有正常起步的那种阻力,而且发动机没有任何熄火的现象。
(2) 做加速实验。汽车按正常的行驶方法进行行驶,驾驶员明显感到汽车不能随发动机的转速提升而加速,甚至可能出现异常的焦味,有时可能车速会出现降低的现象。
(3) 故障确诊后,可按图1-4所示流程诊断并排除故障。在诊断过程中要注意检查离合器压盘和摩擦片的磨损和变形情况,若超出规定的技术要求必须及时维修或更换。如捷达轿车离合器的从动盘摩擦片铆钉头最小深度为0.3 mm,在摩擦片外边缘2.5 mm处端面跳动量不应大于0.5 mm,压盘向内扭曲量最大不应大于0.20 mm,超过极限值则应更换。

2. 离合器分离不彻底

1）故障现象

(1) 汽车在正常起步时,将离合器踩到底仍感到挂挡困难,且常伴有齿轮撞击声。
(2) 强行挂上挡,而离合器踏板尚未松开,汽车就向前窜,严重时发动机立即熄火。

2）故障产生的主要原因

离合器分离不彻底故障的实质就是离合器工作行程不足。根本原因是将离合器踏板踩到底时,压盘与从动盘摩擦片没有完全分离,离合器处于半接合状态。离合器操纵系统类型不同,造成其分离不彻底的原因略有不同,液压操纵系统由于液压元件的存在而变得较为复杂。造成离合器分离不彻底具体的主要原因一般有以下几点。

(1) 离合器踏板自由行程过大。
(2) 从动盘钢片翘曲、摩擦片破裂或铆钉松动。

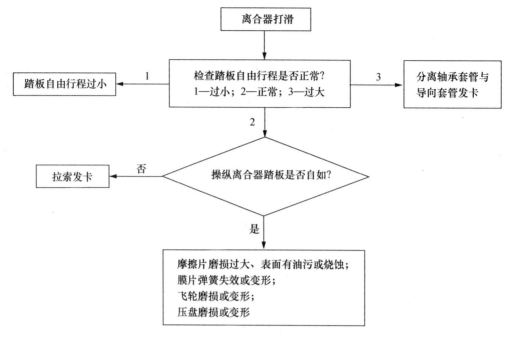

图 1-4 离合器打滑的故障诊断流程

(3) 压盘变形失效。

(4) 膜片弹簧变形、断裂或内端因调整不当而不在同一平面,压紧弹簧部分折断或弹力不均等。

(5) 分离杠杆内端不在同一平面内,分离杠杆调整螺钉松动或支架松动,个别分离杠杆弯曲或调整螺钉折断。

(6) 双片离合器中间压盘限位螺钉调整不当,其个别支承弹簧折断、过软、弹性相差过大,定位块损坏等。

(7) 刚维修后,新换的摩擦片太厚或从动盘正反装错。

(8) 发动机前后支承固定螺栓松动等。

(9) 操纵机构发卡。

(10) 液压操纵系统进入空气,油液不足或漏油,主缸、工作缸工作不良。

3) 故障诊断与排除

(1) 离合器操纵系统不同,踏板自由行程调整方法也不同。对于杆式操纵系统,用改变踏板拉杆长度的方法来调整踏板自由行程;对于拉索式操纵系统,可用改变拉索长度的方法来调整其自由行程。车型不同,踏板自由行程标准值也不相同,如桑塔纳轿车的离合器踏板自由行程为 15～20 mm;捷达轿车离合器拉索具有自动补偿离合器自由行程的功能,是一种免维护、免保养、免调整的自动调整拉索。

离合器分离杠杆的调整是将各分离杠杆内端面或膜片弹簧内端面调整到与飞轮平面平行的同一平面内,同时分离杠杆内端面或膜片弹簧的高度应符合要求,如轿车膜片弹簧内端面的平面度一般为 0.5 mm。分离杠杆高度可通过旋动调整螺钉进行调整,膜片弹簧则利用专用工具进行校正。

(2) 离合器操纵系统为液压操纵系统的可踩住离合器踏板,立即挂挡能正常挂挡,而踩住离合器踏板停顿一段时间再进行挂挡,如果不能正常挂挡,则可判断为液压系统有渗漏现象,要解决离合器液压系统故障。离合器液压系统的调整及排空气可参照后述"液压制动系统"的方法。

(3) 对于双片离合器,其中间压盘限位螺钉与中间压盘的间隙为 1～1.25 mm。调整时将限位螺钉旋入并抵住中间压盘,然后退出 5/6 圈即可。注意:各限位螺钉的调整必须一致。

(4) 让汽车起步前进或倒退,检查离合器的分离情况。若离合器分离不彻底现象时有时无,则为发动机前后支承固定螺栓松动,应加以紧固。

(5) 对新装的离合器,如果出现分离不彻底现象应进行如下检查。

① 踩踏离合器踏板,若踏板沉重,多为更换的新从动盘摩擦片过厚而使离合器压紧弹簧过度压缩,预紧力过大,且离合器分离后压盘间隙不足,致使分离不彻底,可重新更换摩擦片。

② 踏下离合器踏板观察从动盘位置。若双片离合器从动盘前端面与中间压盘紧抵或单片离合器从动盘前端面与飞轮紧抵,而其后端面却与压盘有足够间隙,则说明变速器一轴后轴承盖颈部过长,以致抵触从动盘花键毂,使从动盘不能后移。

③ 若上述正常,经调整后仍难以分离,则应检查从动盘是否装反。单片离合器从动盘短毂多朝向飞轮,双片离合器两从动盘短毂相对(解放车)或按规定装配。

④ 若以上各项均正常,则应检查和调整分离杠杆高度(方法如前述)。若分离杠杆高度合适,则参照上述诊断过程进行诊断和排除。

图 1-5 为离合器分离不彻底的故障诊断流程。

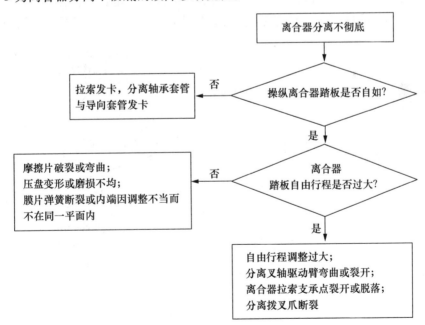

图 1-5 离合器分离不彻底的故障诊断流程

3. 离合器接合不平顺

1) 故障现象

(1) 汽车在起步过程中,虽然逐渐放松离合器踏板,并缓缓踩下加速踏板,但离合器不能平顺接合，产生振抖。

（2）汽车起步或在踩离合器过程中时整车出现明显抖动或有明显的冲击感觉。

2）故障产生的主要原因

离合器发抖的实质是从动盘摩擦片表面与压盘表面、飞轮表面之间的正压力分布不均匀，在同一平面内的接触时间不同，从而使主、从动盘接合不平顺引起发抖。

离合器发闯则为主、从动盘突然接合的结果。离合器发闯的主要原因为分离套筒涩滞、踏板回位弹簧折断或脱落、踏板轴锈涩等导致踏板回位不自如。

离合器发抖的主要原因一般为以下几种。

（1）操纵机构工作不畅。

（2）从动盘波形弹簧片损坏，摩擦片油污、破裂、凹凸不平或铆钉外露，接合时断时续。

（3）主、从动盘磨损不均或翘曲不平，接合时出现局部接触，压不紧而出现抖动现象。

（4）膜片弹簧弹力不均、断裂或内端因调整不当而不在同一平面内（或分离杠杆变形，内端因调整不当而不在同一平面内）。

（5）从动盘扭转减振器损坏，膜片弹簧固定铆钉松动。

（6）从动盘、中间压盘因花键锈蚀、积污而移动发滞。

（7）分离叉轴及衬套磨损严重或分离叉支点破损。

（8）变速器与飞轮壳、发动机的紧固螺栓或离合器壳的固定螺栓松动。

3）故障诊断与排除

使发动机怠速运转，踩下离合器踏板，变速器挂入低速挡，再慢慢放松离合器踏板，轻踩加速踏板让汽车起步，若车身有明显的振抖，并发出"哐当"的撞击声，则为离合器发抖；若汽车不是平顺起步，而是突然闯出，则为离合器发闯。其故障诊断流程如图1-6所示。

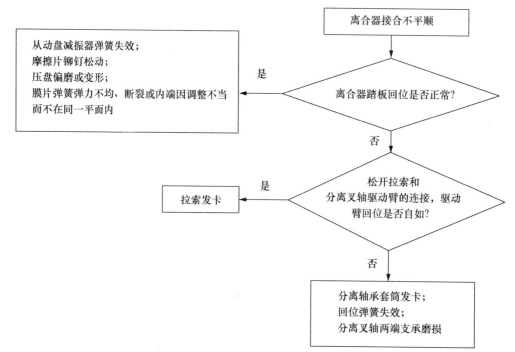

图1-6 离合器接合不平顺的故障诊断流程

4. 离合器异响

1) 故障现象

（1）在汽车行驶过程中，踩下离合器踏板时发出异响，不踩离合器时无响声。

（2）踩下离合器踏板时无响声，不踩离合器时出现异响。

（3）踩下、放松离合器踏板时都有异响。

离合器异响往往在发动机启动后、汽车起步前离合器接合和分离时产生。

2) 故障原因

（1）分离轴承损坏或润滑不良。

（2）踏板回位弹簧过软、折断，离合器踏板无自由行程。

（3）分离轴承套筒与导管脏污，其回位弹簧过软、折断，使分离轴承回位不佳。

（4）分离叉或其支架销、孔磨损松旷。

（5）从动盘摩擦片铆钉松动、外露或摩擦片破裂、减振弹簧折断等。

（6）离合器盖与压盘配合松动，从动盘花键配合松旷。

（7）双片离合器中间压盘传动销、孔磨损松旷。

3) 故障诊断与排除

发动机怠速运转，拉紧驻车制动，变速器挂空挡，慢慢踩下离合器踏板，倾听响声变化；再缓缓放松离合器踏板，倾听响声变化。如此反复多次，均出现不正常响声，即为离合器异响。

离合器异响的故障诊断流程如图 1-7 所示。

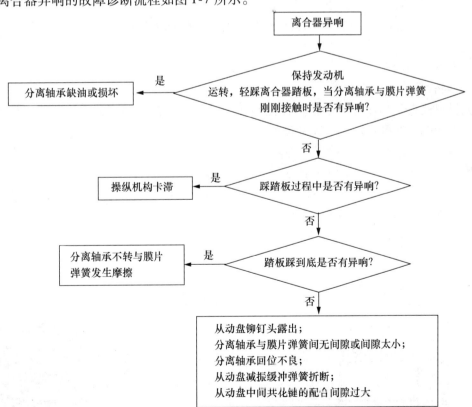

图 1-7　离合器异响的故障诊断流程

1.2.3 离合器主要机件的维修

1. 离合器的维护

离合器的维护主要是检查调整离合器踏板自由行程。

以桑塔纳轿车为例,离合器操纵机构为机械拉索式,其踏板总行程为(150±5)mm,不符合要求时,可通过改变离合器叉轴传动臂与分离叉的安装位置来调整。踏板自由行程为15~25 mm,不符合要求时,通过调整螺母调整,如图1-8所示。

对于离合器采用液压式操纵机构的汽车,调整离合器踏板自由行程一般通过调整踏板上的偏心螺栓,改变主缸推杆的长度来实现。

其他车型的踏板自由行程不一定相同,可查阅该车的维修手册。

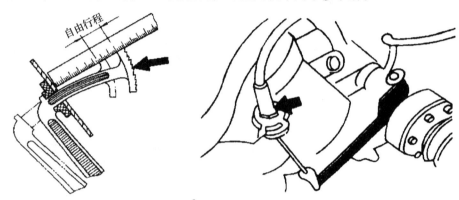

图1-8 离合器踏板自由行程的检查与调整

2. 离合器的检修

1)离合器从动盘的检查

先目视检查,查看从动盘摩擦片是否有裂纹、铆钉外露、减振器弹簧断裂、花键毂磨损严重等情况,如果有则更换从动盘。

再检查从动盘的端面圆跳动。在距从动盘外边缘2.5 mm处测量,离合器从动盘最大端面圆跳动为0.4 mm,如图1-9所示。

最后检查从动盘摩擦片的磨损程度。摩擦片的磨损程度可用游标卡尺进行测量。铆钉头埋入深度应不小于0.20 mm,如图1-10所示。

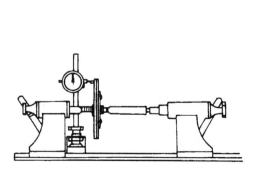

图1-9 从动盘端面跳动的检查

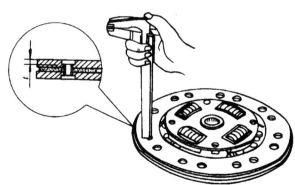

图1-10 从动盘摩擦片的磨损程度的检查

注意：检查的是铆钉头的深度，即浅处的深度。如果检查结果超过要求，则应更换从动盘。

2）离合器压盘的检查

压盘若出现翘曲、破裂或过度磨损，应及时更换。

离合器压盘平面度不应超过0.2mm，检查方法是用钢直尺压在压盘上，然后用塞尺测量，如图1-11所示。

3）离合器膜片弹簧的检查

(1) 膜片弹簧磨损的检查。用游标卡尺测量膜片弹簧与分离轴承接触部位磨损的深度和宽度。深度应小于0.6mm，宽度应小于5mm，否则应更换，如图1-12所示。

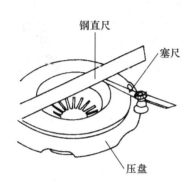

图1-11 压盘平面度的检查

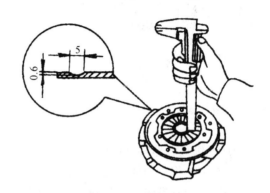

图1-12 膜片弹簧磨损的检查

(2) 膜片弹簧变形的检修。用专业工具盖住弹簧分离指内端（小端），然后用塞尺测量弹簧内端与专用工具之间的间隙。弹簧内端应在同一平面内，间隙不应超过0.5mm。否则用维修工具将变形过大的弹簧分离指翘起以进行调整，如图1-13所示。

4）离合器分离轴承的检查

用手固定分离轴承内圈，转动外圈，同时在轴向施加压力，如有阻滞或有明显间隙感时，应更换分离轴承，如图1-14所示。

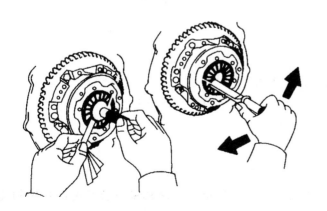

图1-13 膜片弹簧变形的检修

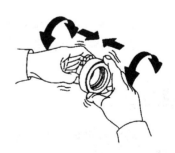

图1-14 分离轴承的检查

5）飞轮的检修

（1）飞轮端面圆跳动的检修。将百分表吸附在发动机机体上，百分表表针抵在飞轮的最外圈，转动飞轮，测量飞轮的端面圆跳动，应小于 0.1 mm，如图 1-15 所示。如果端面圆跳动超过标准，应修理或更换飞轮。

（2）飞轮上轴承的检修。用手转动轴承，在轴向加力，如果有阻滞或有明显间隙感，则应更换轴承，如图 1-16 所示。

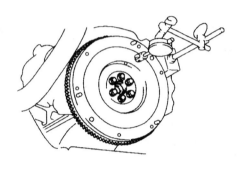 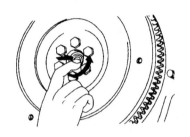

图 1-15　飞轮端面圆跳动的检修　　　　图 1-16　飞轮上轴承的检修

6）液压操纵离合器操纵机构的检修

（1）主缸和工作缸内壁磨损严重时应更换。

（2）活塞皮碗有发胀、破裂现象，应更换。

（3）各管接头有松动，螺纹损坏时，应紧固或更换。

（4）系统内有空气时应排气。方法是：一人反复踩离合器踏板几次后保持踩下状态不动，另一人拧松工作缸放气螺钉排出带空气的液压油，再拧紧放气螺钉。重复以上操作，直到排出的液压油中没有气泡为止。添加主缸储液罐中的液压油至规定高度。

检修调整好的离合器，应接合平稳，分离彻底，无打滑（抖动、异响），操纵机构灵敏可靠，踏板自由行程符合原厂规定。

1.3　机械手动变速器故障诊断与维修

知识目标

1. 掌握机械手动变速器各类故障的常见现象。
2. 掌握引起机械手动变速器各类故障产生的主要原因及分析方法。
3. 掌握机械手动变速器主要机件的检修方法。

能力目标

1. 能够利用机械手动变速器产生故障时出现的现象解决机械手动变速器各种相关故障。
2. 能够对机械手动变速器主要机件进行检修。

1.3.1 机械手动变速器概述

1. 机械手动变速器的功用与组成

机械手动变速器的主要功用如下。

(1) 通过改变传动比扩大汽车驱动力和速度的变化范围,以适应经常变化的行驶条件,同时,使发动机在最有利的条件下工作。

(2) 在发动机旋转方向不变的条件下,使汽车能倒向行驶。

(3) 中断发动机向驱动桥的动力传递,以使发动机能够起步、急速,满足汽车暂时停车的需要。

手动变速器由第一轴(又称输入轴,发动机的动力经离合器后由此轴输入变速器)、第二轴(又称输出轴,动力由此轴输出)、中间轴、同步器(保证换挡顺利)、拨叉、传动机构等组成,如图1-17所示。

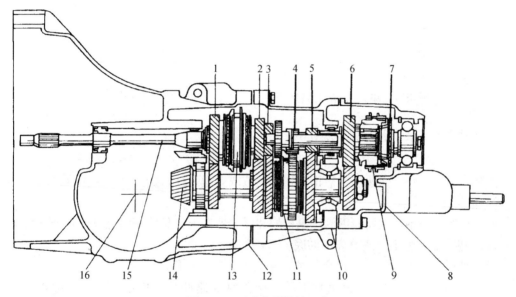

图 1-17 手动变速器的组成

1—四挡齿轮;2—三挡齿轮;3—二挡齿轮;4—倒挡齿轮;5——挡齿轮;6—五挡齿轮;
7—五挡运行齿环;8—换挡机构壳体;9—五挡同步器;10—齿轮箱体;11——、二挡同步器;
12—变速器壳体;13—三、四挡同步器;14—输出轴;15—输入轴;16—主减动器差速器

2. 机械手动变速器主要故障及常见故障部位

变速器工作时,各零部件需适应运转速度的频繁变化,同时承受各种不同载荷,随汽车行驶里程的增加,磨损、变形也随之加大,各零件间的配合关系变坏,引起变速器换挡困难或挂不上挡、变速器跳挡、变速器乱挡、变速器卡挡、变速器漏油和变速器异响等一系列故障。

变速器的常见故障部位主要有同步器、自锁装置、互锁装置、轴承、花键等,如表1-2所示。

表 1-2 手动变速器常见故障部位和故障原因

序号	故障部位	故障现象及危害	故障原因
1	壳体	漏油，跳挡，松动，冲击振动，异响	破裂，端面不平，衬垫损坏，变形，形位误差超标
2	轴承	撞击，卡滞，异响	磨损松旷，座孔失圆，钢球、支架剥落
3	齿轮	跳挡，撞击，异响	齿面剥落，断裂，磨损松旷，齿轮不配套
4	第一轴	异响	与曲轴同轴度超差，键槽齿磨损
5	第二轴	轴向窜动，跳挡，异响	磨损，弯曲变形，固定螺母松动
6	同步器	跳挡，换挡困难	锁销松旷，锥盘、锥环磨损擦伤
7	锁止机构	跳挡，乱挡	磨损，失效
8	变速叉轴	跳挡，挂挡困难	磨损，弯曲变形
9	拨叉	齿轮不能正常啮合，跳挡	弯曲变形，磨损，固定螺钉松动
10	变速杆	换挡困难，乱挡	球头磨损，定位销松旷，下端面磨损
11	油封	漏油	损坏，密封不良

1.3.2 机械手动变速器故障诊断

1. 机械手动变速器换挡困难或挂不上挡

1）故障主要现象

离合器工作良好，变速杆不能正常挂上挡位或者勉强挂入挡位后，又很难退回。

2）故障主要原因

变速器换挡困难的主要原因为操纵机构和同步器失效，具体原因有以下几个方面。

(1) 离合器调整不当或分离不彻底。

(2) 变速叉轴弯曲变形，严重锈蚀，端头出现毛刺，移动困难。

(3) 变速叉或导块、凹槽磨损严重，换挡时变速杆从槽中滑出，造成挂挡、摘挡困难。

(4) 锁止钢球或凹槽严重磨损，导致定位不准，挂不上挡，还可能出现乱挡。

(5) 变速杆调整不当。

(6) 同步器损坏或严重磨损。

3）故障诊断与排除方法

(1) 检查变速杆有无损坏，调整是否正常，并视情况调整、校正或更换。

(2) 查看齿轮齿端倒角是否过小、是否出现毛刺，若出现此类情况，应予更换。

(3) 检查变速叉轴能否正常移动，变速叉及导块凹槽是否磨损过度，锁紧螺钉有无松动，视情况修复或更换。

(4) 检查锁止机构的钢球、凹槽磨损情况，视情况修复或更换。

(5) 检查各同步器，失效则更换。

(6) 若上述各项均正常，则需检查变速器齿轮及轴的装配和配合情况，如不正常应重新装配。

图 1-18 为变速器挂挡困难的故障诊断流程。

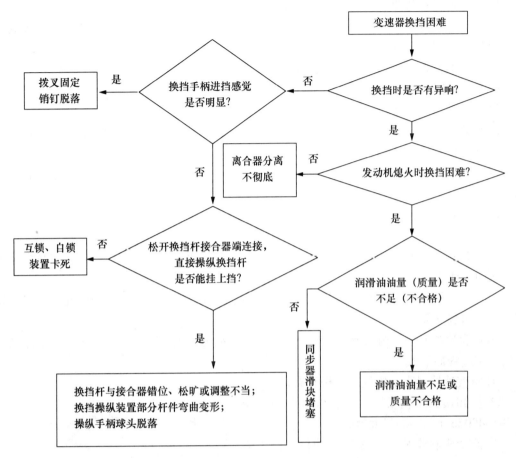

图 1-18　变速器挂挡困难的故障诊断流程

2. 机械手动变速器跳挡（脱挡）

1）故障主要现象

汽车在某一挡位行驶时，变速杆自动跳回空挡。跳挡一般发生在发动机中高速、负荷突然变化或车辆剧烈振动时，尤其在重载加速或爬坡时，且多发生在直接挡或超速挡。这类故障一般有加油跳挡和丢油跳挡两种状态。

2）故障产生的主要原因

变速器跳挡主要是由于操纵机构磨损、变形或调整不当，变速器轴轴向窜动或轴线的同轴度、平行度误差过大，齿轮、齿圈严重磨损等原因所致，一般情况下，加油跳挡故障主要原因为齿轮的磨损，而丢油跳挡的主要原因是变速自锁装置损坏。这类故障的具体原因一般有以下几点。

（1）齿轮、齿圈上的齿在先进入啮合的一端磨损较为严重，沿齿长方向磨损不均形成锥形，在传动过程中产生轴向推力，使之脱离啮合，造成跳挡。

（2）啮合齿啮入深度不足，同步器严重磨损或损坏。

（3）滑移齿轮键槽与花键毂花键齿磨损松旷。

（4）操纵杆调整不当、弯曲变形、磨损严重，使变速叉不能完全到位。

（5）变速叉磨损严重、弯扭变形，使齿轮或齿套不能完全到位。
（6）变速叉轴弯曲或磨损，导致锁紧机构工作不可靠。
（7）锁止装置的定位球、锁销及凹槽磨损，定位弹簧过软，导致锁紧机构工作失效。
（8）变速器轴、轴承严重磨损松旷或轴向间隙过大。
（9）变速器轴的同轴度、平行度误差过大。
（10）变速器第二轴前端固定螺母松动、变速器固定螺栓松动。

3）故障诊断与排除方法

（1）确定跳挡的挡位。在行驶过程中将变速杆挂入某挡，稍收油门，若变速杆自动跳回，则可诊断为该挡跳挡。

（2）若变速器直接挡跳挡，但并未发现变速器其他故障，则应检查第一轴与曲轴同轴度。

（3）变速器挂挡时，变速杆阻力甚小或无阻力，且该挡跳挡，多为变速叉轴自锁不良。

（4）挂挡时变速杆移动距离变短，且该挡跳挡，说明齿轮啮入深度不足，多是变速叉磨损或向一侧弯曲变形所致。

（5）变速器维修后出现跳挡时，则应考虑变速器在装配时改变了原来的配合状况，如花键毂方向装反等。

（6）变速器操纵机构的调整。车型不同操纵机构的调整要求也不同，捷达轿车操纵机构的调整过程如下。

① 将变速器置于空挡位置，松开夹箍。

② 拆卸换挡手柄及防尘罩，放入专用定位夹具 U-40026（不要夹得太紧）。

③ 旋紧夹箍螺栓，试挂所有挡位，换挡应轻便，之后取下专用工具。

④ 操纵机构微调。松开螺栓 B，将变速器置于一挡，转动调整偏心环 A，使尺寸 $a = 1.5$ cm，拧紧螺栓 B，如图1-19所示。

⑤ 试挂所有挡位，应轻便、自如，无发卡现象，且倒挡锁止机构有效。

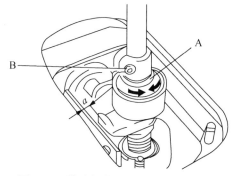

图1-19 捷达轿车变速器操纵机构调整
A—调整偏心环；B—螺栓

图1-20为变速器跳挡的故障诊断流程。

3. 机械手动变速器乱挡

1）故障主要现象

离合器技术状况正常，汽车起步挂挡或行驶中换挡时，变速杆不能挂入所需挡位，或虽能挂入所需挡位，但不能退回空挡，或一次挂入两个挡位。

2）故障主要原因

变速器乱挡的主要原因是其操纵机构失效，故障部位在变速杆、变速叉与叉轴及互锁装置，其具体原因如下。

（1）变速杆定位销磨损松旷、断裂或脱出，使变速杆失去控制作用，任意乱摆。

（2）变速杆下端弧形工作面磨损过大，不能正确拨动变速叉或导块。

（3）变速叉弯曲、下端面或变速叉导块磨损过度。

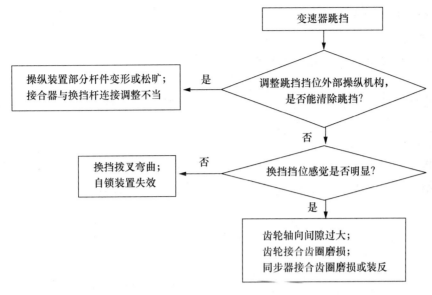

图1-20 变速器跳挡的故障诊断流程

(4) 变速叉轴弯曲，互锁销、钢球或凹槽磨损过甚，失去互锁作用。

(5) 第二轴前端滚针轴承烧结，使第一轴和第二轴连成一体。

3) 故障诊断与排除方法

(1) 摆动变速杆，若变速杆能成圈转动，则为定位销折断或脱出；若变速杆摆动幅度较大，则为定位销磨损过甚。出现以上两种情况均应更换定位销，并调整变速杆。

(2) 若变速器只能挂挡，不能退回空挡，且变速杆可以转动引起错挡，则为变速杆下端球面或导块、变速叉凹槽磨损过甚。若变速杆摆动量甚大，不能退回空挡位置，说明变速杆下端球形工作面已脱出导块、凹槽或变速叉拨槽，必须对其进行焊补修复或更换。

(3) 若能同时挂入两个挡位，说明互锁销、钢球磨损过甚而失去互锁作用，必须更换。

(4) 若除空挡和直接挡外，其他挡位均不能正常工作，则应检查第二轴前端滚针轴承是否烧结而使一、二轴连成一体，若是，应予以清除更换。

图1-21为变速器乱挡的故障诊断流程。

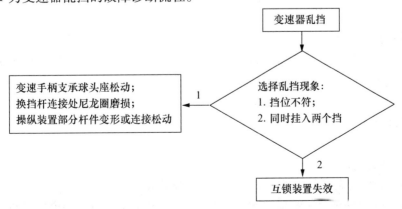

图1-21 变速器乱挡的故障诊断流程

4. 机械手动变速器卡挡

1）故障主要现象

变速器卡在某个挡位，无法回到空挡。

2）故障主要原因

造成变速器卡挡的原因主要是同步器滑块塞堵，拨叉轴弯曲卡死等，应视情况予以修理或更换。

3）故障诊断与排除方法

若换挡手柄操作自如，则是由于一轴后端卡簧脱落或换挡拨叉开口销脱落；否则是由于同步器滑块塞堵、接合器变形等。图1-22为变速器卡挡的故障诊断流程。

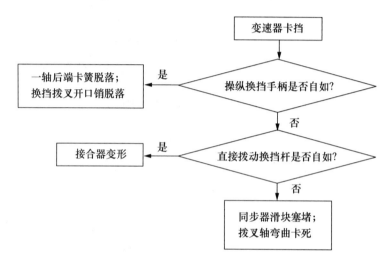

图1-22 变速器卡挡的故障诊断流程

5. 机械手动变速器异响

1）故障主要现象

变速器异响是指变速器内发出不正常响声，主要表现为以下几个方面。

（1）变速器空挡异响。发动机怠速运转，变速器处于空挡时即有异响，踩下离合器踏板后响声消失。有的空挡异响不明显，但在汽车起步、离合器处于半接合状态时有强烈的金属摩擦声。

（2）直接挡工作无异响，其他挡均有异响。

（3）低速挡有异响，高速挡时响声减弱或消失。汽车在一、二挡及倒挡行驶时异响明显，高速挡（直接挡或超速挡）行驶时，响声减弱或消失。

（4）变速器个别挡有异响。汽车行驶时，只在某一挡位有异响。

（5）变速器各挡均有异响。汽车以各挡行驶时，变速器均有异响，车速越高，响声越大。

2）变速器异响部位

变速器异响较复杂，异响部位较多，发出的响声也不同。

（1）齿轮啮合异响。一般是"哐啷、哐啷"的相互撞击声，与道路条件有关。当车速相对稳定时，响声减弱或消失；在变速器温度升高、润滑油较稀时响声较为严重。

(2) 轴承异响。滚动轴承疲劳剥落破损、磨蚀松旷及润滑不良等原因,均会产生"哗啦啦"的响声,同时还会影响到齿轮的正常啮合,齿轮异响随之产生,其响声随车速改变而改变。

(3) 变速叉凹槽异响。在汽车运行中时有时无,尤其在不平路面行驶时,操纵杆摆动会发出一种较为沉闷、无节奏的声音,握住操纵手柄响声即可消失。

(4) 其他异响。金属干摩擦声及轮齿折断、变速器内异物所造成的异响。

3) 故障原因

(1) 新更换的齿轮副不匹配或单独更换了一个齿轮,破坏了原来的配合。

(2) 轮齿磨损过度,齿侧间隙变大,导致齿面撞击声响。

(3) 齿轮齿面损伤或齿轮断裂、个别齿折断,造成较为强烈的金属敲击声响。

(4) 同步器的严重磨损、锁环滑块槽的严重磨损及环齿折断均会产生不正常响声。

(5) 齿轮油不足或变质,将导致各运动副润滑不良,出现金属干摩擦声响。

(6) 各轴弯曲变形,同轴度、垂直度误差过大,影响了齿轮的正常啮合和轴承的正常运转。

(7) 滑移齿轮齿槽与花键齿磨损严重、配合松旷,导致主、从动齿轮相互撞击,产生异响。

(8) 变速器壳体磨损、变形及总成定位不良,破坏了各齿轮副、轴承及花键齿的配合精度,是导致变速器异响的重要原因。

(9) 变速操纵机构中,变速杆及变速叉变形、松动及过度磨损均会造成异响。

4) 故障诊断与排除

变速器异响与挡位、齿轮副转速、负荷等因素均有关系,挡位不同,齿轮副转速不同,参加工作和承受载荷的零件也不同,因而异响部位也不同。

(1) 在汽车行驶中,若听到变速器部位有金属干摩擦声,触摸变速器外壳感到烫手,则为润滑油不足或变质,应按规定添加或更换变速器润滑油。

(2) 变速器空挡异响的故障诊断。变速器空挡时,承受负荷的仅有第一轴常啮合齿轮及其轴承。

① 发动机怠速运转,变速器置空挡时有异响,拉紧驻车制动后响声加重,踩下离合器踏板响声即消失。行驶中响声并不明显,用听诊器或金属棒触听变速器前端,异响较其他部位强烈,则为第一轴后轴承及其承孔磨损松旷。

② 在上述工况下,若变速器有不均匀的噪声,拉紧驻车制动后响声更大,汽车行驶中声响也清晰,多为常啮合齿轮啮合不良。变速器轴同轴度、垂直度误差过大,将导致齿轮啮合不良,产生异响,且在非直接挡行驶时,响声增大。

③ 发动机怠速运转,变速器有明显噪声,转速提高噪声增大并转为齿轮撞击声。可先轻轻推拉变速杆,若有明显振动感,可旋松变速器盖固定螺栓,将盖微微移动,若移至某种程度时响声减轻或消失,说明变速器盖定位失准,应重新定位、安装。若响声不变,则应检查变速叉有无松动、变形,若有则进行校正和紧固。

(3) 直接挡工作无异响,其他挡均有异响的故障诊断。普通变速器在直接挡工作时,中间轴和第二轴前轴承并不承受负荷,而在其他挡工作时,两者均有负荷。其诊断过程如下。

① 若在任一非直接挡工作时,变速器均有连续的金属敲击声,并伴有变速杆的前后

振摆,说明第二轴前滚针轴承损坏。

② 在任一非直接挡工作时,均有连续的沉闷噪声,且在毗邻直接挡的低速挡噪声尤重,多为中间轴前或后轴承损坏。

③ 若以任一非直接挡行驶时变速器突然出现强烈的"铛铛"的金属敲击声,则多为第一轴常啮合齿轮副个别齿折断。

④ 出现上述情况后可拆下变速器盖予以验证。若第二轴前端径向间隙过大,说明滚针轴承不良;中间轴径向间隙过大,说明其两端轴承不良;啮合齿轮损伤可直接目测。

(4) 低速挡有异响,高速挡时响声减弱或消失的故障诊断。变速器在一、二挡和倒挡传递扭矩较大,且一、二挡齿轮又接近二轴后轴承,因此在低挡时轴承负荷比高挡时大得多,若有损坏则特别易在一、二挡时表现出来。

① 驾起驱动桥,启动发动机,使变速器在一、二挡或倒挡运转。查听异响并辅之以听诊器或金属棒听诊,可确诊异响部位在第二轴后轴承及倒挡齿轮处。

② 停车并将变速器置于空挡,放松驻车制动。径向晃动第二轴凸缘,若其径向间隙过大,说明第二轴后轴承松旷或损坏。

(5) 变速器个别挡异响的故障诊断。变速器个别挡异响多为在异响挡位工作时,承受负荷的齿轮、轴承磨损或损坏所致。

① 若某挡有异响,可能是该挡齿轮啮合不良或齿面剥落损伤、断齿等,可拆下变速器盖予以验证。

② 更换某挡齿轮后该挡产生异响,则为单独更换了一个齿轮,破坏了原来的配合所致。

(6) 变速器各挡均有异响的故障诊断。变速器各挡均有异响,多为变速器壳严重磨损、变形所致。

① 变速器在各挡行驶均有连续而沉闷的异响,且挂挡吃力,变速器温度过高。其原因是第二轴弯曲或壳体的轴孔中心距偏小而使齿轮啮合间隙过小。

② 汽车在各挡行驶时,变速器均有杂乱噪声,车速越高,噪声越大,多为更换中间轴或第二轴后轴承后使齿轮啮合位置改变所致。若二轴与各滑动齿轮花键配合松旷,则在高速挡行车时响声明显,特别是突然踩下加速踏板时,响声更为清晰。

(7) 汽车运行中时有时无,尤其在不平路面上行驶时,操纵杆摆动会发出一种较沉闷、无节奏的响声,而握住手柄时响声即消失,一般为变速叉凹槽磨损或操纵杆下端工作面磨损所致,可焊补修复或更换。

(8) 若上述检查均正常,则应检查变速器螺栓螺母是否松动,变速器内有无异物等。

图 1-23 为变速器异响的故障诊断流程。

6. 机械手动变速器漏油

1) 故障主要现象

变速器内的润滑油从变速器盖、前后轴承盖等处渗漏出来。

2) 故障主要原因

其主要原因为各轴油封、油堵、衬垫等密封不良,或回油螺纹积污、磨损变浅,或润滑油过多、壳体破裂等。

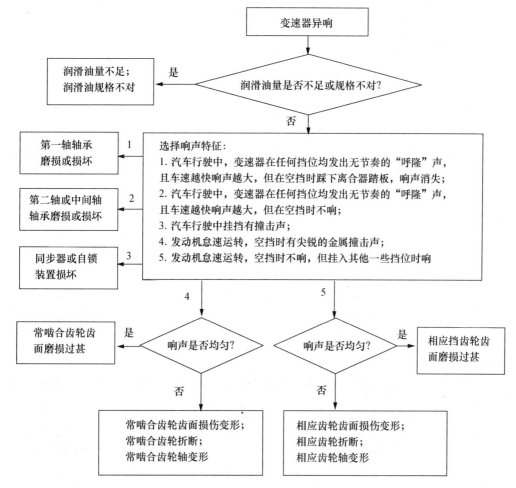

图 1-23 变速器异响的故障诊断流程

3）故障诊断与排除方法

机械手动变速器漏油故障一般是主要检查油平面是否过高、通气孔是否堵塞、油封是否损坏、壳体是否有裂纹等。

1.3.3 机械手动变速器的维修

1. 变速器的维护

变速器的维护内容主要是检查润滑油液面高度及密封情况、检查操纵机构、清洁通气孔。

2. 变速器的修理

1）变速器总成的拆卸

（1）拆下蓄电池的搭铁线，拆下发动机与变速器之间的连接螺栓。

（2）拆下车速表软轴，从离合器分离叉传动臂上拆下离合器拉索。

（3）拆下发动机中间支架、前排气管和消声器，取下变速器上的倒车灯开关插座，分开传动轴与半轴凸缘。

(4) 拆下变速器壳体前下护板与启动机固定螺钉。

(5) 拆下换挡杆。

(6) 用变速器拆装架轻轻顶住变速器,拆下橡胶座支撑。

(7) 拆下变速器悬挂前支架,拆下发动机与变速器下部的连接螺栓,取下变速器总成。

2) 变速器总成的分解

(1) 变速器盖和外部连接部件的拆卸。

① 拆下离合器分离轴承、轴承套和分离叉,以及倒车灯开关和速度计从动齿轮。

② 拆下变速器壳盖和延伸壳。

③ 用尖嘴钳把速度计驱动齿轮的开口环拆下,再卸下速度计驱动齿轮及锁紧滚珠。

(2) 齿轮机构的分解。

① 副轴第 5 齿轮及第 3 啮合套的拆卸。

② 拆下前后轴承护圈,用旋具或其他尖头工具轻轻敲出开口环;再用拉器把第 5 挡齿轮从输出轴上拉出。

③ 用开口环钳拆下副轴和中间轴前开口环,再用拉器把副轴和中间轴承拉出。

④ 用手拆下输入轴和轴承。

⑤ 从第二啮合套上拆下同步环,再用开口环钳拆下开口环;拉出输出轴中间轴承,把输出轴及齿轮从壳体上拆下。

⑥ 把副轴齿轮及轴从壳体上拆下;再拆下倒挡轴轴承止动器和螺栓;然后拆下倒挡惰轮和轴。

⑦ 拆下第 5 挡变速拨叉轴弹簧座、弹簧和滚珠。

⑧ 拆下倒挡变速臂枢轴和螺母;再拆下倒挡变速臂和支承垫块,拆下离合器壳。

⑨ 输出轴的分解。

(3) 操纵机构的分解。

① 用尖头冲子和锤子把 5 个互锁销敲出,拆下拨叉轴的两个卡环、4 个紧封塞、座,弹簧和滚珠。

② 拆下第 3 挡、第 4 挡变速拨叉轴和变速拨叉。

③ 拉出第 1 挡和第 2 挡变速拨叉轴和联锁销,拆下变速拨叉和变速头。

④ 拆下联锁销,拉出变速拨叉轴和联锁销,拆下变速拨叉、滚珠和弹簧。

⑤ 拆下锁紧钢丝和锁紧螺母,拆下选速外横杆和轴。

⑥ 拆下锁紧钢丝和锁紧螺栓,再拆下锁紧销和螺母,拉出变速外横杆和防尘套,拆下变速杆和轴。

3) 主要技术要求

(1) 变速器壳的结合平面,平面度使用极限不得大于 0.20 mm。

(2) 变速器第一、二轴公共轴线与中间轴轴线的平行度误差不大于 0.20 mm。

(3) 变速器壳体前端面对第一、二轴公共轴线的端面跳动,在直径 50~120 mm 处不大于 0.08 mm;在直径 120~250 mm 处不大于 0.10 mm;在直径 250~500 mm 处不大于 0.12 mm。壳体上与盖的结合面对第一、二轴公共轴线平行度误差不大于 0.20 mm。

(4) 第一、二轴及中间轴后轴承与轴承座孔配合间隙一般为 0.00~0.05 mm,使用极限 0.085 mm;中间轴前轴承与轴承座孔配合间一般为 -0.04~+0.005 mm,使用极限

0.025 mm。

（5）变速杆下端与导块槽接触的球头磨损不大于 0.40 mm。

（6）变速叉与滑动齿套环形槽的配合间隙不得大于 1.0 mm；变速叉轴与轴孔的配合间隙一般为 0.04～0.10 mm，使用极限 0.30 mm。

（7）变速叉轴上的定位凹坑要求轴向磨损不大于 0.50 mm，径向磨损不大于 0.70 mm。

（8）齿面呈阶梯状磨损或齿厚磨损大于 0.5 mm。

（9）变速器轴的直线度误差不得大于 0.03 mm；轴颈磨损不得大于 0.04 mm。

（10）常啮合齿轮衬套孔与衬套的配合间隙及齿轮装配后滚针轴承的间隙一般均为 0.025～0.09 mm，使用极限 0.20 mm；常啮合齿轮的轴向间隙应严格要求，一般在 0.1～0.3 mm 之间。

4）变速器的检修

（1）变速器齿轮的检修。变速器齿轮损伤常表现为齿面、齿端、齿轮中心孔眼、花键齿磨损，齿面疲劳剥落、腐蚀斑点，严重时会出现轮齿破碎、断裂等。其处理方法如下。

① 齿面出现以下情况之一时应更换齿轮。

- 占齿面面积 25% 的细小斑点应更换齿轮。
- 长度达 0.2 mm 的细浅痕纹。

② 齿顶允许有很小的剥落，但应将锋边修磨光，否则应更换齿轮。

③ 齿轮出现以下情况之一时应更换。

- 齿顶磨损超过 0.25 mm。
- 齿长磨损超过全长 30%。
- 啮合间隙超过 0.5 mm。

④ 花键齿磨损出现以下情况之一时应更换。

- 磨损厚度超过 0.2 mm。
- 配合间隙超过 0.4 mm。

⑤ 齿轮出现任何形式的裂纹时应更换

（2）变速器轴的检修。变速器轴的损伤常表现为：轴颈、轴齿、花键齿磨损，轴变形，轴破裂等。其处理方法如下。

① 轴弯曲变形（圆跳动）达 0.05 mm 时应校直或更换。

② 轴齿、花键齿损伤达前述齿轮损伤程度时应更换。

③ 轴颈磨损达 0.04 mm 时，可堆焊后修磨、镀铬修复或更换。

④ 轴出现任何形式的裂缝或破碎时都应更换。

（3）同步器的检修。同步器的损伤常表现为同步环、啮合套、花键毂、花键齿损伤，换挡齿轮缺口磨损、裂缝等。其处理方法如下。

① 当同步环锥面上细密的周向螺纹沟槽磨损、凸块磨损及花键毂损伤达到前述齿轮损伤程度时应更换。

② 啮合套上花键齿损伤或与换挡拨叉相配合的凹槽磨损达到前述齿轮的损伤程度时应更换。

③ 花键毂的花键齿损伤达到前述齿轮的损伤程度时应更换。

（4）操纵机构的检修。变速器操纵机构的零件工作频繁，其损伤常表现为：磨损、变形，连接松动，弹簧失效等。其处理方法如下。

① 检查变速器内、外操纵机构各零件的连接情况，发现松动应及时紧固。

② 校正变形零件。如换挡操纵杆，前、后连杆焊接总成，换挡拨叉等。

③ 更换已磨损及失效的零件。包括：换挡拨叉与啮台套的凹槽相接触处磨损，其配合间隙超过 1 mm；选挡换挡轴磨损；换挡拨叉轴拨叉总成磨损；弹簧（包括挡位锁止机构拉紧弹簧。外操纵机构压簧、水平弹簧等）失效；挡位锁止机构的锁止盘凸轮导轨、锁止凸轮磨损；倒挡锁止机构失效；连接件（如换挡铰链总成、螺栓、螺母等）失效；防尘、密封件失效。

（5）变速器壳体的检修。变速器壳体由前壳体、后壳体（也称为变速器盖）两部分构成。其主要损伤表现为：壳体变形、裂纹、定位销孔、轴承座孔、螺纹孔磨损等。其处理方法如下。

① 当壳体的结合平面的平面度误差达到 0.5 mm 时，可用刨、铲、挫、铣等方法修整或更换。

② 当壳体出现裂纹时，对不重要处的裂纹可以用黏结法或焊修法修复。当轴承座孔、螺纹孔、定位孔等重要部位出现裂缝时，必须更换壳体。

③ 变速器的两轴（输入轴和输出轴）的轴承座孔应保证平行度的要求。轴承座孔磨损将破坏轴承的正确配合，从而影响轴和齿轮的正确工作位置，当径向磨损量达 0.05 mm 时，应修理（最常用的修理方法为镶套法）或更换壳体。

5）变速器的装配

（1）倒挡惰轮及轴的装配。

① 首先用枢轴、垫圈和螺母，将倒挡变速臂装到变速器套壳上并旋紧螺母。

② 把第 5 挡变速拨叉轴和变速头装到变速器套壳上，用尖头冲子和锤子敲入开口槽弹簧销。

③ 把倒挡惰轮沟槽与倒挡变速臂闸互相对齐，将倒挡惰轮轴穿过倒挡惰轮安装到壳上，并用 15～22 N·m 的力矩扭紧止动螺栓。

（2）副轴的安装。

（3）输出轴的安装。

① 装上离合器壳。

② 在输出轴前端和滚针轴承上涂上齿轮油，将 2 号同步环放在齿轮上，使环槽和滑块对齐，把滚针轴承装入第 3 齿轮，用压力机将第 3 齿轮和第 2 号啮合套装上。

③ 选择一个与环槽为最小间隙的开口环，装到输出轴上。

④ 用塞尺测量第 3 齿轮轴向间隙。

⑤ 在输出轴后端和滚针轴承上涂上齿轮油，将 1 号同步环放在第 2 齿轮上，使环槽和滑块对齐，把滚针轴承装入第 2 齿轮里，用压力机将第 2 齿轮和第 1 号啮合套装上。

⑥ 将锁紧滚珠装在输出轴上，在滚针轴承上涂上齿轮油，将第 1 齿轮、同步环、滚针轴承和轴承座内圈装配起来。

⑦ 把输出轴装到变速器套壳上。

⑧ 用特种修理工具（丰田工具号为 09309—35010），把第 5 齿轮安装到输出轴上，再用开口环钳装上开口环，取掉钢板。

（4）输入轴的安装。

（5）副轴前后轴承、护圈及延伸壳的安装。

① 把变速器翻转过来，使副轴与轴承中心对齐，同时支撑好副轴后部，用铜锤将副轴前轴承敲入轴承座。

② 安装前轴承护圈。

③ 把中间轴承护圈装到变速器套壳上，并拧紧螺栓。

④ 先在副轴上安装锁紧滚珠和推力垫圈，再把滚针轴承涂上多用途润滑脂装入副轴后端，然后安装第3号接合毂，插上第5挡变速拨叉，并用开口弹簧销锁止。

⑤ 将同步环槽和滑块对齐，用专用工具把第5齿轮花键装到副轴上。

⑥ 用手旋转输入轴和拨动啮合套，分别检查各齿轮的旋转和啮合套的操作是否平顺。

⑦ 将滚珠和速度驱动齿轮装在输出轴，并安装好开口环，再装延伸壳。

⑧ 将速度计从动齿轮装在输出轴上，安装锁紧板和螺栓。

(6) 变速器盖的安装。

① 将变速横杆轴装到壳盖上，再把轴和横杆的孔对齐后，装上锁紧螺栓。

② 在变速横杆轴上安装变速外横杆，再用锁销插上，并用螺母紧固。

③ 把选速横杆轴装到壳盖上，在选速横杆轴上装上选速外横杆，再用锁紧螺栓插上，旋紧螺栓。

④ 对于L54变速器，先装上弹簧和滚珠把变速拨叉轴、倒挡变速头和第5挡变速头装到壳盖上，最后装上卡环，用开槽环销锁死。

⑤ 先把倒挡拨叉用联锁销装到倒挡变速头上，再把另一联锁销、弹簧和滚珠装到壳盖上，装上倒挡变速头（只适用于L49），再把第三个联锁销装到变速拨叉轴上。

⑥ 把一、二挡拨叉用联锁销、弹簧和滚珠装到壳盖上，再把第1挡和第2挡变速拨叉轴装到变速头上，然后把第1挡和第2挡变速头、拨叉和轴装到壳盖上，用尖头冲子和锤子敲入两个开槽弹簧销。

⑦ 装上三、四挡拨叉用联锁销，装上第3挡和第4挡变速拨叉和轴，用尖头冲子和锤子敲入开槽弹簧销。

⑧ 先在紧封塞座上涂上液体密封剂，装上滚珠、弹簧和座；然后在紧封塞上涂上液体密封剂，再将它装入座内。

⑨ 安放好变速器盖新垫圈，将壳盖装到变速器壳体上，再插上安装螺栓并拧紧。

6) 变速器的调整与装配后的检验。

(1) 变速器的调整。变速器在维修后对常啮合齿轮的轴向间隙和轴承外圈轴向间隙必须进行调整。

① 常啮合齿轮的轴向间隙的调整：常啮合齿轮的轴向间隙要求严格，一般在 $0.1\sim0.3\ mm$ 之间，调整方法是用手沿轴向拨动齿轮应无明显松旷感觉。齿轮孔端面磨损和止推环工作面或轴肩磨损，是轴向间隙增大的原因。常啮合齿轮轴向间隙如图 1-24 所示。

② 轴承外圈轴向间隙的调整：变速器第一、二轴和中间轴的定位轴承，安装在变速器壳体相应轴承座孔内，要求轴承外圈轴向间隙为 $0.00\sim0.05\ mm$，使用极限 $0.08\ mm$。调整轴承外圈轴向间隙如图 1-25 所示。

(2) 变速器装配后检验。变速器装配后，应检查各装置的操作功能。

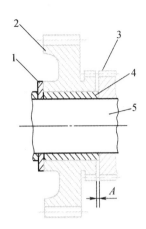
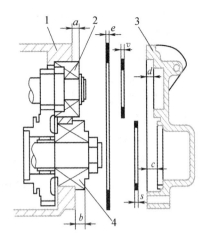

图 1-24 常啮合齿轮轴向间隙示意图
1—止推环;2—齿轮;3—齿轮孔端面;
4—齿轮轴承套;5—花键轴;A—轴向间隙

图 1-25 调整轴承外圈轴向间隙示意图
a、b—轴承外圈端面露出壳体端面的高度;
d—轴承定位孔肩到轴承盖与壳体结合面的距离;
e—密封垫片厚度;v、s—调整垫片厚度
1—变速器壳体;2—输入轴;3—轴承端盖;
4—输出轴定位轴

1.4 万向传动装置故障诊断与维修

知识目标

1. 掌握万向传动装置各类故障的常见现象。
2. 掌握引起万向传动装置各类故障产生的主要原因及分析方法。
3. 掌握万向传动装置主要机件的检修方法。

能力目标

1. 能够利用万向传动装置产生故障时出现的现象解决万向传动装置各种相关故障。
2. 能够对在万向传动装置主要机件进行检修。

1.4.1 万向传动装置的组成与作用

1. 万向传动装置的组成

万向传动装置一般由万向节和传动轴组成,如图 1-26 所示,有时还加装中间轴承。

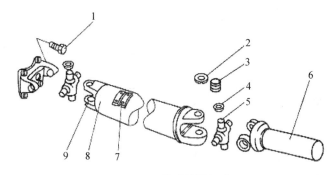

图 1-26 传动轴的组成
1—螺栓；2—卡环；3—轴承；4—油封；5—十字轴；6—滑动叉；
7—平衡片；8—套管；9—万向节叉

2. 万向传动装置的作用

万向传动装置的作用是能在轴间夹角及相互位置经常发生变化的转轴之间传递动力。

汽车经常在复杂的道路上行驶，传动轴便是在其角度和长度不断变化的情况下传递扭矩的。万向节轴承磨损松旷、各连接处的松动、传动轴的弯曲变形、不平衡等，均可导致异响与振抖。表 1-3 为万向传动装置的常见故障部位和故障原因。

表 1-3 万向传动装置常见故障部位和故障原因

序号	故障部位	故障现象及危害	故障原因
1	传动轴	严重摆振	凹陷、弯扭变形、安装不当、平衡块脱落
2	万向节	异响	装配不当、转动不灵活、轴颈磨损
3	中间支承	异响	装配歪斜、支架螺栓松动、减振胶垫裂损
4	中间轴承	异响	润滑不良、内座圈松旷、轴承损坏
5	十字轴轴承	异响	轴颈磨损松旷、滚针断碎、润滑不良
6	万向节滑动叉	异响	花键齿配合松旷、轴承座孔磨损

1.4.2 万向传动装置故障诊断

1. 汽车起步时有撞击声，行驶中始终有异响

1）故障主要现象

汽车起步时传动轴有撞击声，行驶中当车速变化或高速挡低速行驶时也会出现撞击声，整个行驶过程响声不断。

2）故障主要原因

此故障为连接处松旷所致，具体部位如下：

（1）传动轴各凸缘联接处有松动。

（2）万向节轴承磨损松旷。

（3）中间轴承支架固定螺栓松动，内座圈松旷。

(4) 后钢板弹簧 U 形螺栓松动。

3) 故障诊断与排除方法

(1) 汽车行驶中突然改变车速时,总有一声金属撞击声,多为个别凸缘或万向节轴承松旷,应紧固凸缘或更换轴承。

(2) 制动减速时,传动轴出现沉重的金属撞击声,应检查并紧固后钢板弹簧螺栓。

(3) 起步和改变车速时,撞击声明显,汽车低速行驶比高速行驶时异响明显,则为中间轴承内座圈静配合松动,应重新压配或更换轴承。

(4) 起步或行驶中,始终有明显异响并有振动,则为中间轴承支架固定螺栓严重松动,重新拧紧则异响消失。

(5) 停车,检测其游动间隙或目测并晃动传动轴各部,即可找出松旷部位。

2. 起步时无异响,行驶中却有异响

1) 故障主要现象

汽车起步时虽无异响,但加速时异响出现,脱挡滑行时异响仍然十分清晰。

2) 故障主要原因

(1) 万向节装配过紧,转动不灵活。

(2) 传动轴两端万向节不在同一平面内,破坏了传动轴的等速排列。

(3) 中间轴承球架散离、轴承滚道损伤、轴承磨损松旷或润滑不良。

(4) 中间轴承支架安装偏斜,或轴承在支架中的位置不正。

3) 故障诊断与排除方法

(1) 低速行驶时出现清脆而有节奏的金属敲击声,脱挡滑行时声响仍清晰存在,多为万向节轴承壳压紧过甚使之转动不灵活,一般发生在维修之后。

(2) 汽车行驶时,车速加快响声增大,脱挡滑行尤为明显,直到停车才消失,一般为中间轴承响。若响声混浊、沉闷而连续,说明轴承散架,可拆下传动轴挂挡运转,验证响声是否出自中间轴承。

若响声是连续的"嗡嗡……"声,应检查中间轴承支架橡胶垫圈、紧固螺钉是否过紧或过松而使轴承位置偏斜,可旋松轴承盖螺栓,若响声消失,表明中间轴承安装偏斜。若仍有响声,则应检查轴承的润滑情况。如果响声杂乱,时而出现不规则的撞击声,则应检查传动轴万向节叉的等速排列情况。

(3) 高速时传动轴有异响,脱挡滑行也不消失,则应检查中间轴承座圈表面是否有损伤以及支架的安装情况。

3. 行驶中有异响并伴随车身振抖

1) 故障主要现象

车速超过中速出现异响,车速越高响声越大,达一定速度时车身振抖,车门、方向盘等强烈振响。若此时空挡滑行,振动更强烈,降到中速振抖消失,但传动轴异响仍然存在。

2) 故障主要原因

(1) 传动轴弯曲、平衡块脱落或轴管凹陷破坏了动平衡。

(2) 传动轴凸缘和轴管焊接时歪斜。

(3) 中间轴承支架垫圈磨损松旷。

(4) 万向节十字轴回转中心与传动轴同轴度误差过大。

(5) 传动轴万向节滑动叉花键配合松旷,变速器输出轴上的花键与凸缘花键槽磨损过甚。

3) 故障诊断与排除方法

(1) 若为周期性异响,且车速越快响声越大,应检查传动轴是否弯曲、平衡块有无脱落,传动轴套管是否凹陷,万向节滑动叉花键配合是否松旷。可检查传动轴游隙或用手晃动传动轴,若有晃动感则可确诊花键齿或各部螺栓松动、万向节轴及滚针磨损松旷。

(2) 举起汽车或支起驱动桥,挂入高速挡,查看传动轴摆振情况。如果抬起加速踏板,当车速突然下降时摆振更大,则为凸缘和轴管焊接歪斜或传动轴弯曲所致,可拆下传动轴,检查是传动轴弯曲、轴管凹陷,还是凸缘和轴管焊接处歪斜。

(3) 若连续振响,应检查中间轴承支架垫圈径向间隙是否过大。松开中间轴承支架螺栓,发动机怠速运转,挂入低速挡,查看摆动情况。若摆动量较大,可拆下中间轴检查。若不弯曲又没有摆量或摆量不大,说明凸缘与轴管焊接良好,其故障为中间轴支架孔偏斜。若中间轴承无故障,则应检查万向节十字轴回转中心与传动轴的同轴度。

1.4.3 万向传动装置的维修

1. 万向传动装置的维护

万向传动装置的维护内容主要是:检查防尘罩、万向节、中间支撑支架和轴承,润滑传动轴万向节十字轴和中间支撑轴承,校紧各连接螺栓等。

2. 万向传动装置的修理

1) 主要技术条件

(1) 十字轴轴颈和轴承壳内圆柱面挤压磨损形成针痕深度小于 0.15 mm。

(2) 十字轴轴颈轴承壳内端面挤压磨损形成槽坑深度小于 0.15 mm。

(3) 十字轴承间隙使用极限为 0.2 mm 左右。

(4) 十字轴轴承壳与凸缘叉承孔配合间隙使用极限,用弹性挡圈定位轴承壳时应为 0.05 mm;用盖板定位的轴承壳应为 0.12 mm,其标准间隙值都在 0.03~0.05 mm 之间。

(5) 十字轴轴颈如磨损起槽深度小于 0.04 mm。

(6) 十字轴轴颈圆度误差小于 0.01 mm,圆柱度误差在 20 mm 长度上小于 0.01 mm。两轴心线垂直度误差小于 0.01 mm。

(7) 货车传动轴轴管在全长上径向跳动极限值为 1.4 mm,大修允许在 0.80 mm 左右。

(8) 轿车传动轴轴管的径向跳动一般应不大于 0.8 mm。

(9) 轴管上凹陷不得多于 4 处,总面积不大于 500 mm。传动轴轴管测量径向跳动时,应避开轴管凹陷处。

(10) 传动轴中间最大弯曲度一般小于 1 mm。

(11) 传动轴上的花键轴与滑动叉的花键孔配合侧隙应不大于 0.40 mm,使用极限为 0.80 mm。

(12) 轴承与轴颈的配合尺寸应为 -0.02~0.02 mm。当轴颈磨损超过 0.40 mm 时应修理传动轴中间支承轴颈。

2）万向传动装置拆装注意事项

（1）在拆卸时应先检查传动轴末端凸缘盘与主减速器凸缘盘标记，如无标记，应先做好标记再拆卸，以保证传动轴的动平衡。

（2）分解传动轴总成时，要先在两个万向节叉上做好标记再拆卸，在装配时原位装回，以保证传动轴的动平衡。

（3）有的传动轴表面带有方形凸块是平衡块，在拆装时注意不要碰掉，如果不慎掉落，要重新对传动轴进行动平衡。

（4）为保证再装配后十字轴轴承的配合精度，拆卸十字轴轴承之前要做好标记，并原位装回。

（5）零件拆卸后应使用清洁的煤油进行彻底的清洗，清洗后用压缩空气吹干。

（6）如果十字轴带油盅，则安装万向节十字轴时，应使十字轴上的油盅朝向传动轴，以便于在维护时加注润滑脂。

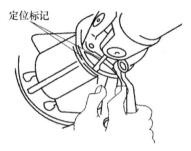

图1-27 检查装配标记后再拆卸

3）万向传动装置的分解

（1）用举升器举升车辆至合适位置。

（2）检查传动轴末端凸缘盘与主减速器凸缘盘标记，如无标记要做好标记再拆卸。

（3）从传动轴后端与主减速器凸缘盘的连接处开始，将凸缘盘的连接螺栓拆下，然后将滑动叉组件从变速器输出轴拉出，取下传动轴总成，如图1-27所示。

（4）分解传动轴总成：先在万向节的两个传动叉上分别做好标记，再拆下十字轴卡簧，用锤轻击凸缘盘，将凸缘叉内十字轴轴承套振出，如图1-28（a）所示。

（5）在每个十字轴轴颈和轴承套上做好装配标记，将同组的滚针和轴承套单独存放。

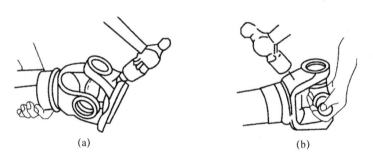

图1-28 拆卸十字轴轴承套

4）万向传动装置的检修

（1）用清洁的煤油清洗干净所有零件。

（2）检查十字轴油封是否损坏，若损坏更换新件。

（3）检查传动轴平衡块是否脱落、有无外伤变形，如有脱落和变形，则重新做动平衡。

（4）检查十字轴轴承表面、滚针表面磨损情况，若有明显划伤、疲劳剥落、滚针破碎、轴承套配合表面沟槽等情况，应整套更换轴承，若十字轴表面也同时出现明显划痕、沟槽和疲劳剥落，应更换十字轴总成。

（5）检查万向叉表面是否有裂纹，叉孔是否有磨损、失圆，两叉孔中心线是否一致，严重磨损、失圆、两孔中心线不一致，均应更换新件。

（6）检查传动轴的弯曲度。

（7）十字轴轴承配合间隙的检查。

（8）检查滑动叉花键副的配合间隙，一般应不大于 0.15 mm，超过标准值时应更换新件。

（9）检查滑动叉与变速器油封接合处表面是否有磨伤，不能保证密封时应更换新件。

5）万向传动装置的装配

（1）用清洁的煤油清洗零件，并用压缩空气吹干。

（2）核对万向节两个传动叉之间和十字轴轴承套与十字轴之间的装配标记。

（3）首先组装后端万向节。

（4）传动轴总成装车：检查传动轴末端凸缘盘与主减速器凸缘盘标记，检查变速器输出轴油封，如老化损坏应更换油封。

（5）将车落至地面。

1.5 驱动桥故障诊断与维修

知识目标

1. 掌握驱动桥各类故障的常见现象。
2. 掌握引起驱动桥各类故障产生的主要原因及分析方法。
3. 掌握驱动桥主要机件的检修方法。

能力目标

1. 能够利用驱动桥产生故障时出现的现象解决驱动桥各种相关故障。
2. 能够对驱动桥主要机件进行检修。

1.5.1 驱动桥概述

驱动桥一般由主减速器、差速器、半轴和桥壳组成，如图 1-29 所示。万向传动装置传来的动力依次经主减速器、差速器、半轴传给驱动轮。在汽车行驶中，由于轴承磨损松旷、损伤，齿轮啮合不良，齿面损伤及壳体变形等，使驱动桥出现异响、过热和漏油等故障。

按汽车的驱动形式不同，驱动桥有前驱动桥和后驱动桥之分。在此主要介绍后驱动桥的故障诊断。

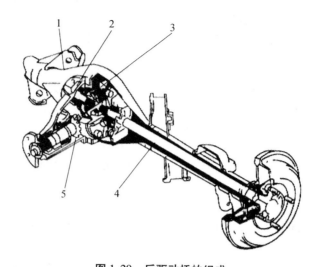

图 1-29 后驱动桥的组成

1—后驱动桥壳；2—差速器壳；3—差速器；4—半轴；5—主减速器

1.5.2 驱动桥故障诊断

1. 后驱动桥异响

1）在行驶时后驱动桥发响，脱挡滑行时响声减弱或消失

这种异响的主要表现是：行驶时发响，车速加快响声增大，脱挡滑行时响声减弱或消失。其故障原因如下。

（1）圆锥及圆柱主、从动齿轮、行星齿轮及半轴齿轮等啮合间隙过大，或半轴齿轮花键槽与半轴配合松旷。

（2）圆锥主、从动齿轮啮合不良或啮合间隙不均、齿面损伤或轮齿折断。

（3）半轴齿轮与行星齿轮不配套。

后驱动桥传递动力时产生异响，滑行时异响明显减弱或消失，说明异响与各齿轮副的齿隙及啮合情况有关，这是诊断的重要依据，其故障诊断流程如图 1-30 所示。

2）汽车行驶时后驱动桥发出异响，脱挡滑行也不消失

这类异响的故障原因有以下几种。

（1）圆锥、圆柱主动齿轮轴承松旷，多为轴承磨损、凸缘螺母松动或轴承调整不当所致。

（2）差速器圆锥滚子轴承松旷，多为磨损、调整不当或轴承盖固定螺母松动所致。

（3）轴承间隙过小，预紧力过大，齿轮啮合间隙过小。

（4）润滑油不足。诊断时应注意，这种异响与传动轴异响相似，但往往在车速变低时更为明显，其故障诊断流程如图 1-30 所示。

3）汽车直线行驶良好，转弯时后驱动桥有异响

产生这种异响的主要原因有以下几种。

（1）差速器行星齿轮与半轴齿轮不配套，使齿轮啮合不良。

（2）行星齿轮、半轴齿轮磨损、折断或行星齿轮轴磨出台阶、止推垫片过薄，在转弯时因行星齿轮自转而发出异响。

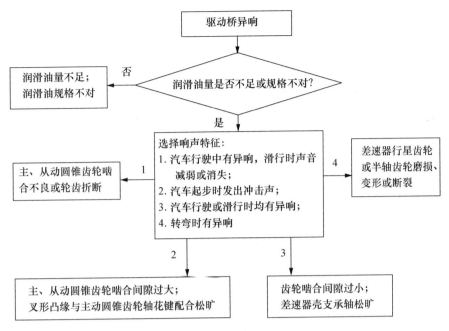

图 1-30　后驱动桥异响的故障诊断流程

(3) 主减速器圆锥、圆柱从动齿轮与差速器壳的固定螺栓或铆钉松动。

(4) 润滑油不足。

4) 上、下坡时后驱动桥异响

上坡时后驱动桥发响，为齿轮啮合间隙过小；下坡时后驱动桥发响，为齿轮啮合间隙过大；上、下坡时后驱动桥都有异响，则为齿轮啮合印痕不符合要求或轴承松旷。

5) 后车轮发响

(1) 汽车低速行驶时，后轮有轻微的"哗啦哗啦"的异响，其原因为后轮圆锥滚子轴承损坏、轴承外座圈松动或制动鼓内有异物。诊断时，举起汽车或支起后驱动桥，加速后挂入空挡，如果其后轮出现行驶中的异响，说明制动鼓内有金属屑等异物或车轮圆锥滚子轴承损坏。若除有异响外，还伴有重载时制动鼓过热的现象，应检查圆锥滚子轴承外座圈与轮毂配合是否松旷。

(2) 行驶中后车轮有沉重的金属撞击异响，且在不平道路上行驶时异响加重，其原因可能为车轮轮辋破碎、轮胎螺栓孔磨损过大，使轮胎固定不牢。发现此现象应立即停车，检查后轮轮辋的技术状况。

2. 后驱动桥过热

1) 故障主要现象

汽车行驶一段路程后，用手触摸后桥时，有难以忍受的烫手感觉。

2) 故障主要原因

(1) 轴承装配过紧，转动时摩擦加剧，发热增加，温度升高。

(2) 齿轮啮合间隙过小。

(3) 油封过紧。

(4) 驱动桥内缺少齿轮油，齿轮油变质，或使用的齿轮油不符合规定要求。

3）诊断与排除方法

（1）汽车行驶一定里程后，用手触摸驱动桥各个部位。查看是局部过热还是整体过热。

① 如是油封处局部过热，则是油封太紧所致，应对油封技术状况进一步检查，并视情况更换。如是轴承处局部过热，则是轴承太紧所致，应重新进行调整。其他局部过热情况可结合发热部位逐项进行检查并予以排除。

② 如是整体过热，首先应检查后桥壳齿轮油平面，如太低，应按规定加注齿轮油。如正常，则用手捻试齿轮油，检查其黏度是否过高、润滑性能是否太差或其规格是否符合要求，并视情况更换齿轮油。

（2）松开驻车制动，变速器置空挡，轻轻地周向晃动驱动桥凸缘盘，检查主、从动锥齿轮的啮合间隙。必要时进行调整。

（3）如上述均正常，则应检查差速器行星齿轮与半轴齿轮的啮合间隙，并视情况进行调整。

3. 后驱动桥漏油

1）故障主要现象

停车时，地面发现油渍，后桥主减速器油封或衬垫处出现油渍。

2）故障主要原因

后桥主减速器油封、衬垫、半轴凸缘密封不严，向外渗漏。齿轮油黏度过低。

（1）主减速器油封损坏，衬垫损坏，半轴油封损坏，密封不良。

（2）与油封接触的轴颈磨损，表面有沟槽。

（3）紧固螺栓松动。

（4）齿轮油黏度过低或加注过多。

3）故障诊断排除方法

（1）齿轮油自半轴凸缘周围渗出，说明半轴油封不良，应更换油封。

（2）主减速器主动齿轮凸缘处漏油，说明该处油封不良或凸缘轴颈磨损，产生沟槽。拆解主减速器，更换油封或相关轴。

（3）其他部位漏油，如桥壳裂纹产生油迹，根据油迹查明原因，予以排除。

4. 前驱动桥的故障诊断

现代轿车多采用前轮驱动方式，主减速器、差速器与变速器组装在一起，没有单独的驱动桥桥壳。前驱动桥主减速器或差速器故障可参照后驱动桥同类故障做出判断，同时应注意等速万向节工作不良引起的故障。

1.5.3 驱动桥的维修

1. 驱动桥的维护

驱动桥的维护内容主要是检查润滑油量，检查外壳有变形或裂纹，检查齿轮间隙是否正常等。

2. 驱动桥的调整与修理

以桑塔纳轿车主减速器及差速器的检修为例。

1) 驱动桥拆装注意事项

(1) 拆卸轴承、齿轮必须使用专用工具,不得用锤子直接敲击进行拆卸。

(2) 为保证再次装配时的装配精度,在拆解驱动桥时应检查装配标记,如标记不清应重新做好标记。

(3) 驱动桥零件分解后应清洗干净,涂上润滑油以防装配前生锈,并将零件按照装配关系整齐地摆放在清洁的工作台上或油盘中。

(4) 严格按照技术要求对轴承预紧度、齿轮啮合印记等配合尺寸进行调整,不得随意改变技术要求。

(5) 对各紧固螺栓严格按照规定力矩拧紧。

(6) 支撑轴承不能随意用其他型号代替。

(7) 装配后的驱动桥必须按规定添加齿轮油,不得随意改变齿轮油的牌号。

2) 主减速器及差速器的分解

变速器前壳体前置驱动装置的结构,如图 1-31 所示。将车上拆下的驱动桥总成固定在工作台架上,分解如下。

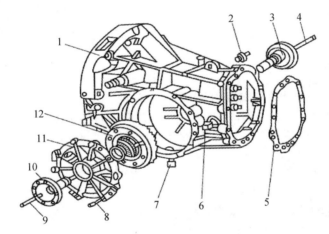

图 1-31 前置驱动装置的结构

1—变速器前壳体;2—变速器油耗指示开关;3、10—联轴器;4、8、9—六角螺栓;5—密封垫;6—加油螺塞;7—放油螺塞;11—差速器轴承盖;12—差速器及从动锥齿轮

(1) 拆下半轴及差速器轴承盖紧固螺栓,从变速器壳体上取下半轴、主减速器轴承盖及差速器总成。

(2) 拆除行星齿轮轴锁销或卡簧,取出行星齿轮轴,转动半轴齿轮取出行星齿轮,拆下半轴齿轮及复合式止推片。

(3) 用拉出器从差速器壳上拉出里程表驱动齿轮、差速器轴承,如图 1-32、图 1-33 所示。用内拉出器从变速器壳体和差速器轴承盖上向内侧拉出轴承外圈,如图 1-34、图 1-35 所示。取出调整垫片,拆下油封。

(4) 拆下从动圆锥齿轮与差速器壳间连接螺栓,压下从动圆锥齿轮。

3) 主减速器及差速器主要零件的检修

(1) 主减速器主、从动圆锥齿轮轮齿应无裂纹及明显的剥落现象,齿端缺损不得超过齿长的 1/10 或齿高的 1/5。否则应成对更换主、从动齿轮。

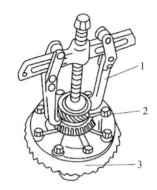

图 1-32 拉出里程表驱动齿轮
1—双臂拉出器；2—里程表齿轮；3—从动锥齿轮

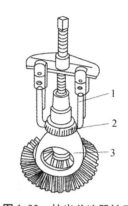

图 1-33 拉出差速器轴承
1—双臂拉出器；2—差速器轴承；3—差速器壳

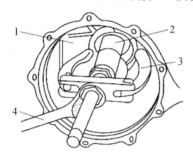

图 1-34 从变速器壳体内拉出差速器轴承外圈
1—变速器罩壳；2—内拉出器；
3—支架；4—梅花扳手

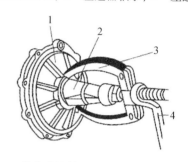

图 1-35 从差速器轴承盖内拉出差速器轴承外圈
1—双臂拉出器；2—内拉出器；
3—支架；4—梅花扳手

（2）行星齿轮和半轴齿轮应无裂纹，齿面疲劳剥落面积应不大于 15%，齿厚磨损量不应大于 0.20 mm，否则应予更换。

（3）行星齿轮轴轴颈与行星齿轮内孔的配合间隙大于 0.4 mm，则与差速器壳承孔的配合松动，应予以更换行星齿轮轴。

（4）行星齿轮与差速器壳间隙为 0.15～0.25 mm，半轴齿轮与差速器壳的间隙为 0.20～0.40 mm，如过大应更换球形止推垫片总成。

（5）差速器支承轴承出现疲劳剥落及烧蚀，轴承外圈与壳体配合松动；里程表齿轮及从动圆锥齿轮磨损严重，均应更换新件。

（6）差速器壳体出现裂纹，差速器壳凸缘端面的跳动量大于 0.30 mm，轴承磨损松旷，均应更换新件。

4）桑塔纳轿车主减速器和差速器的装配与调整

在桑塔纳轿车主减速器及差速器调整中，目的是使主、从动齿轮保证正确的啮合印痕及啮合间隙，即保证主、从动齿轮通过专用检测仪器所得出的最佳工作位置。

1）主减速器和差速器的装配

主减速器和差速器的装配如下。

（1）用专用工具将轴承外圈和 1.2 mm 厚的调整垫片一起压装到变速器前壳体的轴承孔中，将没有调整垫片的轴承外圈压装到差速器轴承盖上相应的轴承孔中。

（2）用专用工具将半轴油封压入差速器轴承盖的轴承孔中。

（3）将从动圆锥齿轮加热到100℃左右，并迅速安装在差速器壳上，并用定心销导向，用专用螺栓以70 N·m的力矩对称紧固好。将圆锥滚柱轴承加热到120℃，安装在差速器壳上，并压装到位，如图1-36所示。

（4）将差速器支承轴承加热到100℃左右，然后用专用工具分别压装到差速器壳两端的支承轴颈上，再装上车速里程表主动齿轮和锁紧套筒，如图1-37所示。

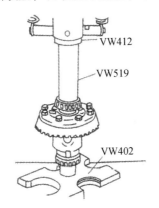
图1-36　压入差速器另一侧轴承

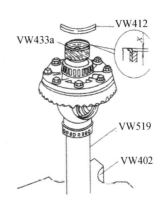
图1-37　安装车速里程表主动齿轮和锁紧套筒

（5）将复合式止推片涂上齿轮油装入差速器壳内。

（6）通过螺纹套和半轴来安装半轴齿轮，安装法兰轴，并用专用螺栓紧固。

（7）将两个行星齿轮错开180°装入差速器壳内，并与半轴齿轮相啮合，并转动半轴，使行星齿轮向内摆动。

（8）对准行星齿轮轴孔、复合式止推垫片、差速器罩壳，推入行星齿轮轴，并用锁销（或锁环）锁止。

（9）用适当的齿轮油润滑差速器轴承，然后将差速器装入变速器壳体内，并将差速器轴承盖用专用螺栓紧固到变速器壳上，将里程表从动齿轮安装到差速器轴承盖上。

（10）拆下变速器后盖和轴承支座，用扭力扳手，转动差速器，检查摩擦力矩，对新轴承最小应为2.5 N·m。

（11）调整从动齿轮。

（12）装上变速器后盖、轴承支座及半轴凸缘。拨动内变速杆，检查各挡工作是否平顺。向变速器内注入齿轮油（API-GL4或SAE80）1.71 L。

2）调整

主减速器的调整包括圆锥滚子轴承预紧度的调整和锥齿轮啮合的调整，锥齿轮啮合的调整包括啮合印痕和啮合间隙的调整。

轴承预紧度的调整一般是通过调整垫片和调整螺母进行调整。例如，东风EQ1090汽车单级主减速器，减少两内座圈之间调整垫片的厚度则轴承预紧度增大（变紧），反之则轴承预紧度减小（变松）。

主减速器齿轮啮合正确时，在从动锥齿轮上啮合印迹位于齿高的中间偏小端，并占齿宽60%以上，如图1-38所示。

对于准双曲面锥齿轮，啮合印痕的调整是通

(a) 正转工作时　　(b) 逆转工作时
图1-38　正确啮合印痕

过移动主动锥齿轮，啮合间隙的调整是移动从动锥齿轮。如桑塔纳2000和EQ1090的主减速器。

对于螺旋锥齿轮，啮合印痕的调整是按照"大进从、小出从、顶进主、根出主"方法进行，啮合印痕合适后若间隙不符，则通过轴向移动另一锥齿轮进行调整，如图1-39所示。

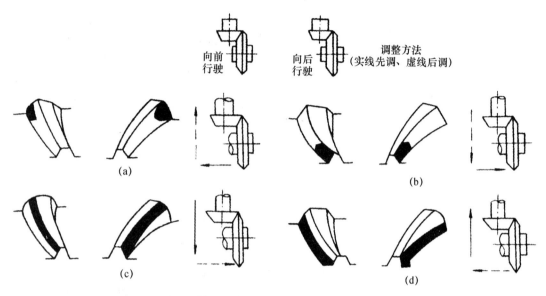

图1-39 啮合印痕的调整方法

主减速器调整注意事项：要先进行轴承预紧度的调整，再进行锥齿轮啮合的调整；锥齿轮啮合调整时，啮合印痕首要，啮合间隙次要，否则将加剧齿轮磨损。但当啮合间隙超过规定时，应成对更换。

桑塔纳轿车通过改变主动齿轮调整垫片 S_3 和从动齿轮调整垫片厚度 S_1、S_2 来调整的主、从动齿轮的啮合间隙及轴承预紧度，其调整垫片位置如图1-40所示。

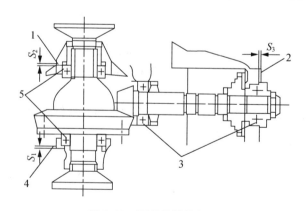

图1-40 调整垫片的位置
2、4—调整垫片；3—主动锥齿轮轴承；5—差速器轴承

在进行主、从动齿轮的调整时，应求出主动齿轮调整垫片 S_3 及差速器调整垫片 S_1、S_2 的总厚度。当更换变速器壳体、主减速器、差速器壳、差速器滚柱轴承、主动圆锥齿

轮、从动圆锥齿轮中任何一件时,需重新调整主、从动锥齿轮,并对调整垫片厚度进行测量与计算,更换新件后应尽可能达到这个数值测量。调整垫片实际的位置与理论位置 R 的偏差为 r,在生产中,有的将 r 标在主动齿轮上,有的未将 r 标在主动齿轮上。未标 r 的,调整时,应重新测量 R。

调整垫片厚度的计算方法如下。

将主动齿轮与垫片一同安装好,罩壳上的垫片为 1.2mm,盖上的测量值与预紧量之和设定为 0.70 mm(即测量值为 0.30 mm,预紧量为 0.40 mm)。安装夹紧套筒,上下移动夹紧套筒,读出表针的摆差值。据此可求出主动齿轮调整垫片及差速器调整垫片的总厚度,即总厚度 = 摆差值 + 预紧量(0.40 mm)+ 原垫片厚度(1.20 mm)。

调整垫片厚度的计算过程如下。

(1) 在进行主、从动齿轮的调整时,应求出主动齿轮调整垫片厚度 S_3 及差速器调整垫片 1 和 4 的总厚度。

① 拆下从动圆锥齿轮盖,取出调整垫片,将圆锥滚柱轴承的外圈和 1.2 mm 的标准垫片一同推入罩壳,直至与挡块相抵靠为止。

② 将设有调整垫片的圆锥滚柱轴承外圈装在从动圆锥齿轮盖上;并将设有调整垫片的另一圆锥滚柱轴承外圈推入从动锥齿轮盖上,直至挡块为止。

③ 将不带转速表齿轮的差速器轴承端压入罩壳内,再装上轴承盖,以 245 N·m 的力矩再次分别拧紧固定螺栓。

④ 安装 VW521/4(夹紧套筒)和 VW521/8(套筒),如图 1-41 所示。上下移动夹紧套筒,不要转动,记录下百分表的摆差。

⑤ 计算总厚度。总厚度 = 摆差值 + 预紧量(常数值 0.40 mm)+ 标准垫片厚度。例如,测得摆差值为 0.50 mm,则总厚度 = 0.50 + 0.40 + 1.20(mm)= 2.10(mm)。

⑥ 需加垫片厚度为:总厚度 - 原垫片厚度 = 2.10 - 1.20 = 0.09(mm)。

(2) 主动圆锥齿轮调整垫片 S_3 厚度的测量与计算:

$$S_3 = e + r$$

式中,e——测量值;r——偏差值。

确定 S_3 值有以下两种情况:

第一种为更换主动齿轮双列圆锥滚柱轴承,或齿轮箱罩壳,或第一挡齿轮轴承支座和滚针轴承,或所换主、从动齿轮上无偏差值 r 标记时,则按下述方法进行调整。

① 安装 VW381/11(专用压板),如图 1-42 所示。旋松变速器罩壳的螺钉,用两个螺栓旋紧压板,使压板与主动齿轮轴保持垂直位置,以 2 N·m 力矩拧紧螺栓。

② 拆下差速器,将通心棒 VW385 放在变速器壳内,转动测量心棒,直至表针指至最大值。此值即为与标准值的偏差值,换装新零件后应尽可能达到此值。

③ 换装新零件后,将双列圆锥滚柱轴承外环与调整垫片 S_3,一同压入轴承支座内,连同预装好的联轴齿轮装入轴承支座,并压入双列圆锥滚柱轴承的第一内环,以 100 N·m 力矩拧紧联轴齿轮螺母。再装入新密封圈,将轴承支座和联轴齿轮一同装入齿轮箱罩壳内,旋紧紧固螺栓。

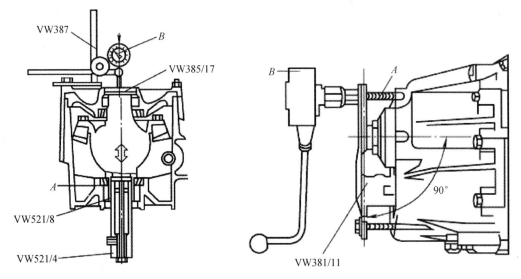

图 1-41 测量调整垫片总厚度　　　　图 1-42 压板（VW381/11）安装位置

④ 装入新的密封环，将轴承支座与联轴齿轮一起安装进入齿轮箱，拧紧螺栓螺母，用测量心棒重新测量安装位置。若测得的数值较小，装入较厚的垫片，若测得的数值较大，装入较薄的垫片 S_3。例如，换件前测量值为 0.60 mm，换件后测量值为 0.50 mm，若垫片厚度为 0.70 mm，则 S_3 应安装 0.70 + （0.60 - 0.50） = 0.80（mm）的调整垫片。所需厚度的垫片可由备件中选用。

第二种情况为更换主、从动齿轮，且齿轮上给出偏差值"r"时，则按以下方法进行调整。

① 将双列圆锥滚柱轴承压入轴承座（不包括调整垫片 S_3）。

② 将主动齿轮装入轴承支座，并压入双列圆锥滚柱轴承，用钳口护板将齿轮轴夹持在台虎钳上，并用 100 N·m 扭力拧紧主动齿轮螺母。

③ 装入新密封垫，将轴承支座与主动齿轮一同装入齿轮箱罩壳，装上压板 VW381/11，并保持压板与齿轮轴的垂直位置，用螺栓将该压板紧固在罩壳上，用 2 N·m 扭力拧紧螺母。

④ 将测量心棒（VW385/1）的调整环调整到 $a = 35$ mm，滑动调节环调至 $b = 60$ mm，如图 1-43 所示。

⑤ 调整 VW385/16 长度为 12.3 mm，调节量规（VW385/30）$R_0 = 50.7$ mm，并安装至测量心棒上，再将百分表调零，调整范围为 3 mm，并带有 2 mm 的预紧力，如图 1-44 所示。

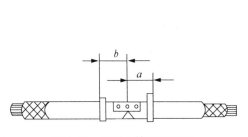

图 1-43 测量心棒 VW385/1

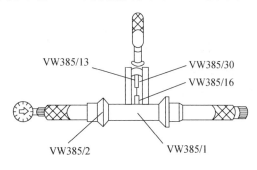

图 1-44 测量心棒的组装调整

⑥ 将 VW385/33 块规板放至主动圆锥齿轮端部，并将测量心棒放入壳体内，如图 1-45 所示。

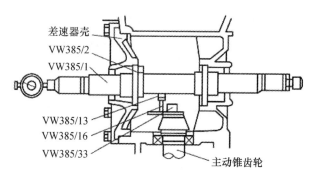

图 1-45　从动锥齿轮中心到主动锥齿轮端面

⑦ 将主动轴承盖与轴承外圈安装在一起并用螺栓固定。

⑧ 使用量具测量偏差 e：测量时，先移动调整环，将定心垫片向外拉，转动测量心棒直至百分表指示最大量程值时，即为偏差 e 的值。拆下测量心棒后，应检量调节量规 VW385/30 能否回复零位。若未回复零位，应重新测量。

⑨ 确定 S_3 的厚度：如 $e = 0.15$ mm，$r = 0.45$ mm，则 $S_3 = 0.15 + 0.45 = 0.60$（mm），从可选用的备用垫片中选取。备用垫片的厚度为 $0.15 \sim 1.20$ mm（每片之间以 0.05 单位递增）。

（3）调整主、从圆锥齿轮的啮合间隙。

① 将主动齿轮与垫片 S_3 安装好，壳上垫片厚度为 1.2 mm，盖上测量值加预紧量为 0.40 mm。

② 将差速器转动几次，固定圆锥滚柱轴承，安装百分表。

③ 用 2 N·m 的力矩，将压紧板两个对角螺钉交叉拧紧，并使压盘与主动齿轮位置垂直，通过压板使主动齿轮拧紧在变速器壳上。

④ 将从动齿轮转至挡块，百分表调零，转动从动齿轮，读出啮合间隙，并记录读数。

⑤ 拧松差速器上夹紧套筒的螺钉及主动齿轮上的压板，把从动齿轮转动 90°，再重复测量 3 次，那么将 4 次测量数值相加后，求得平均啮合间隙值。如测得平均啮合间隙值为 0.46 mm。当平均啮合间隙值超过 0.50 mm 时，主、从动齿不能正常工作，应复查装配工作。

⑥ 确定调整垫片 S_2 的厚度：$S_2 =$ 垫片厚度 $-$ 啮合间隙平均值 $+ 0.15$，即 $S_2 = 1.2 - 0.46 + 0.15 = 0.89$（mm），由表 1-4 知，取 $S_2 = 0.90$（mm）

⑦ 计算调整垫片的厚度：

$$S_1 = 总厚度 - S_2 = 2.10 - 0.90 = 1.20 \text{（mm）}$$

⑧ 按求出的厚度安装垫片 S_1、S_2。按步骤装好，重新进行啮合间隙复查，必须保证多点啮合间隙在 $0.10 \sim 0.20$ mm 之间，测量偏差应小于 0.05 mm。不符合要求，重新进行调整。

⑨ 拆下压板 VW381/11、夹紧套筒 VW521/1、套筒 VW521/8、摆杆 388、百分表支架 VW387 和百分表。

⑩ 装上变速器后盖和相应的密封垫片和调整垫片。将里程表从动齿轮安装到差速器

轴承盖上。

表1-4　调整垫片 S_1、S_2、S_3 的规格

S_1、S_2	0.15	0.20	0.30	0.40	0.50	0.60	0.70	0.80	0.90	1.00	1.20	
S_3	0.15	0.20	0.25	0.30	0.40	0.50	0.60	0.70	0.80	0.90	1.10	1.20

复习思考题

1. 离合器的常见故障有哪些？
2. 离合器分离不彻底故障的实质是什么？主要有什么现象？故障产生的原因主要有哪些？如何对其进行诊断？
3. 离合器打滑故障的实质是什么？主要有什么现象？故障产生的原因主要有哪些？如何对其进行诊断？
4. 离合器发抖故障的实质是什么？主要有什么现象？故障产生的原因主要有哪些？如何对其进行诊断？
5. 机构变速器常见的故障有哪些？
6. 机械变速器跳挡故障的实质是什么？主要有什么现象？故障产生的原因主要有哪些？如何对其进行诊断？
7. 机械变速器乱挡故障有哪些主要现象？产生的主要原因有哪些？如何进行诊断？
8. 机械变速器卡挡的主要原因有哪些？怎样对其进行诊断？
9. 机械变速器的维护主要内容有哪些？修理过程中应注意哪些？
10. 离合器维修完成后有哪些要求？
11. 万向传动装置的常见故障有哪些？
12. 万向传动装置异响故障有何特点？怎样进行诊断？
13. 驱动桥常见的故障部位及常见故障有哪些？
14. 驱动桥发热故障原因主要有哪些？如何诊断？
15. 如何对主减速器进行调整？有哪些调整项目？

第 2 章 制动系故障诊断与维修

学习目标

了解汽车液压与气压制动系常见故障产生的部位；掌握汽车液压与气压制动系制动不良、制动失效、制动拖滞及制动跑偏故障产生时出现的现象；掌握汽车液压与气压制动系制动不良、制动失效、制动拖滞及制动跑偏故障产生的原因；学会汽车液压与气压制动系制动不良、制动失效、制动拖滞及制动跑偏故障的分析、诊断与处理方法；掌握液压与气压制动系的维护与主要的调整方法及系统主要机件的检测与维修方法。

2.1 液压制动系故障诊断分析

知识目标

1. 了解汽车液压制动系的组成。
2. 掌握汽车液压制动系常见故障产生的部位。
3. 掌握汽车液压制动系常见故障的现象及基本分析、诊断方法。

能力目标

1. 能够准确判断出汽车液压制动系常见故障的现象。
2. 能够根据汽车液压制动系故障现象分析其产生的原因，并能进行排除。

2.1.1 液压制动系概述

汽车制动系包括行车制动和驻车制动，行车制动安装在车轮上，主要用于汽车行驶中减速和停车。驻车制动通常安装在变速器可分动器之后，现代轿车一般都安装在车轮上，主要用于停车后防止汽车滑溜，也可以在紧急制动时作为行车制动的辅助制动。

行车制动的形式主要有液压式与气压式，液压式又分为人力液压制动系和伺服液压制动系（真空助力、真空增压等）。一般来说，轿车都采用液压式。液压式制动系的一般组成如图 2-1 所示。

2.1.2 液压制动系故障诊断分析

液压制动系常见故障部位主要有制动主缸（通气孔、皮碗、回位弹簧）、制动器（制动蹄、制动盘、制动轮缸）和管路等，如图 2-2 所示。

液压制动常见故障主要包括制动不良、制动失效、制动拖滞和制动跑偏。

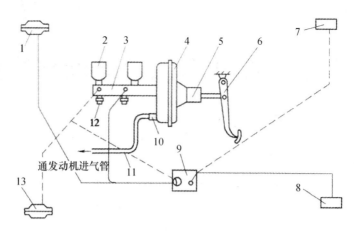

图 2-1 液压制动系的一般组成

1—右前轮缸;2—储液罐;3—制动主缸;4—真空伺服气室;5—控制阀;6—制动踏板机构;
7—右后轮缸;8—左后轮缸;9—感载比例阀;10—真空单向阀;11—真空管路;
12—制动信号液压开关;13—左前轮缸

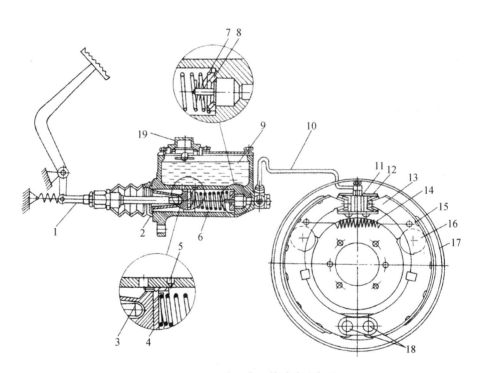

图 2-2 液压制动系常见故障产生部位

1—活塞推杆调整不当;2—橡胶圈老化或破损;3—活塞与缸壁磨损过量;4—橡胶碗老化或破损;
5—回油孔堵塞;6—回动弹簧过软或长度不足;7—出油阀弹簧过软或折断;8—回油阀密封不良;
9—储液室制动液不足;10—油管凹瘪、破裂、软管老化或管路中渗入空气;11—分泵活塞回位弹簧过软;
12—分泵活塞与缸壁磨损过量或分泵橡胶碗老化、破损;13—制动蹄翘曲;14—制动蹄回位弹簧过软过硬;
15—制动蹄摩擦片与制动鼓接触的面积太小或趋于中间部位,或表面油污、硬化、铆钉外露、质量不佳;
16—偏心调整不当;17—制动鼓磨损失圆或鼓壁过薄;18—调整销钉调整不当;19—储液室螺塞通气孔堵塞

1. 制动不良故障诊断分析

1)故障现象

制动不良又称为制动力不足。这类故障主要现象有以下两点。

(1)汽车行驶中制动时,将制动踏板踩到底后,驾驶员感到减速度小,觉得制动有点使不上力的感觉。

(2)汽车行驶中紧急制动时,制动距离比一般情况下长,下车查看车轮的印痕时,地面没有印痕或印痕过短。

2)故障主要原因

造成制动不良的原因主要有以下几种。

(1)与液压制动总泵有关的原因如下(如图2-2所示的部位)。

① 液压制动总泵橡胶皮碗、橡胶圈老化、发胀或磨损变形。
② 液压制动总泵活塞与缸壁磨损过大,导致配合松旷、漏油。
③ 液压制动总泵出油阀弹簧过软、折断或出油阀密封不严。
④ 液压制动总泵回油阀密封不严。
⑤ 液压制动总泵回油孔堵塞。
⑥ 储液室内制动液不足,或制动液黏度过大,制动液过脏。
⑦ 储液室盖的通气孔堵塞。
⑧ 液压制动总泵活塞回位弹簧过软,长度不足。
⑨ 制动踏板自由行程过大,踏板传动机构松旷。

(2)与液压制动分泵有关的原因如下(如图2-2所示的部位)。

① 液压制动分泵橡胶皮碗、橡胶圈老化、发胀或磨损变形。
② 液压制动分泵活塞与缸壁磨损过大,导致配合松旷、漏油。
③ 液压制动分泵出油阀弹簧过软、折断。

(3)与制动管路有关的原因如下(如图2-2所示的部位)。

① 制动管路中有空气,或制动液质量差,制动液气化形成了气阻。
② 制动油管凹瘪,软管老化、发胀,内孔不畅通或管路内壁积垢太厚。
③ 制动管路接头破损、松动、密封不严导致漏油。

(4)与真空伺服机构有关的故障(如图2-3所示的部位)。

① 真空管接头破损、松动引起漏气。
② 真空管破裂、凹瘪、扭曲导致漏气,不畅通。
③ 真空储气筒止回阀密封不严。
④ 控制阀中的空气阀或真空阀与其阀座表面不平、不洁而导致密封不良。
⑤ 控制阀膜片破损。
⑥ 控制阀活塞和橡胶圈磨损导致漏油。
⑦ 加力气室膜片破裂。
⑧ 增压缸活塞磨损过多,橡胶圈磨损导致漏油。
⑨ 增压缸活塞回位弹簧过软。
⑩ 增压缸活塞球阀密封不良。

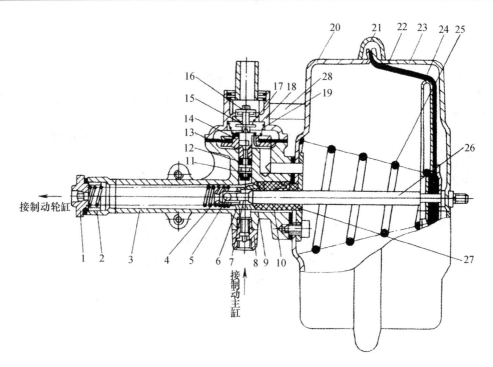

图 2-3 真空伺服机构常见故障产生部位（真空增压器）

1、8—出油接头；2—辅助缸活塞回位弹簧；3—辅助缸体；4—辅助缸活塞；5—球阀；6—橡胶圈；7—活塞限位座；9—双口密封圈；10—密封圈；11—控制阀活塞；12—橡胶圈；13—控制阀膜片；14—膜片座；15—真空阀；16—空气阀；17—阀门弹簧；18—控制阀体；19—控制阀膜片回位弹簧；20—加力气室壳体；21—卡箍；22—加力气室膜片；23—加力气室后壳体；24—膜片托盘；25—加力气室膜片回位弹簧；26—推杆；27—连接块；28—通气管

（5）与制动器本身有关的原因如下（如图 2-4 所示的部位）。

① 制动蹄摩擦片磨损过大，摩擦片与制动鼓之间的间隙过大。

② 制动蹄摩擦片与制动鼓接触状态不好，调整不良。

③ 制动盘翘曲变形，制动圆度，圆柱度超标。

④ 制动蹄摩擦表面、制动盘或制动鼓工作表面有油污，磨损出了较大的沟痕。

⑤ 制动鼓尺寸超过允许极限，制动盘磨损过薄。

⑥ 制动蹄表面烧焦，蹄片松动、脱落，铆钉外露。

⑦ 鼓式车轮制动器浸水。

⑧ 制动蹄回位弹簧过硬，制动蹄轴锈蚀。

3）故障诊断及排除方法

（1）一脚制动时踏板高度太低，连续两脚或几脚制动时踏板高度能随之增高，且制动效能好转，则应检查制动蹄摩擦片与制动鼓的间隙，以及制动总泵活塞与推杆的间隙是否符合技术规范要求。

（2）用力踩住制动踏板，若制动踏板高度缓慢或迅速下降，说明制动系统某处漏油，应检查以下项目。

① 检查制动管路及管路接头有无破损、松动、漏油。

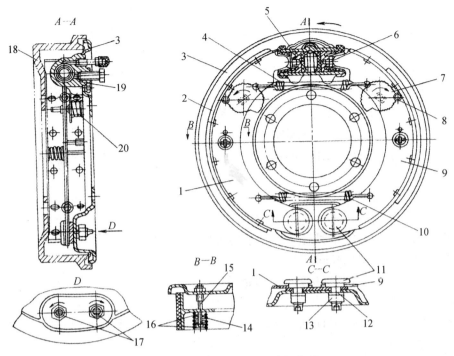

图 2-4 制动器故障产生的主要部位

1—前制动蹄；2—摩擦片；3—制动底板；4、10—制动蹄回位弹簧；5—制动轮缸活塞；6—活塞顶块；7—调整凸轮；8—调整凸轮锁销；9—后制动蹄；11—支承销；12—弹簧垫圈；13—螺母；14—制动蹄限位弹簧；15—制动蹄限位杆；16—弹簧盘；17—支承销内端面上的标记；18—制动鼓；19—制动轮缸；20—调整凸轮压紧弹簧

② 检查制动分泵有无漏油，如有分泵橡胶破裂、磨损，制动液从制动鼓与制动底板的缝隙中流出。

③ 检查制动总泵有无漏油，如总泵橡胶破裂、磨损。检查制动总泵回油阀是否正常。

(3) 连续踩几脚后制动踏板高底仍过低，并在第二脚制动后踩下踏板时，感觉总泵推杆与总泵活塞有撞击，说明总泵橡胶碗破裂或总泵活塞回位弹簧过软。

(4) 连续几脚制动时，如踏板高度稍有增高，且踩下踏板感觉有弹性，说明制动系统中渗入空气。

(5) 连续几脚制动时，如踏板均被踩到底，且踩下踏板时毫无反力，说明制动总泵储液室内制动液严重不足。

(6) 连续几脚制动时踏板高度都过低，且感觉踏板很"软"，说明制动总泵进油孔或储液室螺塞通气孔被堵塞。

(7) 一脚或两脚制动时，踏板高度适中，踏板感觉发"硬"但制动效果不良，则应检查以下项目。

① 检查制动蹄摩擦片与制动鼓间隙是否太小。

② 检查制动蹄张开端间隙是否调反。

③ 如间隙正常，则检查制动摩擦片、制动鼓或制动盘工作表面状况。

④ 如以上检查正常，可检查制动蹄回位弹簧是否过硬，制动总泵与制动分泵橡胶碗

是否发胀、卡住，其活塞与缸壁配合是否松旷，导致歪斜卡住。

⑤ 检查真空助力器的各真空管和管接头，有无破损、松动、扭曲、堵塞，真空罐止回阀是否失效。

⑥ 检查真空助力伺服机构控制阀中的空气阀，或真空阀及其阀座，有无损坏、不平、不洁或密封不良。

⑦ 检查控制阀活塞及橡胶圈是否老化、密封不良。

⑧ 检查伺服机构的加力气室膜片是否破裂。

（8）踩下制动踏板后，踏板突然向上反弹顶脚且制动不良，说明真空增压器有故障，应检查以下项目。

① 检查增压缸活塞是否磨损过大。

② 检查增压缸活塞回位弹簧是否过软。

③ 检查增压缸活塞的止回阀是否密封不严。

④ 检查增压缸活塞橡胶圈是否损坏。

使用气压增压液制动伺服机构的，其故障现象及故障产生原因，与真空液压制动伺服机构类似，不同之处是一个为压缩空气，一个为真空。

对液压制动不良故障，可以根据如图 2-5 所示的液压制动系制动不良故障的诊断流程进行诊断。

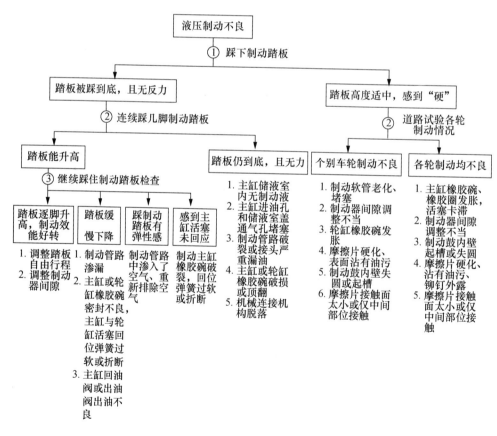

图 2-5　液压制动不良故障诊断流程

2. 制动失效故障的诊断分析

制动失效故障是在行驶中使用制动时，发现制动系失去制动效能。制动失效又分为整车失效和个别车轮失效两种，制动失效产生时往往突发性强，容易造成严重的后果，发生这种故障时，要沉着冷静，正确处置，停车后应该及时对制动系统进行检查和维修。

1）故障现象

（1）汽车行驶时，踩下制动踏板车辆不减速，即使连续踩几脚制动也无明显作用。

（2）在一次制动或几次制动后，制动装置突然不起作用。

2）故障主要原因

造成制动失效的原因主要如下。

（1）与液压制动总泵（主缸）有关的原因主要有以下几种。

① 制动总泵内制动液严重不足。

② 制动总泵橡胶碗、橡胶严重磨损，或橡胶碗被踏翻。

③ 制动总泵至制动分泵的管路断裂，或接头松脱，严重漏油。

④ 制动踏板传动机构脱落，断裂。

（2）与液压制动分泵（轮缸）有关的原因主要有以下几种。

① 制动分泵橡胶碗严重破损，或橡胶碗被顶翻。

② 制动分泵活塞在缸筒内卡死。

③ 制动分泵进油管被压扁、堵死。

④ 制动分泵排空气螺钉松脱。

（3）与车轮制动器有关的原因主要有以下几种。

① 制动蹄摩擦片大面积脱落，摩擦片严重烧蚀。

② 制动鼓、制动盘开裂、破裂。

3）故障诊断与排除方法

整车制动失效一般都是制动总泵的故障，而个别车轮制动失效一般是制动分泵或车轮制动器故障。

在查找这类故障时，可踩下制动踏板，如无连接感，说明是踏板与制动主缸的连接脱开。

检查系统管路有无泄漏或破裂（通常根据油迹）。管路的泄漏或破裂会使回路中形成不了高压，使制动性能失效。

如上述情况正常，则应检查制动主缸或制动轮缸。

汽车液压制动系统制动失效故障可参照图2-6所示的诊断流程进行故障诊断与排除。

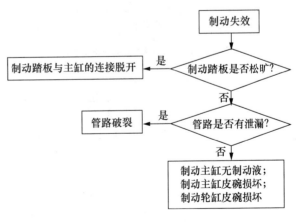

图2-6　液压制动失效故障诊断流程

3. 制动拖滞故障诊断分析

制动拖滞故障也称为制动发咬，使车轮制动器不能及时解除制动。制动拖滞故障分为全车制动拖滞和个别车轮制动拖滞两种。全车制动拖滞一般为液压制动总泵故障，个别车轮制动拖滞一般为液压制动分泵故障以及车轮制动器故障。该故障对汽车造成较大损耗，但属于一般故障。

1）故障现象

（1）在行车中制动时，当抬起制动踏板后，全部或个别车轮的制动作用不能完全立即解除，以致影响车辆重新起步、加速行驶或滑行。

（2）汽车行驶中感到无力，行驶一段距离后，尽管未使用制动器，但仍有某一制动鼓（盘）或全车制动鼓（盘）发热。

2）故障主要原因

造成制动拖滞的主要原因有以下几种。

（1）制动踏板无自由行程。

（2）踏板回位弹簧脱落、拉断、拉力不足或踏板轴锈蚀、卡住而回位困难。

（3）制动主缸皮碗发胀、发黏或活塞回位弹簧拉断、预紧力太小，造成回位不畅。

（4）制动主缸补偿孔被污物堵塞。

（5）制动蹄回位弹簧脱落、拉断、拉力太小而回位不畅。

（6）制动器制动间隙太小。

（7）制动油管凹瘪、堵塞或制动液太脏、太稠而使回油困难。

3）故障诊断方法

若个别车轮发热，应检查该轮制动轮缸是否回位不畅，制动器制动间隙是否太小，制动蹄（盘）是否回位不畅。

若全部车轮发热，应检查制动踏板自由行程是否太小，制动器制动间隙是否太小，制动主缸是否回油慢（回油孔不畅、皮碗发胀），真空助力器空气阀是否漏气。

汽车液压制动系统制动拖滞故障可参照图2-7所示的诊断流程进行故障诊断与排除。

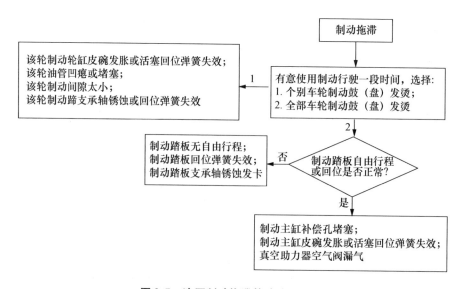

图2-7　液压制动拖滞故障诊断流程

4. 制动跑偏故障诊断分析

制动跑偏故障是各车轮制动器的制动效能不一致，或产生制动力时间不一致，而导致制动时，汽车维持直线行驶的性能变差，因此制动跑偏属于恶性故障，必须及时诊断、排除。

因为制动跑偏的原因是个别车轮制动不良，所以检修重点应在车轮制动器以及制动器张开机构上。

汽车行驶系（悬架等）以及使用环境等因素也可引起制动跑偏。

1) 故障现象

（1）在汽车行驶中使用制动时，同一轴上左右车轮制动效果不一样，严重时一边车轮制动，一边车轮滚动，汽车不能沿直线方向停下，而是偏向道路一侧且制动车轮印痕一样长。

（2）制动时，左右两车轮印痕不一致。

（3）轻踩制动时，车头出现一侧偏的现象。

（4）紧急制动时，车在停稳的一瞬间出现侧偏的现象。

2) 液压制动跑偏故障原因

（1）某轮缸的进油管压扁、堵塞或进油软管老化、发胀造成进油不畅、进油管接头松动漏油。

（2）某轮缸的缸筒、活塞、橡胶碗磨损漏油，导致压力下降。

（3）制动系统某个支路或轮缸内有空气未排出。

（4）各车轮制动器的制动间隙、制动摩擦片质量、制动蹄摩擦片与制动鼓接触贴合状况等相差过大。

（5）各车轮制动器的制动鼓直径、制动鼓的圆度、圆柱度，盘式制动器的制动盘，制动盘偏摆等各项技术指标相差过大。

（6）各车轮制动器的制动鼓（盘）工作表面状况相差过大。

（7）各车轮制动器的制动蹄回位弹簧力相差过大。制动蹄与衬套的配合，磨损程度不一致。

3) 故障诊断方法

减速制动，汽车向左（右）跑偏，说明右（左）轮制动迟缓或制动力不足。

紧急制动，观察车轮在地面上的印迹。若同一轴两边车轮印迹不能同时产生，则其中印迹短的车轮为制动迟缓，印迹轻的为制动力不足。

检查制动迟缓或制动力不足车轮的轮胎气压、轮胎磨损情况及制动管路是否漏油。检查制动系统中有无空气，制动间隙是否正常。故障仍存在时分解检查制动器和制动轮缸。

如果上述检查后故障还是存在，应检查车身或悬架、转向系、行驶系是否有故障。汽车液压制动系统制动跑偏故障可参照图2-8所示的诊断流程进行故障诊断与排除。

制动迟缓指车轮产生制动的速度慢，制动力不足，它们会使所在车轮与同轴车轮的制动力不一致，造成汽车制动跑偏。车身倾斜等原因会造成两侧车轮受到不同的负载，从而产生不同的制动力，造成汽车制动跑偏。

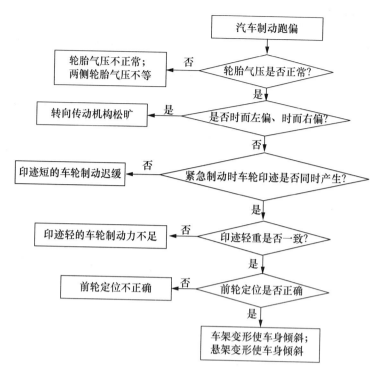

图 2-8 液压制动跑偏故障诊断流程

液压制动系还有一些其他故障，其原因与解决方法如下。
（1）制动踏板发软或有弹性。故障原因主要有以下几种。
① 制动系统管路中有空气，应进行放气操作。
② 制动主缸、制动轮缸中活塞与缸筒间隙过大，应更换皮碗或总成。
③ 制动液不足，应补充同型号制动液规定高度等。
（2）制动踏板发硬。装有真空助力器的车辆，故障原因主要是助力器或软管漏气，可对真空助力器真空度和阀门的密封性进行检查，若良好，再对制动系其他部位进行检修。
（3）制动时车身抖动。故障原因主要有以下几种。
① 润滑油或制动液污染了摩擦片，造成摩擦片打滑。污染摩擦片的润滑油可能源于后桥油封漏油，润滑脂可能源于车轮轴承密封件泄漏，应在排除故障后更换制动蹄片。
② 制动盘划伤或翘曲，应予更换。更换时，同轴左右两侧的制动盘应同时更换。
③ 制动钳松动或卡滞，应予紧固或润滑，必要时更换制动摩擦片。
④ 制动轮缸或真空助力器故障，应予检修等。
（4）制动器噪声。盘式制动器制动盘或制动钳之间的震颤噪声或尖叫声，多因旋转元件抛光不良，修削加工粗糙，表面剐擦受损或钳体部位毛刺造成，应给予逐一检修清洁，必要时更换零部件。修复旋转元件可采用不定向涡流式抛光法重新抛光其表面，利用特种型号制动盘或在制动盘背后装上垫块和复合材料也可以清除或降低噪声。制动盘过度磨损会导致金属剐削声。制动盘磨损超过规定限度，应给予更换。

鼓式制动器内摩擦片的过度磨损，制动蹄或鼓调整不当或变形将导致摩擦声或金属剐削声，应给予校正或更换。制动鼓和摩擦片磨损或剐伤，摩擦片油污打滑，回位弹簧失效等可能导致制动器工作时出现尖叫声,应给予检修或更换零部件。此外,制动器元件松动、脱落或装配不良时,还会出现机械撞击声。这时应停车检修,将相应元件装配回位并固定好。

(5) 发动机工作时自发制动。故障原因主要是真空助力器空气阀关闭不严,进入空气。针对故障原因,找出故障位置后排除。

2.2 气压制动系故障诊断分析

知识目标

1. 了解汽车气压制动系的组成。
2. 掌握汽车气压制动系常见故障产生的部位。
3. 掌握汽车气压制动系常见故障的现象及基本分析、诊断方法。

能力目标

1. 能够准确判断出汽车气压制动系统常见故障的现象。
2. 能根据汽车气压制动系故障现象分析其产生的原因,并能进行排除。

2.2.1 气压制动系概述

1. 气压制动系的组成

气压制动系主要由空气压缩机、储气筒、制动控制阀、制动气室、气压管道等组成。气压制动系统的基本组成如图2-9所示。

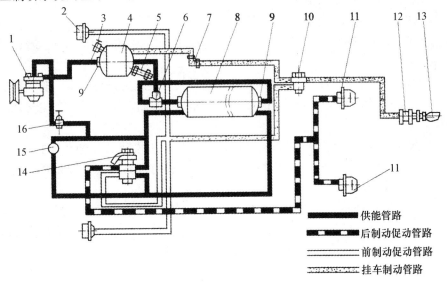

图2-9 液压制动系的基本组成

1—空气压缩机;2—前制动气室;3—放气阀;4—湿储气筒;5—安全阀;6—三通管;7—管接头;8—储气筒;9—单向阀;10—挂车制动阀;11—后制动气室;12—分离开关;13—连接头;14—串列双腔式制动阀;15—气压表;16—气压调节器

2. 气压制动系常见故障及故障部位

气压制动系常见故障部位主要有空气压缩机、空气压缩机带、制动控制阀、制动气室和各管接头等。

气压制动系常见故障主要包括制动不良、制动跑偏、制动拖滞和制动失效。

2.2.2 气压制动系故障诊断分析

1. 制动不良故障诊断分析

1）故障现象

汽车在减速或停车踩制动时,减速程度明显不足。紧急制动时,不能很快停车,制动时间和距离太长。停车查看时,地面没有轮胎拖擦印迹或拖擦印迹很短。

2）故障主要原因

造成制动不良的原因主要有以下几种。

(1) 制动踏板自由行程太大。

(2) 制动控制阀或制动气室膜片破裂。

(3) 制动管路凹瘪、内壁积垢严重或软管内孔不畅通,或制动管路漏气。

(4) 储气筒气压不足或空气压缩机至储气管路不畅通。

(5) 制动控制阀最大气压调整不当或平衡弹簧预紧力过小。

(6) 制动蹄与支承销或制动凸轮轴与其支承套锈蚀或卡滞。

(7) 制动气室推杆行程太小或太大。

(8) 制动蹄摩擦片与制动鼓接触面积小或制动器间隙调整不当。

(9) 制动蹄摩擦片质量不佳或使用中表面硬化、油污、烧焦或铆钉头外露。

(10) 制动鼓磨损过甚或变形。

3）故障诊断与排除方法

(1) 首先,检查制动踏板的自由行程是否合适(一般为 10～15 mm),若过大,应按规定值进行调整。

(2) 若踏板自由行程合适,应启动发动机查看气压表压力是否合适。若发动机运转数分钟后,压力指示仍然很低,应熄火检查气压。若气压不断下降,说明有漏气处。听声音可以查出漏气部位。

若没有漏气,再检查风扇皮带和压缩机传动带是否过松或破裂老化而打滑。若正常,应拆下空气压缩机出气管试验,如出气孔泵气有力,表明管路堵塞,若无泵气压力,则表明空气压缩机有故障。

(3) 如气压表读数不低,将制动踏板踩到底,查看气压表读数能否瞬时下降 49 kPa 左右,若下降太少,说明制动阀调整不当或其工作不良。在将制动踏板踏住时,气压表读数下降并有漏气声,说明制动阀至制动气泵间的管路有漏气处。

(4) 若踏下制动踏板气压表读数下降正常,说明车轮制动工作不正常。此时应重新调整车轮制动器,若故障排除,说明车轮制动器调整不当;若调整后故障仍未排除,则进一步检查是否制动气室的推杆伸张行程太小、制动凸轮缺油或锈死、制动蹄摩擦片工作不良、制动鼓不圆或起槽等。

气压制动系统制动不良故障可参照图 2-10 的故障诊断流程图进行故障诊断与排除。

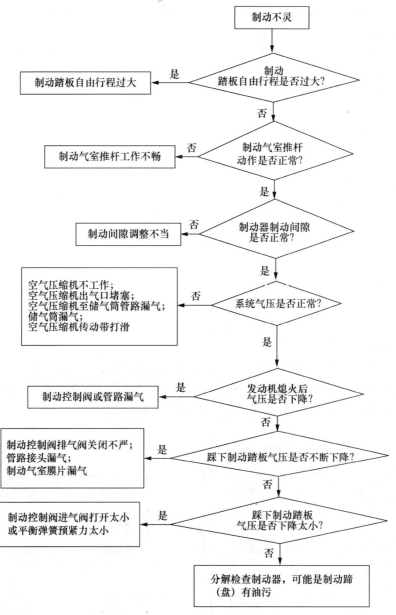

图 2-10 气压制动系制动不良故障诊断流程

2. 制动跑偏的诊断分析

1) 故障现象

(1) 汽车行驶中使用制动时,其行驶方向发生偏斜。

(2) 在紧急制动时,车辆出现扎头或甩尾现象,不能沿直线方向停车。

2) 故障主要原因

(1) 某车轮制动器的制动气室进气被压扁、堵塞,或进气软管老化发胀,进气管接头松动、漏气。

(2) 某制动气室壳体连接螺栓松动引起漏气,或制动气室的膜片老化、破裂。

(3) 各车轮制动器的制动气室推杆长度不一致,或某制动气室推杆有卡滞现象。

（4）各车轮制动促动凸轮轴转角相差过大，或制动促动凸轮轴与支架配合，磨损程度不一致，某制动促动凸轮转动不灵活。

（5）各车轮的制动器制动间隙、制动蹄摩擦片的质量，以及制动蹄摩擦片与制动鼓的接触贴合状况相差过大。

（6）各车轮的制动鼓直径、圆度、圆柱度等技术标准相差过大，各制动鼓工作表面状况相差过大。

（7）车轮制动器的制动蹄片回位弹簧弹力相差太大，制动蹄轴与衬套配合，磨损程度不一致。

制动跑偏其他方面的原因还有以下几个方面。

① 车辆严重偏载，使车身偏斜。
② 车辆左右轮胎气压不一致。
③ 车辆左右轮胎规格不一致，轮胎花纹磨损程度相差过大。
④ 车辆两侧悬架弹簧的弹力不一致。
⑤ 车架变形，车桥位移。
⑥ 前轮定位失准，或转向系松旷。
⑦ 路面两侧附着系数相差大，路面向一侧倾斜。

3）故障诊断与排除

因为制动跑偏大多是两前轮制动力不等，或制动生效时间不一致而产生的。制动时汽车向制动力较大或制动生效时间较早的一侧偏斜，所以诊断时一般先进行路试，根据路试时的轮胎拖痕查出制动效能差的车轮，再予以检修。无轮胎拖痕或拖痕较短的车轮即为制动效能差的车轮。

车轮制动印痕与跑偏的规律如图 2-11 所示。

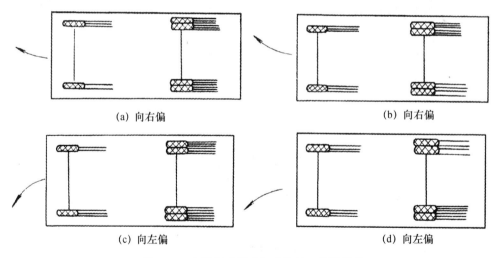

图 2-11 车轮制动印痕与跑偏的一般性规律

在汽车制动试验台上，可以更准确地检测每个车轮的制动力和制动系统协调时间，通过试验，计算求出左、右车轮制动力之差和汽车单位制动力。试验台检测法因检测快速、准确、轮胎磨损小、不受道路、交通、气候等条件的限制等种种优点，得到普遍推广，正逐步取代路试法。

（1）首先对车辆进行路试，找出制动效能不良的车轮，一般汽车制动时，车头向左偏斜为右侧车轮制动不良，车头向右偏斜为左侧车轮制动不良，进一步查出制动器工作不良的原因。

（2）若前后车轮制动效能良好，但仍有跑偏现象，应检查左右车轮的花纹及轮胎气压是否一致、两前钢板弹簧是否有断片或弹簧力不等以及车架在使用中是否变形。

（3）若上述检查均比较正常，而且在行驶中汽车也有跑偏现象，应测量前后桥两轮间的轴距，检查跑偏是否因前后桥不平行所致。

（4）若在制动时，汽车忽向左跑偏，忽又向右跑偏；应检查是否前轮前束调整不良，从而使汽车出现负前束；同时还要检查转向横直接杆的球头是否磨损过多而松旷。

气压制动系制动跑偏故障可参照图 2-12 的故障诊断流程图进行故障诊断与排除。

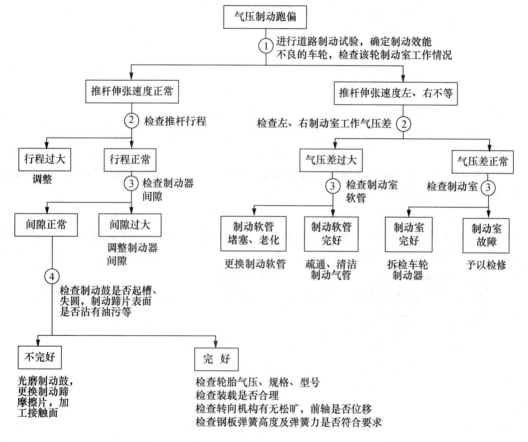

图 2-12　气压制动系制动跑偏故障诊断流程

3. 制动拖滞故障诊断分析

1）故障现象

抬起制动踏板后，制动阀排气缓慢或不排气，不能立即解除制动，或排气虽快，但仍有制动作用，致使汽车起步困难或行车无力。

2）故障主要原因

（1）制动踏板无自由行程。

（2）制动阀的排气阀调整垫片过薄，其回位弹簧过软、折断或橡胶阀座老化发胀。

(3) 制动阀推杆锈蚀。
(4) 制动踏板至制动阀位臂之间传动件发卡。
(5) 制动凸轮轴与支架衬套锈蚀发卡或凸轮顶起不回位,如图 2-13 所示。
(6) 制动鼓与摩擦蹄片间隙过小。
(7) 制动蹄支销锈污或回位弹簧过软、折断。
(8) 半轴套管与其后桥壳或轮毂轴承配合处磨损造成松动。
(9) 制动气室膜片老化变形,单层胶膜破裂鼓起或制动软管老化,气流不畅。

3) 故障诊断方法

抬起制动踏板时制动阀排气缓慢或不排气,多属制动阀故障,表现为各轮制动鼓均发热。若排气缓慢或继续排气而制动发咬,一般为个别轮制动发咬,触摸各轮制动鼓温度高者即为有故障的轮。

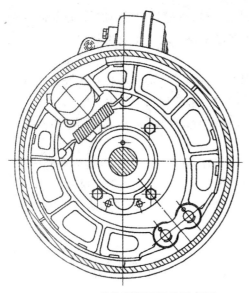

图 2-13 凸轮顶起不回位示意图

(1) 若确定制动阀有故障,应先检查制动踏板自由行程。若自由行程太小或没有,应予以调整。若自由行程正常,可旋松排气阀试验。如有好转,则为排气阀调整垫片过薄。仍无好转,可检查排气阀回位弹簧及胶座以上均正常,则应检查制动推杆是否锈污及制动传递杆件是否活动灵活。

(2) 个别轮拖滞,可在抬起制动踏板时,观察制动气室推杆回位情况。若其回位缓慢或不回位,应检查制动凸轮轴与其支架套是否失去润滑或不同轴度过大而发卡。若架起车轮检查该间隙正常,而落下车轮后间隙在变化,则轮毂轴承松旷或半轴套管与后桥壳配合松动。若间隙正常,可检查制动气室膜片及回位弹簧是否有问题。

气压制动系制动拖滞故障可参照图 2-14 的故障诊断流程图进行故障诊断与排除。

4. 制动失效故障分析

1) 故障原因

(1) 储气筒无气或气量不足。
① 空气压缩机传动带折断或严重打滑。
② 空气压缩机机械故障导致不供气。
③ 卸荷阀卡在进气阀位置上。
④ 空气压缩机向储气筒的供气管道破裂、堵塞、冰阻或管道接头松脱、漏气严重。
⑤ 挂车制动分离开关未关或关闭不严。
⑥ 储气筒破裂,储气筒各功能阀失效、漏气。

(2) 制动阀故障。
① 制动阀进气阀卡住或关闭不严,压缩空气从排气口排出。
② 制动阀进气阀不能打开。
③ 制动阀至制动气室的管道折断、接头松脱,或管道堵塞、冰阻。
④ 制动踏板传动机构折断。

(3) 制动气室故障。

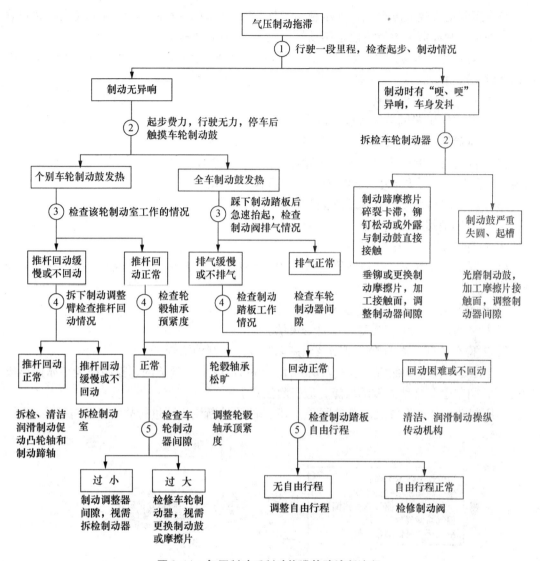

图 2-14 气压制动系制动拖滞故障诊断流程

① 制动气室膜片破裂。
② 制动气室壳体破裂、接合面松动。
③ 制动气室推杆在壳体孔中卡死不能移动。
④ 调整臂调整不当导致制动气室推杆行程过小。
⑤ 制动气室推杆与调整臂连接销脱落,不能推动制动凸轮。
(4) 车轮制动器故障。
① 制动凸轮轴与支架衬套卡死,不能转动,或转角过小。
② 制动蹄摩擦片、制动鼓磨损后间隙过大。
③ 制动蹄摩擦片大面积脱落,或严重磨损。
④ 制动鼓开裂、破碎。
⑤ 制动器过热或浸水。
2) 故障诊断方法

与液压制动失效故障类似，气压制动的整车制动失效一般都是储气筒无气或制动阀故障。个别车轮制动器失效，一般是制动气室或车轮制动器故障。

（1）发生整车制动失效，首先查看气压表，检查储气筒气压，如气压低或无气压，则应检查以下项目。

① 检查空气压缩机传动带。

② 检查空气压缩机出气管道、接头。

③ 检查储气筒及储气筒上各功能阀。

（2）若气压表指示正常，则踩下制动踏板同时注意观察气压变化，如气压下降极小或为零，说明制动阀开度极小或不能打开，应拆检制动阀。

（3）踩下制动踏板时，气压急剧下降并伴有漏气声，则应检查以下项目。

① 检查制动阀制动气室的管道、接头。

② 检查制动气室壳体及膜片。

（4）踩下制动踏板，气压下降正常（40～50 kPa）且无漏气声，说明故障在车轮制动器，应检查以下项目。

① 检查制动气室推杆运动是否卡滞，检查推杆行程。

② 检查促动凸轮轴在支架运动是否灵活。

③ 拆检车轮制动器，检查制动鼓、制动摩擦片、制动蹄轴。

在严寒季节里，如储气筒没有及时排水，容易造成水在管道内、控制阀上结冰而形成"冰阻"，引起全车制动失效的故障，应引起注意。

气压制动系制动失效故障可参照图 2-15 的故障诊断流程图进行故障诊断与排除。

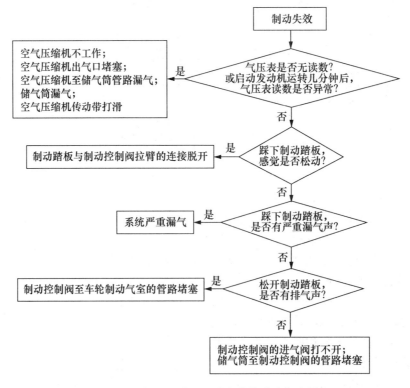

图 2-15　气压制动系制动失效故障诊断流程

2.3 驻车制动系故障诊断、调整与检修

知识目标

1. 了解汽车驻车制动系的组成。
2. 掌握汽车驻车制动系常见故障产生的部位。
3. 掌握汽车驻车制动系常见故障的现象及基本分析、诊断方法。

能力目标

能够分析汽车驻车制动系故障产生的原因，并对其进行排除。

2.3.1 驻车制动系故障诊断

以作用于后轮的机械拉索式驻车制动系为例来说明驻车制动系的故障诊断与维修方法。

驻车制动系常见故障部位主要有：拉杆的扇形齿板和棘爪、拉索外套等。驻车制动系的组成如图2-16所示。

驻车制动系常见故障主要包括驻车制动效能不良和驻车制动拉杆不能定位。

1. 驻车制动效能不良

1）故障现象

完全拉起拉杆，汽车仍能溜动。

2）故障主要原因

造成驻车制动效能不良的原因主要有以下几点。

（1）拉杆的工作行程过大。
（2）后制动摩擦片或制动鼓有油污。
（3）拉索连接部分松旷或因阻滞而运动不畅。

3）故障诊断方法

检查驻车制动拉杆的工作行程。如果正常，故障一般由后制动摩擦片或制动鼓有油污、后制动摩擦片烧蚀引起；如果不正常，故障一般由驻车制动工作行程调整过大，驻车制动拉索连接部分松旷或因阻滞而运动不畅引起。

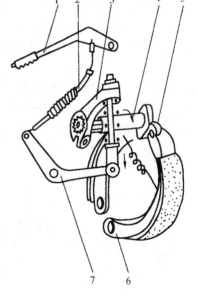

图2-16 驻车制动系的一般组成
1—驻车制动手柄；2—驻车制动拉索；
3—摆臂；4—凸轮轴；5—滚轮；
6—制动蹄；7—摇臂

2. 驻车制动拉杆不能定位

1）故障现象

拉起拉杆至某一位置，放手后拉杆又回到初始位置；或拉杆不能拉起。

2)故障主要原因

造成驻车制动拉杆不能定位的原因主要有以下几点。

(1) 棘爪弹簧失效或折断。

(2) 棘爪与齿板轮齿磨损过度而滑牙。

(3) 棘爪或拉杆变形卡滞。

(4) 棘爪或齿板等处铆钉脱落。

3)故障诊断方法

反复按放驻车制动拉杆,观察拉杆能否复位。如果能,故障一般由棘爪弹簧失效或折断,棘爪与齿板轮齿磨损过甚而滑牙引起;如果不能,故障一般由棘爪或拉杆变形卡滞,棘爪或齿板等处铆钉脱落引起。

2.3.2 驻车制动系的调整与检修

以广州本田雅阁乘用车为例对驻车制动系的维修进行说明。驻车制动系常见故障的调整与检修主要包括驻车制动器的调整和驻车制动拉索的拆卸。

1. 驻车制动器的调整

调整驻车制动器应注意以下几点。

1)在调整驻车制动器之前,应确保后轮制动器已调好。

2)如需要调整后轮制动器,则需先调整后调节器;如果要在安装制动鼓后进行调整,则启动发动机,并踩下几次制动踏板,以便在调整驻车制动拉索之前,先设置自调节制动器。

调整时,顶起汽车,使后轮离地。确认后制动钳上的驻车制动臂与制动钳销接触,如图2-17所示。将驻车制动器操纵杆向上拉一个节距,拧紧调整螺母,直到转动车轮时,稍稍有拖滞的感觉,如图2-18所示。

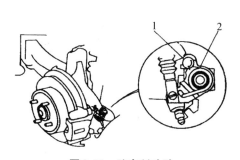

图 2-17 驻车制动臂
1—制动钳销;2—驻车制动臂

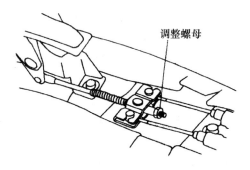

图 2-18 调整螺母

调整后,松开驻车操纵杆,检查转动车轮时,不会出现拖滞,否则重新进行调节。拉索补偿装置调好后,将驻车制动操纵杆向上拉到4~8齿时,后轮应被完全制动。

2. 驻车制动拉索的拆卸

驻车制动拉索不允许有弯曲或变形,否则将会导致制动反应不灵敏,且提前失效;更换驻车制动拉索时,要注意右驻车制动拉索有白色条纹标记,切勿装反。

驻车制动拉索的分解可参照驻车制动器的分解图2-19进行。

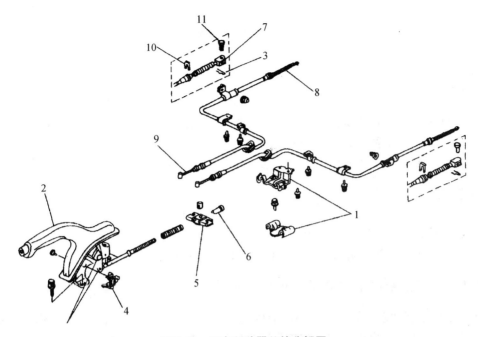

图 2-19 驻车制动器总的分解图
1—支架；2—驻车制动杆；3—锁销；4—驻车制动开关；5—拉索平衡器；
6—拉索调整螺母；7—盘式制动器；8—鼓式制动器；
9—驻车制动拉索；10—夹子；11—夹销

对后轮盘式制动器，拆下锁销后，从制动钳上的驻车制动杆上拆开驻车制动拉索，如图 2-20 所示。对后轮鼓式制动器，使用 12 mm 扳手从底板拆下驻车制动拉索，如图 2-21 所示。

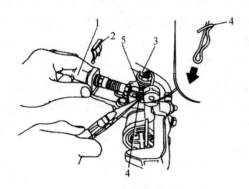

图 2-20 从制动钳上拆下驻车制动拉索
1—驻车制动拉索；2—夹子；3—驻车制动拉杆；
4—锁销；5—U 形夹

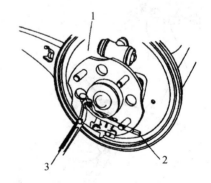

图 2-21 底板上的驻车制动拉索
1—底板；2—驻车制动拉索；3—12 mm 扳手

2.4 制动系的调整与检修

知识目标

1. 掌握液压与气压制动系的一般调整方法。
2. 掌握液压制动系空气的排除方法。
3. 掌握液压与气压制动系主要机件的检测与维修方法。

能力目标

1. 能够对液压与气压制动系进行相关项目的调整。
2. 能够对液压与气压制动系主要机件进行检测与维修。

2.4.1 液压制动系的维护、调整与检修

乘用车行车制动系一般采用双回路液压式前盘后鼓制动形式（现在越来越多采用前后盘式制动），制动主缸为双腔式，前轮采用盘式制动器，后轮采用鼓式制动器。下面介绍液压制动系的维护与修理作业。

1. 液压制动系的维护

液压制动系的维护作业主要包括以下内容。

（1）检查制动液高度，必要时予以补充。
（2）检查调整制动踏板自由行程（调整时，松开踏板与制动主缸连接的拉杆和制动主缸推杆的固定螺母，扳动推杆，使推杆旋入拉杆一定距离，则踏板自由行程加大；反之减小，调整后完成后紧固固定螺母。具体数值见各车型维修手册，轻型车一般为 5~20 mm）。以下以本田雅阁轿车为例说明液压制动踏板的调整方法。

① 踏板高度的调整：松开制动开关的锁紧螺母后，退下制动开关使之不再与制动踏板接触。掀起地毯，测量由测量点切口算起的高度，如图 2-22 所示。

拧松推杆的锁紧螺母，用钳子拧进或拧出推杆使踏板的高度得到正常的调整。调整好后，拧紧锁紧螺母，如图 2-23 所示。

制动踏板的标准自由行程为 1~5 mm；最大自由行程为 5 mm。

装上制动开关，使其柱塞完全压缩（带螺纹的一端应与踏板壁上的衬垫接触），然后退回制动开关 1/4 圈，使带螺纹的一端与衬垫之间的间隙为 0.3 mm，再将锁紧螺母拧紧，如图 2-24 所示。

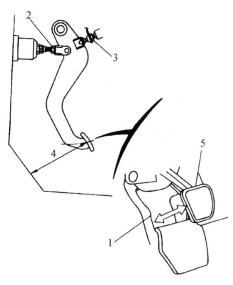

图 2-22 制动踏板高度的检查
1—测量点；2—推杆锁紧螺母；
3—制动开关锁紧螺母；3—制动开关；
4—踏板高度；5—制动踏板垫

松开制动踏板，检查制动灯是否熄灭，调整好制动踏板的高度后，再检查定速控制的工作。

图 2-23 推杆长度的调整
1—降低制动踏板高度；2—升高制动踏板高度；
3—推杆锁紧螺母（15 N·m）

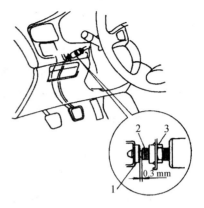

图 2-24 制动开关的调整
1—衬垫；2—制动开关带螺纹的一端；
3—锁紧螺母

② 踏板自由行程的调整：在发动机熄火时，用手推踏板，检查踏板垫的自由行程，自由行程应为 1～5 mm。如果踏板自由行程不在规定的范围内，则调整制动开关，如图 2-25 所示。

（3）检查各管接头，应连接牢靠，无漏油。制动软管无破裂、老化现象。

（4）检查调整制动器制动间隙（盘式制动器的制动间隙一般依靠活塞密封圈的变形和位移自动调节。桑塔纳乘用车后轮鼓式制动器的制动间隙能利用楔形调节块自动调整；对于不能自动调整的汽车，一般是用厚薄规通过车轮上的检查孔检查；若制动间隙不正确，应调节调整凸轮，改变制动蹄与制动鼓的周向间隙。各种车型的制动间隙由汽车生产厂家规定，一般在 0.25～0.50 mm 之间）。

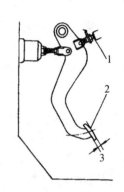

图 2-25 踏板自由行程的调整
1—制动开关；2—制动踏板垫；
3—踏板自由行程

2. 液压制动系空气的排除

1）制动液的检查

（1）新车的制动液在储气罐内的高度应在 MAX 标记之上。

（2）汽车行驶一段时间后，制动液面略有下降是正常现象。

（3）制动液面降到 MIN 标记以下时，说明制动摩擦片已有磨损至极限，应及时更换制动摩擦片。

（4）更换新摩擦片后，制动液面应保持在 MAX 和 MIN 刻线之间，否则应检查制动系有无泄漏，检查后应添加规定的制动液。

2）制动液的更换

（1）制动液必须每两年更换一次。

（2）可用专用设备更换，也可人工更换制动液。

(3) 从前、后制动器放出全部旧制动液后,拧紧各放油螺塞。

(4) 擦净储液罐加注口,旋开储液罐加注口盖,加入新制动液并充满储液罐。

(5) 先从制动总泵处排空气,再按右后—左后—右前—左前的顺序从各制动分泵排空气。

(6) 一人在车上踩制动踏板数次后,用力踩住制动踏板不放松,另一人在车下按上述排空气顺序,分别旋开各分泵排空气螺钉,直到流出的制动液不含气泡为止。

(7) 在排空气时,如制动踏板降到最低点还未排尽空气,应拧紧排气螺钉后,再放松制动踏板,重复以上动作直至排尽空气。

(8) 排空气应逐缸进行,排净一个分泵后再排下一顺序分泵。

(9) 在排气过程中,应随时注意制动液面高度,及时添加制动液。

排气全部结束后,添加制动液至储气罐 MAX 标记处,旋紧加注口盖。

3) 液压制动系空气排除具体步骤

(1) 将制动主缸储液罐的制动液添加到 MAX 的位置。

(2) 启动发动机处于怠速状态。

(3) 在制动轮缸放气螺钉上套上软管,另一头放入容器内。一人踩住制动踏板,另一人旋松制动轮缸放气螺钉,直到流出的制动液中无气泡。排放空气原则是由远到近,先排总泵,后排分泵,因此一般排空气的顺序是先后轮再前轮,且按对角进行。

(4) 将制动液添加到 MAX 位置。

(5) 试车后检查制动液的高度是否正常,如不正常,应及时排除。

3. 液压制动系的检修

1) 制动主缸与轮缸的修理

(1) 制动主缸的修理。桑塔纳乘用车的双腔制动主缸按厂家规定一般不能检修,需整体更换(储液罐可单独更换)。

双腔制动主缸的更换步骤如下。

① 抽出制动主缸储液罐中的制动液,旋松制动轮缸放气螺钉,踩几次制动踏板,排出制动主缸中的制动液(因制动液具有腐蚀性,应避免人体及车身表面漆层与之相接触)。

② 拆下制动主缸各出油管接头,拆下制动主缸。

③ 旋松制动主缸与真空助力器的连接螺栓,取下制动主缸。

④ 按拆卸的相反顺序安排制动主缸,制动主缸与真空助力器的连接螺母拧紧力矩为 20 N·m。

⑤ 制动主缸安装完毕以后,应将制动液加至 MAX 和 MIN 标记之间并排除系统内空气。平时发现制动主缸液面低于 MIN 时,应立即检查制动系统是否泄漏,修复后加足制动液。

(2) 制动轮缸的修理。

① 前制动轮缸的检修。

a. 拆卸:放出制动液;拆下制动钳壳体并吊于车身上;用压缩空气从放气螺钉孔中压出活塞,压出前应在活塞对面垫上木板,以免活塞受损;取下防尘罩,用螺丝刀小心地从缸筒中取出密封圈,也可用厚薄规协助拆卸。

b. 检修:缸筒若有较深的条纹磨损或活塞与缸筒的配合间隙大于 0.15 mm,应更换制动钳总成；活塞密封圈和防尘罩经拆卸应更换新件。

c. 安装：将活塞密封圈安装到缸筒内；用螺丝刀将防尘罩的内密封圈压入钳体槽口内；将活塞压入钳体缸筒中；按拆卸的相反顺序将制动钳安装到车上。

② 后制动轮缸的检修

a. 拆卸：放出制动液，拆下后车轮制动器；取下轮缸两端的防尘罩，取出后制动轮缸活塞、皮碗及弹簧。

b. 检修：后制动轮缸的缸筒内径磨损不大于 0.08 mm，缸筒内表面或活塞外表面无明显划痕，否则应更换轮缸总成；轮缸两端出现漏油痕迹时，应更换皮碗。

c. 安装：将皮碗安装到活塞上，皮碗刃口朝向压力方向；在轮缸中装入弹簧及两端的活塞、防尘罩；安装好后车轮制动器。

(3) 液压制动总泵和制动分泵的维护与检修。

① 液压制动总泵和制动分泵的液压缸内表面应清洁、光滑，不允许有可见划痕、台阶、锈迹或尖锐突起。

② 制动总泵液压缸圆度误差磨损大于 0.05 mm，液压缸与活塞配合间隙大于 0.10 mm时，应修理或更换新件。

③ 测量液压和活塞配合间隙时，应把活塞倒过来，在液压缸前端部位最大磨损处测量。

④ 制动总泵各处油孔、螺纹不能有堵塞、损坏。

⑤ 活塞表面不允许有可见划痕、缺损或变形。

⑥ 制动总泵和制动分泵的橡胶碗、橡胶圈、油阀等橡胶件不能有破损、老化、发胀和明显磨损，否则应更换。

⑦ 活塞定位卡环、活塞回位弹簧、回油阀弹簧不能有变形、裂纹、弹力下降等现象，否则应更换。

(4) 液压制动总泵的装配和调整

① 装配前应用制动液对液压缸、活塞认真清洗。

② 用制动液润滑液压缸、活塞、橡胶碗后，按原安装位置依次装入回位弹簧、橡胶碗、活塞。

③ 用旋具压下活塞，装上前活塞限位螺钉和后活塞限位点点滴滴环。

④ 用推杆推动活塞数次，检查活塞是否运动灵活，活塞回位是否到位。放松推杆时检查旁通孔是否畅通，如被橡胶碗封闭，应查明原因予以排除。

⑤ 按拆卸的相反顺序装回制动总泵，装上进出油管，并在储液罐里注满制动液，制动液每两年更换一次。

⑥ 检查、调整制动踏板自由行程和踏板高度。

捷达轿车制动踏板自由行程是 2～3 mm，其自由行程的调整是通过改变推杆长度来实现的。

制动踏板力为 300 N 时，制动踏板离地板高度不小于 180 mm，否则应转动调整螺钉（在踏板支架上）予以调整。

⑦ 工作完毕后，应按规定进行制动系统排空气，并注意加足制动液。

2) 前轮盘式制动器的修理

下面以宝来乘用车为例进行说明。

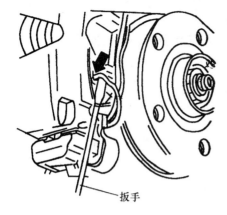

图 2-26 拆下定位弹簧

（1）制动器的拆卸。
① 拆下前轮。
② 按图 2-26 所示拆下定位弹簧。
③ 拆下制动钳导向销，取下制动钳，并用绳子吊于车身上。
④ 旋松放气螺钉，并将活塞压回，再旋紧放气螺钉。
⑤ 取下制动器摩擦片，拆下制动盘。

分解后的宝来乘用车前轮盘式制动器如图 2-27 所示。

（2）制动器的检修。

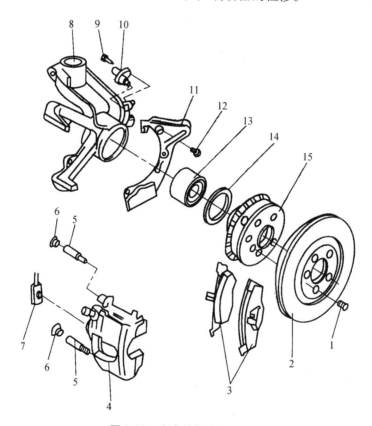

图 2-27 宝来前轮盘式制动器

1—十字头螺栓；2—制动盘；3—制动摩擦片；4—制动钳；5—导向销；6—保护帽；7—带环形连接和中空螺栓的制动管；8—车轮轴承座；9—六角台肩螺栓；10—ABS 转速传感器；11—防溅板；12—六角螺栓；13—车轮轴承；14—卡簧；15—轮毂（带齿圈）

① 制动摩擦片工作表面应清洁、完整、无裂纹。
② 制动摩擦片厚度磨损极限为 7 mm（新摩擦片厚度为 14 mm），如磨损质量接近极限值应立即更换制动摩擦片。
③ 制动摩擦片工作表面如有油污必须用汽油或碱水清洗后要用清水洗净并烤干，油

污严重的须更换摩擦片。

④ 制动盘工作表面应光滑、清洁，允许有轻微磨痕，如有明显划痕和磨损不匀，应对工作表面光磨修复。

⑤ 制动盘工作面的端面圆跳动量超过 0.15 mm，应进行光磨修复。

⑥ 制动盘表面应无台阶形磨损与明显的沟槽，端面摆动量不大于 0.06 mm，否则可车削加工，但加工后的制动盘厚度不得小于 19 mm（FN3 型制动器为 22 mm）。

⑦ 制动盘不允许有任何形式的裂纹和磨损，否则应予更换。

⑧ 同一车桥上的两个制动盘应同时更换。

⑨ 分泵活塞表面不允许有任何磨损、划痕等缺陷，否则应予更换。

⑩ 制动钳紧固螺栓不允许有变形、裂纹，否则应予更换。

（3）装配与调整。

① 按拆卸的相反顺序装配前制动器，并按规定力矩拧紧各螺纹连接件。

② 装配制动缸活塞，安装前应用制动液对分泵活塞和油缸内表面认真清洗，更换油缸矩形密封圈，在分泵活塞外表面和矩形密封圈上抹上制动液，用手将分泵活塞压入油缸。安装好制动钳，以 28 N·m 的力矩拧紧导向销，前制动器装配完毕后，应排净制动系统内的空气，安装完成后装上前轮。

③ 工作完毕后，汽车在原地不动时用力踩制动踏板数次，恢复正常制动间隙。

④ 调整制动液面高度，同时排除制动管路中的空气。

3）后轮鼓式制动器的修理

图 2-28 为桑塔纳后轮鼓式制动器的结构。

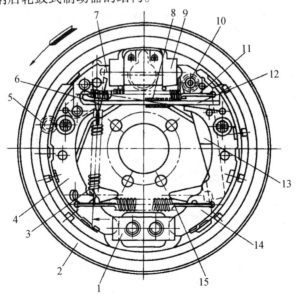

图 2-28 桑塔纳后轮鼓式制动器

1—支承板；2—制动底板；3—制动间隙调节弹簧；4—前制动蹄；5—观察孔；6—楔形调节块；
7—带耳槽的支承块；8—驻车制动推杆外弹簧；9—制动轮缸；10—平头销；
11—驻车制动推杆内弹簧；12—驻车制动推杆；13—驻车制动杠杆；
14—后制动蹄；15—制动蹄回位弹簧

(1) 制动器的拆卸

① 拆下轮毂盖和后轮。

② 拆下开口销、锁紧螺母、减磨垫圈,拉出制动鼓及轮毂轴承,必要时用螺丝刀穿过制动鼓上的轮胎螺栓孔向上拨动楔形调节块,使制动蹄复位,增大制动间隙,便于制动鼓的拆下。

③ 拆下制动鼓定位销及弹簧。

④ 从下端固定板上提起制动蹄,拆下复位弹簧、驻车制动拉索。

⑤ 拆下楔形调节块拉簧及复位弹簧。

⑥ 将带压力杆的制动蹄夹紧在台钳上,拆下定位弹簧,取下制动蹄。

(2) 制动器的检修。

① 制动蹄摩擦片表面应清洁、完整、无裂纹。

② 制动蹄摩擦片表面至铆钉头距离应大于 0.3 mm,否则应更换摩擦片或更换制动蹄总成。制动蹄摩擦片标准厚度为 5 mm(摩擦片磨损情况在解体前可通过制动底板上的观察孔进行检查)。

③ 制动蹄摩擦片表面如有油污,必须用汽油清洗干净,油污严重的则应更换摩擦片。

④ 制动蹄摩擦片表面应光滑、清洁,允许有轻微磨痕,如有明显划痕、台阶,应镗削制动鼓修复。

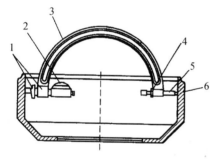

图 2-29 制动鼓失效的检测
1—锁紧装置;2—百分表;3—弓形架;
4—锁紧螺母;5—调节杆;6—制动鼓

⑤ 制动鼓无裂纹、失圆现象,内径磨损不超过 1 mm,否则应更换新件,制动鼓圆度误差测量时至少检测三个不同的位置,如果圆度误差大于 0.1 mm 时,应镗削制动鼓。圆度误差可用弓形内径规测量,如图 2-29 所示(对于鼓式制动器,均可参照这种方法进行检测,只是要符合各车型的维修手册的规定要求)。

⑥ 镗削后的制动鼓直径应不大于维修手册所规定的直径,否则应更换制动鼓。

⑦ 制动鼓不允许有任何形式的裂纹和破损,否则应更换制动鼓。

⑧ 同一车桥上的两个制动鼓应同时更换。

⑨ 制动器各弹簧不能有变形、裂纹、折断等缺陷。

⑩ 后轮分泵活塞表面不允许有任何磨损、划痕等缺陷,后轮分泵液压缸内表面不允许有划痕、锈蚀;否则应成套更换后轮分泵总成。

⑪ 后轮分泵橡胶碗、防尘罩、密封圈等橡胶件如有磨损、老化、破裂、发胀等现象应予更换。

⑫ 凸轮轴应转动自如,制动底板无变形。

⑬ 支承销与制动蹄承孔衬套配合间隙应符合要求。

⑭ 各传动机构零件应无变形、明显磨损现象,否则应修理或更换。

(3) 装配与调整

① 将复位弹簧及压力杆装到制动蹄上,装好楔形调节块。

② 组装制动蹄,挂好上复位弹簧。

③ 在驻车制动拉臂上装好拉索，将制动蹄的上端放入制动轮缸活塞的切槽中，下端放入支座中，装好下复位弹簧。

④ 安装楔形调节块拉簧，装好制动蹄定位销、弹簧及弹簧座。

⑤ 在内、外轴承中加注润滑脂，依次将内油封、内轴承、轮毂及制动鼓、外轴承、止推垫圈装上。调整轮毂轴承预紧度时，边转动轮毂，边拧紧调整螺母。

⑥ 正确的轴承间隙应该是螺丝刀在手指压力下，刚好能拨动推力垫圈。

⑦ 装好锁紧螺母并锁止。

⑧ 踩制动踏板数次，使车轮制动器恢复正常制动间隙。

4) 真空助力器的检修

(1) 检测步骤。

① 功能测试。

a. 关闭发动机，踩下制动踏板数次，然后用力压住踏板 15 s。如果踏板下沉，则表明制动管路、调节器、配压阀、分泵和总泵有故障。

b. 踩下制动踏板，启动发动机，如果踏板略为下沉，则表明真空助力器工作正常；如果踏板的高度没有变化，则表明助力器或单向阀出了故障。

c. 对于自动变速器的汽车，在发动机运转时，轻轻踩下制动踏板，使施加在踏板上的力刚好能够克服自动变速器的抖动。如果制动踏板在 3 min 内下沉超过 25 mm，表明总泵有故障。但即使总泵正常，在空调压缩机关闭或接通时，制动踏板的高度也会有细微的变化（由于空调压缩机负荷改变了提供给助力器的真空）。

② 泄漏测试。

a. 在发动机运转的情况下，踩下制动踏板，然后关闭发动机。保持踏板被踩下约 30 s 后，若其高度仍无变化，则表明真空助力器正常；如果踏板上升，则表明助力器故障。

b. 关闭发动机，用正常压力踩下制动踏板数次，第一次踏板应能压得很低。连续施压后，踏板高度应逐渐增加。如果踏板的位置没有变化，则应检查助力器的单向阀。

③ 单向阀测试。

a. 拆下助力器上的真空软管，如图 2-30 所示。

b. 启动发动机，使之怠速运转，应有真空存在，否则，表明单向阀出了故障，应更换单向阀，重新进行测试。

(2) 拆装步骤。

① 拆卸步骤。

a. 排干总泵内的制动液。拆下制动液液位开关接头。

b. 从总泵上拆下制动管。

c. 卸下总泵的安装螺母，拆下总泵，如图 2-31 所示。

d. 从助力器上拆下真空软管，卸下单向阀托架。

e. 旋松锁紧螺母，拆下开口销和连接销，旋下助力器的安装螺母。

f. 从推杆上取下 U 形夹，然后拆下助力器。

② 装配步骤

a. 将助力器安装在车上，将 U 形夹安装到推杆上如图 2-32 所示，调节推杆的长度。

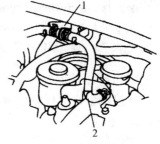

图 2-30 单向阀位置
1—单向阀；2—真空软管

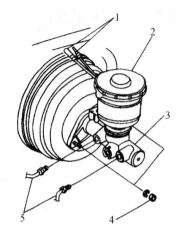

图 2-31 总泵的拆卸
1—制动液开关接头；2—储液罐盖；3—主缸；
4—主缸安装螺母；5—制动管

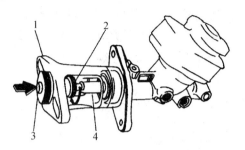

图 2-32 制动总泵推杆的间隙
1—推杆调整规；2—调整器固定螺母；
3—调整螺栓；4—第二活塞

b. 按与拆卸相反的步骤安装剩下的零件。安装总泵时，要检查活塞和推杆的间隙。

c. 安装后，检查、调节制动踏板的高度，加注制动液，给制动系统排气。

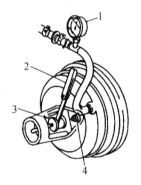

图 2-33 助力器间隙的就车检查
1—真空压力表（量程为 0～101 kPa）；
2—塞尺；3—调整螺母；4—主缸螺母

（3）助力器间隙的就车检查。将助力器与测量发动机负压的真空压力表串联（量程为 0～101 kPa），并保持发动机的转速使负压维持在 66 kPa，如图 2-33 所示，用塞尺测量推杆调整规本体与调整螺母的间隙，间隙应为 0～0.4 mm。

但应注意：如果推杆调整规本体与调整螺母的间隙为 0.4 mm，则推杆与活塞的间隙为 0，然而，当推杆调整规本体与调整螺母的间隙为 0 时，推杆与活塞的间隙可能为 0.4 mm 或者更大些，因此，必须进行调整并重新检查，如图 2-34 所示，如果间隙不当，可松开星形锁紧螺母，转动调节器进行调整（设定的真空压力加在助力器上才可进行间隙的调整。调整时应固定好 U 形夹），紧固星形锁紧螺母。

通过调整，推杆调整规本体与调整螺母的间隙应为 0～0.4 mm，但最好是在 0～0.2 mm 范围内。

调整好后，拆下专用工具，在助力器中安装一个新的制动总泵推杆密封圈。如果助力器已拆下，要调整推杆的长度，如图 2-35 所示。

安装好制动总泵后，还应检查制动踏板的高度和制动踏板的自由行程，并视需要进行调整。

5）调整好的液压制动系，应满足以下条件
（1）制动液高度正常。
（2）系统内无空气。
（3）各管接头无泄漏。

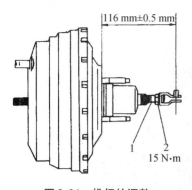
图 2-34 推杆的调整
1—调整器；2—推杆调整规

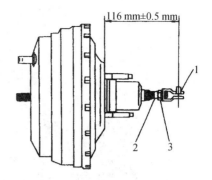
图 2-35 推杆长度的调整
1—U 形夹；2—推杆；3—锁紧螺母

（4）踏板自由行程和制动器制动间隙符合规定。
（5）制动性能符合有关规定。
（6）操纵装配和制动器工作正常，灵敏可靠。
（7）无制动不灵、制动失效、制动拖滞和制动跑偏等故障。

2.4.2 气压制动系的维护、调整与检修

1. 气压制动系的维护

气压制动系的维护作业主要包括以下内容。
（1）检查气压表数值，过低时应检查排除故障。
（2）检查调整制动踏板自由行程（可通过调整制动踏板与制动控制阀拉臂间的拉杆长度，改变制动控制阀拉臂的初始位置，实现制动踏板自由行程的调整）。
（3）检查各管接头，应连接牢靠，无漏气现象。
（4）检查调整制动器制动间隙（参见气压制动系的检测与调整部分的"制动气室的检测与调整"。）
（5）检查调整空气压缩机带松紧度。

2. 气压制动系的检测与调整

国内目前主要的载货汽车，均采用了气压制动，其前后制动器均采用凸轮促动、简单非平衡式鼓式制动器，其结构如图 2-36 所示。

1）踏板自由行程的检测与调整
（1）拆下制动阀前、后腔柱塞座总成。
（2）拆下制动踏板拉杆连接销。
（3）旋松制动阀摇臂上调整螺栓的锁紧螺母。
（4）用游标深度尺测量两腔排气间隙，旋转调整螺栓，拧入则减小自由行程，反之则增大，直至两腔排气间隙均为 1.50~1.53 mm。
（5）紧固调整螺栓的锁紧螺母。
（6）装上制动阀前、后腔柱塞座总成，制动踏板拉杆及连接销。注意如拉杆长度不合适，不可拉动制动阀摇臂来装上连接销，只能调整拉杆长度使其合适后，再装上连接销。
（7）调整后应检查制动踏板顶端全行程约为 180 mm。

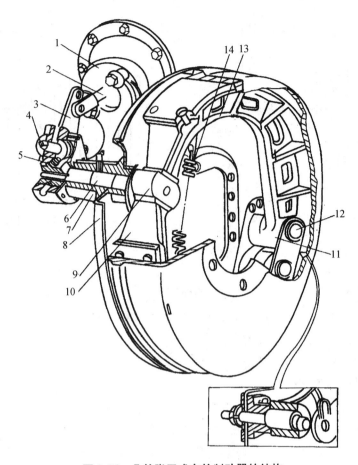

图 2-36 凸轮张开式车轮制动器的结构
1—制动气室；2—连接叉；3—制动调整臂；4—蜗杆；5—蜗轮；6—制动凸轮轴；7—支架；
8—制动底板；9—制动凸轮；10、13—制动蹄；11—支承销座；12—支承销；14—回位弹簧

（8）CA1091汽车制动踏板自由行程可通过制动阀上调整螺钉调整，该螺钉出厂前均已调好，使用中不可任意拧动。

2）制动气室的检测与调整

（1）制动气室的拆卸与解体。如图2-37所示，拆下进气管接头及连接制动调整臂的连接销，从支架上拆下制动气室并夹在台钳上进行。

（2）制动气室的分解。

① 调整臂应工作正常。

② 壳体与盖产生变形而漏气时，应更换制动气室总成。

③ 推杆弯曲应进行校正。

④ 橡胶膜片老化、破裂、回位弹簧折断、锈蚀时，均应更换新件。

（3）制动气室的装配与调整

① 将推杆、弹簧、连接叉装到制动气室壳体上，放好橡胶膜片，扣上制动气室盖，装好卡箍。

② 在进气管输入784 kPa的压缩空气，检查应无漏气现象。

③ 将制动气室安装到支架上，连接推杆连接叉与制动调整臂。

第 2 章 制动系故障诊断与维修

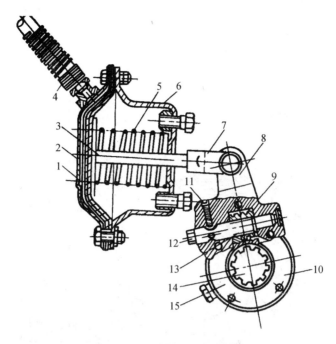

图 2-37 制动气室及调整臂

1—膜片；2—盖；3—推杆；4—制动软管；5—弹簧；6—外壳；7—推杆叉；8—制动臂；9—调整蜗杆；10—制动臂外壳；11—定位球及弹簧；12—调整蜗杆轴；13—蜗轮；14—凸轮轴；15—螺塞

④ 调整制动器制动间隙。如图 2-38 所示，蜗杆轴与制动调整臂的相对位置靠锁止螺钉固定。调整时，将锁止套按入制动调整臂体的孔中，转动调整蜗杆，带动调整蜗轮转动，使制动凸轮轴旋转一定角度。通过改变制动凸轮轴的初始位置，改变制动蹄与制动鼓的周向间隙，实现制动器制动间隙的调整。具体数值见各车型维修手册。调整时一般有全面调整与局部调整两种方法，全面调整针对制动器所有部件全部拆卸与维修的，而局部调整只针对制动器内部没有维修的。

全面调整的具体步骤如下。

第一步，松开制动蹄片支承销固定螺母。

第二步，调整制动调整臂，使轮毂不能转动。

第三步，等量调整两个制动蹄片支承销，使支承销转到不能再转动的位置。

第四步，重复第二步与第三步，直到两个位置均没有再调整的余地。

第五步，锁紧制动蹄片支承销锁紧螺母。

第六步，松开制动调整臂 3～5 响，使制动鼓能转动。

而局部调整时，只需要调整制动调整臂后，松开 3～5 响即可。

3）车轮制动器的检测与调整

（1）顶起车轿，拆下轮胎。

（2）拆下半轴螺栓，拔出半轴（后制动器），拆下防尘罩（前制动器）。

（3）拆下锁紧螺母、防松垫片、调整螺母，取出轮毂外轴承。

（4）取下制动鼓。

（5）取下制动蹄回位弹簧及制动蹄轴卡环，取下制动蹄。

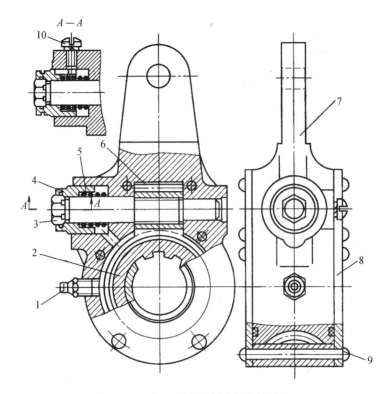

图 2-38　气压制动器制动间隙的调整
1—油嘴；2—调整蜗轮；3—蜗杆轴；4—锁止套；5—弹簧；6—调整蜗杆；
7—制动调整臂体；8—盖；9—铆钉；10—锁止螺钉

（6）检查制动鼓圆度误差应小于 0.25 mm，圆柱度误差应小于 0.20 mm，内径应小于最大修理尺寸，左右轮制动鼓尺寸应小于 1 mm。

（7）制动鼓工作表面不允许有深度大于 0.5 mm 的台阶、划痕、拉毛。如有应进行镗鼓，镗鼓后制动鼓应符合技术规范要求。

（8）轮毂轴承外座圈与轮毂配合无松动。

（9）制动蹄摩擦片表面不允许有烧焦、裂纹、缺损等缺陷，摩擦片不允许有松动，不能有深度大于 0.5 mm 的划痕，与制动鼓贴合面积应大于 80%。

（10）摩擦片表面至铆钉头距离不能小于 0.5 mm，否则应更换摩擦片。

（11）制动蹄回位弹簧应符合技术要求。

（12）制动凸轮轴轴颈和制动凸轮表面应无明显不均匀磨损，如有应修复。

（13）制动蹄轴与制动蹄衬套配合间隙应不大于 0.15 mm，否则应修理或更换。

（14）装配车轮制动器时，可在制动凸轮表面，制动蹄张开端表面，以及制动蹄衬套和制动蹄轴表面，薄薄抹上一层润滑脂（不可过多）。

（15）按拆卸的相反顺序装回车轮制动器。

（16）调整制动蹄轴与调整臂，使制动蹄张开端摩擦片与制动鼓间隙为 0.4~0.6 mm，制动蹄支承端摩擦片与制动鼓间隙为 0.2~0.6 mm。

3. 气压制动系主要机件的修理

下面以东风 EQ1092 汽车为例进行介绍。

1) 空气压缩机的修理

图 2-39 为空气压缩机的结构图。

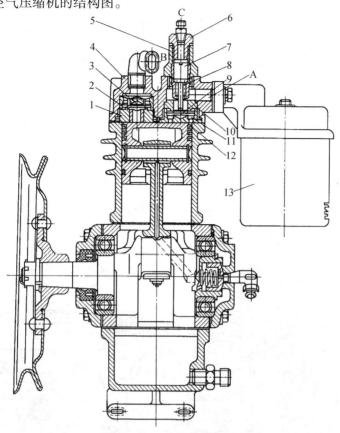

图 2-39 空气压缩机
1—出气阀座；2—出气阀导向座；3—出气阀；4—气缸盖；5—卸荷装置壳体；6—定位塞；7—卸荷柱塞；
8—柱塞弹簧；9—进气阀；10—进气阀座；11—进气阀弹簧；12—进气阀导向座；13—进气滤清器
A—进气口；B—排气口；C—调压阀控制压力输入口

(1) 拆卸与分解
① 拆下出气阀接头。
② 拧下带松紧度调整螺栓。
③ 拆下空气压缩机固定螺栓，取下传动带，取下空气压缩机。
④ 拆下空气滤清器并分解。
⑤ 拆下缸盖螺栓，取下缸盖总成并分解。
⑥ 拆下底盖，取下活塞连杆组。

(2) 检修
① 缸盖与缸体等结合面的平面度误差应不超过 0.05 mm。
② 连杆衬套与活塞销配合间隙超过 0.10 mm 时，应更换衬套。连杆有弯曲、扭曲变形及裂纹、活塞环磨损严重或折断时，应更换新件。
③ 进、排气阀门损坏，复位弹簧弹力减弱或折断，阀板出现磨损时，应更换新件。
④ 各密封垫、油封经拆检后应更换。

⑤ 空气滤清器芯应清洗或更换。

(3) 装配

装配前,将各零件清洗干净,各摩擦表面涂抹润滑油。

① 装配缸盖总成。

② 装入活塞连杆组。安装时,注意活塞环开口应错开180°,并以 15~20 N·m 的力矩拧紧缸盖螺栓。

③ 组装空气滤清器,并安装到空气压缩机上。

④ 安装空气压缩机,装上传动带,高速带松紧度(用大拇指以40 N 的压力垂直下压带中部,带应下降 10~15 mm),锁止调整螺栓。

⑤ 装上出气管接头。

2) 制动控制阀的修理

以 CA1091 串联双腔活塞式制动阀为例,结构如图2-40所示。

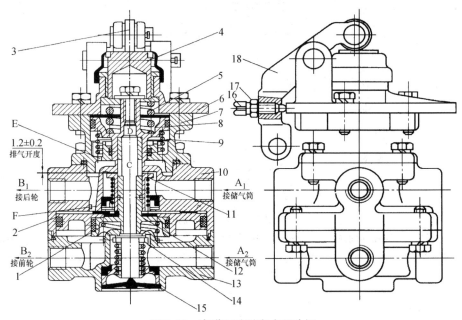

图 2-40 串联双腔活塞式制动阀

1—下腔小活塞回位弹簧;2—下腔大活塞;3—滚轮;4—推杆;5—平衡弹簧;6—上盖;7—上阀体;
8—上腔活塞;9—上腔活塞回位弹簧;10—中阀体;11—上腔阀;12—下腔小活塞;13—下阀体;
14—下腔阀;15—防尘片;16—调整螺钉;17—锁紧螺母;18—操纵摇臂
A_1、A_2—进气口;B_1、B_2—出气口;C—排气口;D—上腔排气孔;E、F—通气孔

(1) 主要零件的检修

① 所有弹簧的技术状况应符合技术标准,否则必须更换。

② 膜片应平整;阀门橡胶若出现裂纹、脱胶或老化等现象,必须更换。

③ 各阀座若有刮伤、凹痕或磨损过度,应予研磨或更换。

④ 制动信号灯外壳出现裂纹或螺纹损坏,应予更换。

(2) 装配注意事项

① 排气阀装配后,阀座与阀杆头部之间距离应为 16~16.40 mm。进气管接头从制动臂方向看时,应指向左方。

② 排气阀装配后，检查气门杆头部至气门壳端间的距离，在不装排气门弹簧时应为 (4.5±0.5) mm。安装制动阀后，实际工作行程应为 1.2～1.7 mm。

（3）检验

① 密封性检查：在上、下进气口与储气筒之间接一容积为 1 L 的容器和一个阀门，通入 784 kPa 的压缩空气。关闭阀门，检查进气口的密封性，要求在 5 min 内气压降不大于 24.5 kPa；将操纵摇臂拉到极限位置，检查出气口的密封性，要求 1 min 内气压降不大于 49 kPa。

② 调节调整螺钉，使操纵摇臂自由行程为 1～3 mm。同时最大工作气压调整为 490～539 kPa。

4. 检修调整好后的气压制动系，应满足以下条件

（1）气压正常。
（2）各管接头不漏气。
（3）储气筒内无积水。
（4）踏板自由行程和制动器制动间隙符合规定。
（5）制动性能符合有关规定。
（6）控制装配和制动器工作正常，灵敏可靠。
（7）无制动不良、制动失效、制动拖滞和制动跑偏等故障。

复习思考题

1. 液压制动系常见的故障有哪些？
2. 液压制动不良故障有什么故障现象？主要原因有哪些？如何对其进行诊断？
3. 液压制动失效故障有什么故障现象？主要原因有哪些？如何对其进行诊断？
4. 液压制动跑偏故障有什么故障现象？主要原因有哪些？如何对其进行诊断？
5. 液压制动拖滞故障有什么故障现象？主要原因有哪些？如何对其进行诊断？
6. 气压制动不良故障有什么故障现象？主要原因有哪些？如何对其进行诊断？
7. 气压制动跑偏故障有什么故障现象？主要原因有哪些？如何对其进行诊断？
8. 气压制动拖滞故障有什么故障现象？主要原因有哪些？如何对其进行诊断？
9. 驻车制动主要有哪些故障？试举例说明其故障解决方法？
10. 如何对踏板自由行程进行调整？其要求是多少？
11. 如何对液压系统进行空气的排除？
12. 如何检测真空助力器工作的好坏？
13. 气压制动全面调整的方法是怎样的？
14. 液压制动系维护的主要内容有哪些？
15. 气压制动系维护的主要内容有哪些？
16. 制动系应达到什么要求说明其工作状态良好？

第3章 转向系故障诊断与维修

学习目标

了解汽车在使用过程中对转向系的要求；了解转向系故障诊断过程中一些常用的参数；掌握机械转向系转向沉重、转向操纵不灵、转向不回位等故障的现象、原因及判断方法；掌握助力转向系转向沉重、转向噪声等故障的现象、原因及判断方法；掌握转向盘转向力和自由行程的检测与调整方法；掌握机械与助力转向系主要机件的检测、调整与维修方法。

3.1 转向系故障诊断分析

知识目标

1. 了解汽车在使用过程中对转向系的要求。
2. 掌握汽车机械与动力转向系常见故障的现象、原因。
3. 掌握汽车机械与动力转向系常见故障的基本诊断与排除方法。

能力目标

1. 能够准确判断出汽车机械与动力转向系常见故障的现象、原因。
2. 能够根据汽车机械与动力转向系常见故障的现象做出相应的判断。

3.1.1 转向系概述

1. 汽车使用过程中对转向系的整体要求
1) 要求工作可靠，操纵轻便。
2) 转向机构应能减小地面传到转向盘上的冲击，并保持适当的"路感"。
3) 当汽车发生碰撞时，转向装置应能减轻或避免对驾驶员的伤害。
2. 机械与助力转向系的结构与组成

转向系通常由转向操纵机构、转向器及转向传动机构组成，现代汽车上所使用的一般有两种：一种是机械式转向系，目前在货车上使用较多；另一种是助力式转向系，在轿车及部分大客车及货车上运用广泛。机械式与助力式转向系的结构与组成如图3-1和图3-2所示。

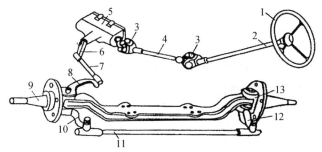

图 3-1 机械转向系的结构和组成

1—转向盘；2—转向管柱；3—转向万向节；4—转向传动轴；5—方向机；6—转向摇臂；
7—转向直拉杆；8—转向节直拉杆臂；9、13—转向节；10、12—转向横拉杆臂；11—转向横拉杆

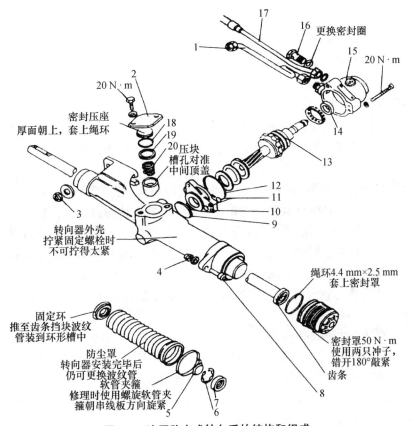

图 3-2 液压助力式转向系的结构和组成

1—油管 40 N·m；2—压盖；3—自锁螺母 35 N·m；4—自锁螺母 20 N·m；5—更换齿形环；6—挡圈；
7—齿条密封罩；8—圆柱内六角螺栓；9—圆绳环 42×2；10—中间盖；11、12、18—圆形环；
13—转向机构主动齿轮；14—密封圈；15—阀门罩壳；16—管接头螺栓 30 N·m；17—回油管；
19—补偿垫片；20—压簧

3.1.2 机械转向系故障诊断分析

机械转向系常见的故障部位主要有转向盘自由行程、转向器内部间隙、转向传动机构的连接处等。而常见的故障主要有转向沉重、转向操纵不灵、转向不自回等。

1. 转向沉重故障分析

1)故障现象

(1) 汽车在行驶中,驾驶员左右转动方向盘时,感到沉重费力,没有回正感。

(2) 汽车低速行驶时或调头时,转动方向盘感到沉重费力,严重时甚至打不动方向。

2)故障的主要原因

(1) 轮胎气压不足。

(2) 上下摆臂球头销磨损过大。

(3) 转向节主销后倾角过大、内倾角过大或前轮出现负外倾。

(4) 转向器主动与从动齿的啮合间隙过小。

(5) 转向器缺油或无油。

(6) 转向器的转向轴弯曲或套管压扁。

(7) 转向横、直拉杆球头连接处过紧或缺油。

(8) 转向节止推轴承缺油或损坏。

(9) 转向节主销与转向节衬套配合间隙过小或缺油。

3)故障诊断与排除方法

对于机械式转向系而言,出现转向沉重的故障一般会在转向节、转向横直拉杆部位或转向器部位,在查找这类故障时一般采用分段排除法,方法既实用也比较简单,具体步骤如下。

(1) 如果出现转向沉重的故障,首先将转向桥悬空,再判断转向系是否有沉重的故障,如果转向变得比转向桥没有悬空前要轻,此时可拆下转向直拉杆,转动方向盘查看转向是否仍然沉重,如果仍然沉重则进行第二步,如果变轻,则故障就在转向桥上。

(2) 拆下直拉杆后,转向仍然沉重,此时可拆下转向摇臂与转向器的连接,查看转向是否沉重,如果转向仍然沉重,则故障在转向器与转向轴套管部位。

(3) 拆下转向轴套管与转向器的连接,查看故障是否沉重,如果变轻,则故障在转向器。

需要说明的是,如果判断出故障出现在转向桥上,那么故障点主要是转向节,因此还要判断故障在左转向节还是右转向节,此时可以拆下一边转向横拉杆,转动方向,查看转向是否沉重来判断转向沉重是在左边还是在右边转向节。

如果上述检查正常,则故障的发生部位主要与前轮定位有关。对于转向沉重故障,可参考图 3-3 所示的转向沉重故障诊断流程。

2. 转向操纵不灵故障分析

1)故障现象

汽车在保持直线行驶位置时,转向盘左右可转动的游动角度太大。

2)故障产生的主要原因

(1) 转向器内主、从动啮合部位松旷或主、从动部分的轴承松旷。

(2) 转向盘与转向轴的连接部位松旷。

(3) 转向器垂臂轴与垂臂连接部位松旷。

(4) 纵、横拉杆球头连接部位松旷。

(5) 纵、横拉杆臂与转向节的连接部位松旷。

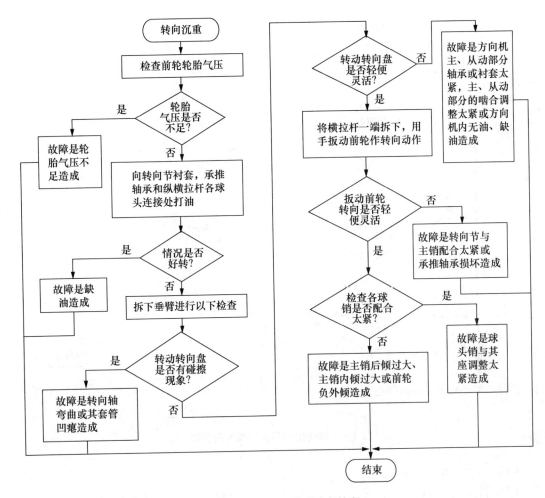

图 3-3 转向沉重故障诊断流程

(6) 转向节与主销松旷。

(7) 轮毂轴承松旷。

3) 故障诊断与排除方法

造成转向操纵不灵故障的根本原因是转向盘自由行程过大,因此可按转向自由行程过大故障来查找。这主要是因为转向系统中一处或多处连接与配合间隙过大,在诊断这类故障时,可从转向盘开始查找,检查各转向机件的连接情况,看是否有磨损、松动、调整不当等情况来查找出故障所在部位。具体的诊断方法可参照图 3-4 所示的转向操纵不灵故障诊断流程。

3. 转向不自回故障诊断分析

转向不回位是转向沉重故障的一种特殊故障现象,它使驾驶员精神高度紧张,易出现操作疲劳,操控精度下降,从而导致事故的发生,应当对这种故障及时排除。

1) 故障现象

汽车在行驶过程中,转向后不能自动回复直行状态。

2) 故障产生的主要原因

(1) 轮胎气压不足。

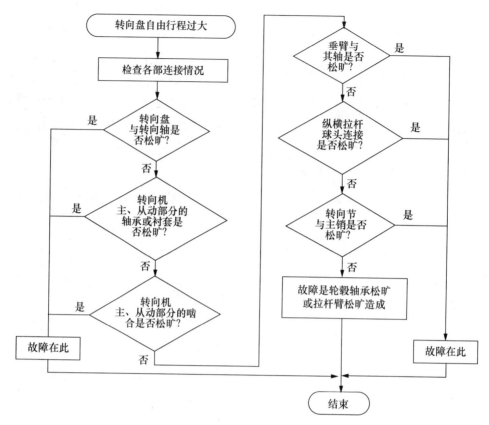

图 3-4 转向操纵不灵故障诊断流程

(2) 车轮定位不准确。
(3) 转向柱发卡。
(4) 转向器调整不当,零件损坏发卡。
(5) 转向系统润滑油不足。

3) 故障诊断与排除

转向不自回这类故障一般不太容易出现,一旦出现后,可以按转向沉重故障的方法先解决由于机械零件发卡缺油导致转向系统在转向后出现不容易自回的现象,在确定机械部分没有问题后把重点放在对转向定位的检查上,在实践中,转向不自回故障出现后,在对前轮定位参数的检测中,一般先检查前束,再检查主销后倾角,如果这两个参数不符合要求,则对其进行调整。

3.1.3 液压助力转向系故障诊断分析

为了使操纵更加轻便,转向更加灵活,目前在轿车上及部分货车上广泛采用了助力式转向系,助力式转向系是在机械转向系的基础上加装了助力转向装置,目前较为常用的是液压助力式转向系,在一些高级轿车上还采用了电动助力式转向系,考虑到维修中目前主要是以液压助力式转向系为主,本节主要介绍液压助力式转向系的故障诊断分析方法。

液压助力式转向系主要由转向泵、动力油罐、控制阀、转向油罐和油管等组成,液压助力式转向系常见的故障部位有转向盘的自由行程、转向传动机构的连接处、转向器、转向泵、控制阀、油管接头等。液压助力式转向系常见的故障主要有转向沉重及转向噪声。

1. 转向沉重故障分析

1）故障现象

液压助力式转向系转向沉重故障的现象同机械转向系。

2）故障主要原因

转向沉重故障一般由液压助力转向系失效或助力不足，机械传动机构损坏或调整不当引起，具体原因主要如下。

（1）转向油罐油液油量不足或规格不对。
（2）油路堵塞或不畅。
（3）油路中有泄漏现象。
（4）油路中有空气。
（5）转向泵传动带损坏或打滑。
（6）调节阀失效，使输出压力过低。
（7）转向机构调整不当。

3）故障诊断方法

检查转向油罐中油量是否不足，油液规格是否不对和有无气泡，检查管接头有无松动，转向泵传动带张紧力是否正常。

将转向盘向左右极限位置来回转动，如果左右转向都沉重，故障在转向泵、液压缸或转向传动机构；如果左右助力不同，故障在控制阀。液压助力转向系转向沉重故障具体诊断流程如图 3-5 所示。

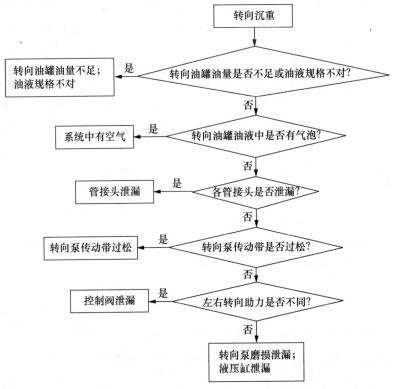

图 3-5 液压助力式转向系助力部分转向沉重故障诊断流程

2. 转向噪声故障分析

1）故障现象

汽车转向时，转向系出现过大噪声。

2）故障主要原因

装有动力转向系的汽车，在发动机启动后，转向助力泵的溢流阀中出现液流噪声是正常的，但噪声过大甚至影响转向性能时，该噪声应视为故障。因助力系统引起噪声的原因主要有以下几点。

（1）转向泵损坏或磨损严重。

（2）转向泵传动带打滑。

（3）控制阀性能不良。

（4）系统中渗入空气。

（5）管道不畅。

3）故障诊断方法

转向时发出"咔嗒"声，在已排除转向泵叶片噪声的情况下，则由转向泵带轮出现松动引起。

转向时发出"嘎嘎"声，由转向泵传动带打滑引起。

转向时转向泵发出"咯咯"声，是由于系统中有空气；发出"嘶嘶"声，而且系统无泄漏，转向泵传动带张紧度合适，则由油路不畅或控制阀性能不足引起。

动力转向系的其他故障还有以下几种。

（1）转向助力瞬间消失。故障原因主要是转向泵传动带打滑、控制阀密封圈泄漏、系统泄漏造成油面过低、发动机怠速过低、系统内空气等。

（2）转向盘回位不良。故障原因主要是系统内有空气、压力限制阀工作不良、控制阀弹簧失效等。

（3）转向盘自由行程过大。故障原因主要是系统内有空气或压力限制并失效。

需针对故障原因，找出故障位置。

3.2 转向系检查与调整

知识目标

1. 了解转向系的主要检查与调整内容。
2. 掌握汽车转向盘自由程、转向盘转动力矩、液压助力式转向系的检查方法。
3. 掌握转向系主要机件进行相关调整方法。

能力目标

1. 能够对机械与液压助力式转向系进行相关检查。
2. 能够对机械与液压助力式转向系主要机件进行相关调整。

3.2.1 转向系的检查

1. 转向盘自由行程的检查

如图3-6所示,将车辆放在水平、干燥的水泥路面上,并让车轮处于直行位置,在车轮不动的条件下,来回轻轻转动转向盘,同时用游标卡尺1检查转向盘2的转动量,转向盘2的自由行程量应不大于20 mm。若超过时,可能是有的螺栓(螺母)松动或转向万向节、转向横拉杆球头销有故障。

另一种检查方法是,车停于直行状态,用手指的力量左右转动转向盘,测量车轮没有转动情况下的转向盘行程,自由行程一般新车在$10°\sim15°$,在用车一般在$15°\sim30°$。

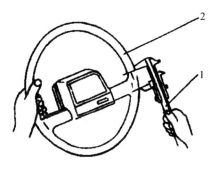

图3-6 检查方向盘自由行程
1—游标卡尺;2—转向盘

2. 转向盘转矩的测定与调整

如图3-7所示,将轮胎充气到正确压力,车辆放在水平干燥的水泥路面上,将车轮位置由直线行驶位置开始转动至360°时,用弹簧秤1测定转向盘2的动力,与新车相比应在$\pm5N$之间(使用动力转向盘时,在发动机怠速运转下,转向盘转动力应小于40 N)。若达不到此值,应调整转向器3上的调整螺栓4(先松开螺栓4上的锁紧螺母再进行调整)。调整螺栓拧出,转动力减小;拧入则增大。也可以在干燥水平的路面上进行道路试验,转向后转向器3如不能自动回到直线位置,则把调整螺栓4松一点,转向器3如啮合间隙过大,则把调整螺栓4拧紧一点。

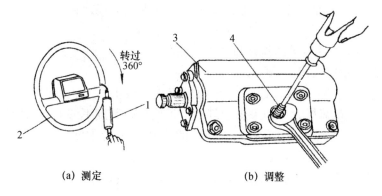

图3-7 转向盘转矩的测定与调整
1—弹簧秤;2—转向盘;3—转向器;4—调整螺栓

3. 转向助力装置的检查

转向助力装置主要由液压泵、液压缸、控制阀等组成。使用中会出现转向力不足、噪声和漏油等故障。维修前需先进行检查,以便判明故障原因及有关部位的技术状况(此处仅涉及有关液压助力装置部分)。

1）液压油的检查、更换与排气

液压油减少、进入空气或出现磨料污染，不仅将直接影响动力转向装置的工作性能，还会影响其使用寿命。因此，检查、补充和更换液压油，不仅是动力转向装置工作性能检查的前提，而且也是一项重要的常规性维护作业。

（1）液压油的检查。

① 将车辆停放在平坦的地面上，使前轮处于直行位置。

② 启动发动机，并使其达到正常的工作温度。

③ 使发动机怠速运转大约 2 min，左、右打几次转向盘，使油温达到 40～80℃，关闭发动机。

④ 观察油罐的液面，此时液面应处于 Max（上限）与 Min（下限）之间，液面低于 Min 时，应加至 Max。

（2）液压油的更换与排气。除发现液压油油质变化时须更换外，还应定期（一般二年一换）更换。

① 排出旧油：松开回油管，把油放到容器中使发动机怠速运转，反复将转向盘左、右转到极限位置，直至排尽旧油。

② 加油与排气：装好回油管，储油罐内注满 ATF 油液，发动机保持怠速运转，反复向极左、极右转动转向盘排气（在极限位置不能超过 5 s）。当储油罐内的油液没有气泡和乳化现象，停止发动机后液面变化不大于 4 mm 时，说明空气已排净。

有放气螺塞的，在架起车轮，发动机怠速运转时，反复将转向盘转到极左、极右，系统内初步满油后将车轮放下，旋转放气螺塞。并将塑料软管的一端套在放气螺塞上，一端插入容器中，将转向盘再次反复打到底，使系统在较高压力下通过放气螺塞放气，直至软管不再有空气放出为止。

上述排气过程中油面会下降，油面过低时会再进入空气，必须及时加油到标准液面高度。

2）转向油泵皮带张紧力的检查和调整

（1）检查：一般有如下三种方法。

方法一：汽车停在干燥路面上，运转发动机使油液上升到正常温度，左右转动转向盘，此时驱动皮带负荷最大，如果皮带打滑，说明皮带紧度不够或油泵内有机械损伤。

方法二：关闭发动机，用手以约 100 N 的力从皮带的中间位置按下，皮带应有约 10 mm 挠度为合适，否则必须调整。

方法三：用皮带张紧度测量仪，如图 3-8 所示。

（2）调整。

① 松开转向油泵支架上的后固定螺栓，如图 3-9 所示。

② 松开专用螺栓的螺母，如图 3-10 所示。

③ 通过张紧螺栓把 V 形带绷紧，如图 3-11 所示。当压在 V 根带中间处，V 形带应有 10 mm 挠度为合适。

④ 拧紧专用螺栓的螺母。拧紧转向油泵支架上的固定螺栓。

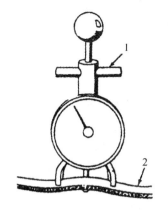

图 3-8 张紧带的仪器检查

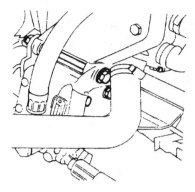

图 3-9 松开后固定螺栓

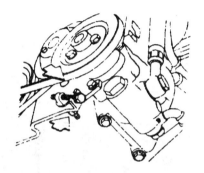

图 3-10 松开专用螺栓的螺母

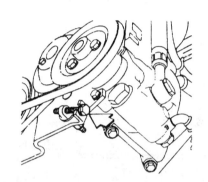

图 3-11 张紧 V 形带

3) 转向盘动力的检查。

汽车停在平坦地面上,两轮(气压正常)处于直行位置,使发动机怠速运转,用弹簧秤检查转向盘从居中位置分别向左右方向转动的拉力应不大于规定值(轻型汽车一般应不大于 40 N,重型车一般应不大于 70 N)。若拉力过大,可能是液压泵 V 带松弛或损伤、油量不足、油液中有空气、软管压瘪、液压泵或限压阀故障引起油压不足,或控制阀、动力缸有泄漏等。

4) 液压测试

液压测试主要是为了判定液压泵、控制阀及动力缸的技术状况。

检查时可在液压泵与转向器之间安装一个由压力表和截止阀组成的测试器。检查步骤如下。

(1) 排除系统内的空气并保证液压油面高度正确,启动发动机并转动转向盘,使液压油达到正常的工作温度。

(2) 测定液压泵最大输出油压。

转向泵压力的检测方法如图 3-12 所示。

① 将量程为 15 MPa 的压力表和节流阀串接到转向油泵和转向阀之间的管路中。

② 启动发动机,如果需要,向储油罐中补充 ATF 油。

③ 发动机怠速运转,转动转向盘数次。

④ 急速关闭节流阀(不超过 5~10 s),并读出压力数,若压力足够,说明转向油泵正常。

⑤ 如果没有达到额定值，应更换溢流阀、安全阀或更换转向油泵。

（3）测试液压助力转向系统的有效油压。

液压助力转向系统的压力检测方法如图 3-13 所示。

① 接好压力表和节流阀。

② 将节流阀打开，启动发动机并以怠速运转，使转向盘向左、右旋转到极限位置，同时读出压力表上的压力应符合规定（一般与液压泵压力的差值不大）。

③ 如果向左或向右的额定值达不到要求，就要修理转向器或更换总成。

（4）测量无负荷油压。发动机怠速运转，转向盘居中位置，截止阀完全打开时压力表读数应符合规定（一般为 0.3～0.7 MPa）。超过规定，可能是回油管阻塞。

（5）测量无负荷油压差。转向盘在居中位置，将截止阀完全打开，测量发动机在 1 000 r/min 和 3 000 r/min 时的压力差。此压力差应在规定范围内，否则表明流量控制阀失效。

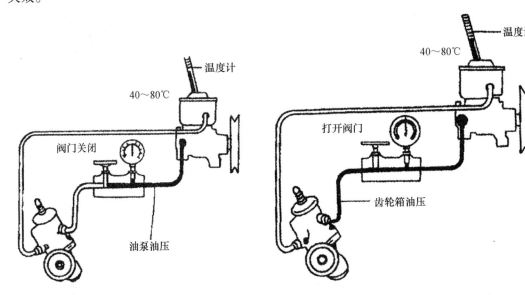

图 3-12　转向泵压力的检测　　　　图 3-13　液压助力转向系统的压力检测

3.2.2　转向系的调整

1. 转向传动横、直拉杆系统检查调整

如果转向盘自由行程过大，应检查横、直拉杆各部分是否磨损松旷。可以将车开到汽车悬架和转向系间隙检查仪上，检查各部分间隙。也可以一人原地来回转动转向盘，另一人观察横、直拉杆球头销松旷情况，若发现球头销在销座内明显窜动，说明间隙过大。轿车一般更换新球头销，中型以上汽车可调整间隙，如图 3-14 所示。调整方法是：将球头销的调整螺塞旋进到底后，退出 1/4～1/2 圈，将开口销锁紧。装好后试验，球头销应转动灵活，不松旷、不卡死。

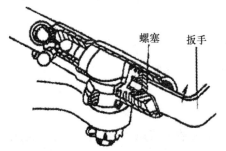

图 3-14　转向球头销的调整

2. 转向器的调整

1) 转向器啮合副啮合间隙的调整

啮合副的啮合间隙一般可以通过改变摇臂轴的轴向位置,使啮合间隙合适,最后用锁紧装置将调整螺钉锁死。啮合间隙正常后,用力推动摇臂轴应无松旷感,在任何位置转向盘应轻便灵活。

齿轮齿条式属于无间隙啮合,是通过弹簧将齿条向齿轮压紧的。弹簧靠调整螺塞压紧。调整时一人来回原地转动转向盘,另一人拧动调整螺塞。先拧出至听到冲击声后,将螺塞拧入到冲击声消失即可。最后用螺母将调整螺塞锁紧。调好后要求汽车转向灵活,回位良好。调整部位可参考图3-15所示的结构。

2) 转向器轴承预紧度的调整

转向器螺杆轴承预紧度的调整是转向器啮合副能否正确调整的前提,直接影响转向操纵性。

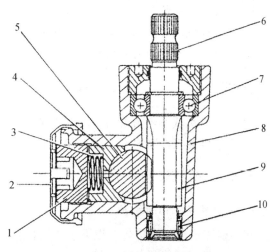

图3-15 齿轮齿条式转向器结构示意图
1—调整螺塞;2—锁销;3—回位弹簧;
4—推动块;5—齿条;6—转向器蜗杆轴;7—轴承;
8—转向器壳体;9—齿杆;10—轴承

各种转向器尽管结构不同,但轴承预紧度的调整方法基本相同。大多是通过旋入或旋出调整螺母,如图3-16所示,或者增减转向器壳与盖之间的垫片来调整,如图3-17所示。增加垫片或旋出螺母,轴承预紧度减小;减少垫片或旋入螺母,轴承预紧度增加。调整后,用手上下推动转向轴不得有松旷感,转向轴应转动灵活,转动扭矩一般应不大于0.8N·m。检查方法是用弹簧秤拉转向盘测其拉力如图3-7(a)所示,此时架空转向轮,或用测矩计测定如图3-16所示。

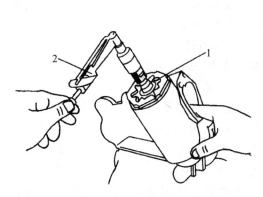

图3-16 转向器轴承预紧度的调整(螺母式)
1—调整螺母;2—测矩计

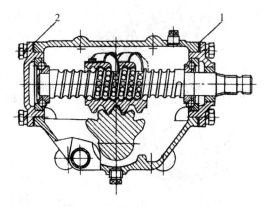

图3-17 转向器轴承预紧度的调整(垫片式)
1、2—调整垫片

3.3 转向系的维修

知识目标

1. 掌握转向机构维护的主要内容。
2. 掌握机械式转向系转向器的维修方法。
3. 掌握典型车型转向系的维修方法。

能力目标

1. 能够对机械与液力助力式转向系进行维护。
2. 能够对典型车型转向系进行维修。

3.3.1 机械转向系的维修

1. 转向操纵机构的维护

转向操纵机构的维护包括以下主要内容。

（1）对转向操纵机构进行清洁。

（2）检查转向柱管与方向盘、转向器的花键连接是否有松旷的地方，检查其是否有磨损，根据检查情况对其进行维修或更换。

（3）检查转向传动轴及万向节是否有松动的地方，是否有磨损，根据实际情况对其进行维修或更换。

（4）对转向轴及转向万向节进行润滑。

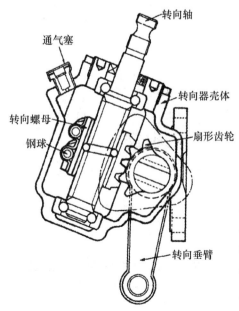

图 3-18 循环球式转向器结构

2. 机械转向器及相关机件的维修

转向器结构形式很多，但无论何种结构形式，其失效内容基本相同，主要包括转向器壳与盖变形及破裂，蜗杆轴承及承孔磨损，摇臂轴衬套磨损及啮合副工作面损伤等。

1）转向器的检修

以如图 3-18 所示的循环球式转向器为例说明转向器的检修方法。

（1）转向器壳体及盖的检修。转向器壳体和盖的裂纹可用渗透探伤等方法检验。如有裂纹，一般应予换新。裂纹不大时允许焊补。转向器壳体和盖上各轴承孔与轴承（衬套）的配合间隙不得大于原设计规定 0.02 mm，承孔磨损后可进行镶套或刷镀修理。转向摇臂衬套磨损应换新。衬套压入的过盈量一般为 0.05～0.08 mm，衬套可镗削或铰削，但应保证两孔衬套同轴。衬套与摇臂轴配合的最大间隙不得大于原设计规定 0.005 mm，转向器壳体与盖整个结合平面的平面度误差不得大于 0.10 mm，否则应进行修磨。转向器壳体上两蜗杆轴承孔公共轴线与两摇臂轴轴承孔公共轴线的垂直度误差应不大于 0.05 mm。两轴线间的距离应符合原设计规定。

(2) 传动副的检修。螺杆和摇臂轴经探伤检查不得有裂纹，否则应报废。轴承滚道应无金属剥落和明显的阶梯磨痕。蜗杆轴承与蜗杆轴配合的最大间隙不得大于规定 0.005 mm。摇臂轴花键应无明显扭曲，螺纹损伤不得多于 2 牙。循环球式转向器转向螺母的滚道应无金属剥落，滚球规格及数量应符合原设计规定，直径不大于 0.01 mm。球与滚道的配合间隙可用百分表抵住螺母，通过径向摆动螺母进行检查，其值应不大于 0.05 mm；也可将螺杆垂直悬吊，如果螺母在重力作用下平衡盘旋下落，则为正常。下降过快或卡滞或配合间隙超过规定时，应成对更换。各种形式的啮合副因磨损使之在中间位置间隙合适而在两端位置发生啮合干涉时，应成对更换。

(3) 转向垂臂的检修。转向垂臂不得有裂纹，花键应无明显扭曲，转向垂臂花键孔端面应比摇臂轴花键端面高出 2～5 mm。当转向垂臂出现裂纹或花键磨损使花键轴与孔端面平齐时，应更换转向垂臂。

2) 转向节臂的检修

转向节臂不得有裂纹，当锥形销颈与转向节上的锥形孔配合时，锥形销颈小端面应凹入锥形孔 1～2 mm，锥形销的键与键槽应配合紧密。

3) 横、直拉杆的检修

横、直拉杆不应有裂纹和其他损伤。直拉杆应无明显变形。横拉杆直线度误差不得大于 2 mm，超过者应进行冷压校正。横向拉杆接头上的卡簧槽深不得低于卡簧宽的 1/2。

球销球面单边磨损超过 1 mm 时，应换新。球销座磨损过大、弹簧失效、螺塞损坏、不可拆式球头销组件如有松动应更换新件。

3. 转向节的维修

1) 指轴根部裂纹可用渗透探伤或磁力探伤检验，指轴根部有裂纹一般应予检修。

2) 转向节主销与衬套配合间隙应符合原设计规定，超过时一般通过更换衬套修理。衬套的加工可采用铰削、镗削或拉削。铰削时应采用长刃铰刀或加导向杆一次铰过两孔来保证上下孔轴线的同轴度。镶衬套时应注意使衬套油孔与转向节油嘴对正。转向节主销与衬套配合间隙一般为 0.022～0.09 mm，使用限度为 0.15～0.20 mm。

3) 转向节内、外轴承与轴颈的配合属间隙配合的，应符合原设计规定。属过渡配合的，当基本尺寸不大于 40 mm 时最大间隙不应大于 0.04 mm；大于 40 mm 时应不大于 0.05 mm。轴颈磨损后可用刷镀或喷涂法修复。轮毂轴承与轴颈的配合间隙使用限度一般为 0.10 mm。

4) 端部螺纹损伤不得超过 2 牙，否则应车去螺纹，堆焊后另行车螺纹。

5) 主销孔上、下端面应当平整，否则予以修平。

6) 转向节轴颈公共轴线与主销孔公共轴线间夹角应符合原设计规定，否则予以报废。

转向节的主要检修部位如图 3-19 所示。

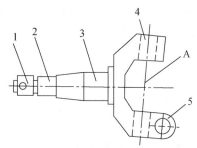

图 3-19 转向节的主要检修部位
1—轴头螺纹；2—外轴颈；3—内轴颈；
4—主销孔；5—转向臂支承孔；A—主销轴线

3.3.2 典型转向系的维修

本节以桑塔纳转向系为例来说明转向系的维修方法。

1. 转向柱的拆装与检查

1）转向柱的拆卸

转向柱上装有一套组合开关,包括点火开关、前风窗刮水及清洗开关、转向灯开关及远近光变光开关,因此在拆卸前必须将蓄电池电源线断开,转向指示灯开关放在中间位置,并将车轮处在直线行驶位置,然后按下列拆卸步骤进行。

(1) 向下按橡皮边缘,撬出盖板。
(2) 取下喇叭盖,拆卸喇叭按钮及有关接线。
(3) 拆下转向盘紧固螺母,用拉器将转向盘取下。
(4) 拆下组合开关上的三个平口螺栓,取下开关。
(5) 拆下阻风门控制把手手柄上的销子,然后旋下手柄、环形螺母,取下开关。
(6) 拆下转向柱套管的两个螺钉,拆下套管。
(7) 将转向柱上段往下压,使上段端部法兰上的两个驱动销脱离转向柱下端,取出转向柱上段。
(8) 取下转向柱橡胶圈,松开夹紧箍的紧固螺栓,拆下转向柱下端。
(9) 用水泵钳旋转卸下弹簧垫圈,卸下左边的内六角螺栓,旋出右边的开口螺栓,拆下转向盘锁套。

2）转向柱的检查

检查转向柱有无弯曲、安全联轴节有无磨损或损坏、弹簧弹性是否失效,如有则应修理或更换新件。

3）转向柱的安装

安装应基本按拆卸的相反顺序进行,但同时应注意以下几点。

(1) 转向柱与凸缘管应一起安装,并用水泵钳连接起来。
(2) 应将凸缘管推止转向机构主动齿轮上,夹紧箍圈口应向外,注意不可用手掰开夹箍。
(3) 转向柱管的断开螺栓装配时,应将螺栓拧紧至螺栓头断开为止,然后拧紧圆柱螺栓。
(4) 车轮应处于直线行驶位置,转向灯开关应处在中间位置,才可装转向盘,否则在安装转向盘时,当分离爪齿通过接触环上的簧片时,有可能造成损坏。
(5) 应更换所有的自锁螺母和螺栓,转向支柱如有损坏,不能焊接修理。

2. 动力转向器的拆卸和安装

1）动力转向器的拆卸

(1) 吊起车辆。排放转向液压油(ATF 润滑油)。
(2) 拆下固定横拉杆的螺母,如图 3-20 所示。
(3) 拆卸左前轮罩处的转向器固定螺栓,如图 3-21 所示。
(4) 松开在转向控制阀外壳上的高压油管,如图 3-22 所示。
(5) 拆卸后横板上固定转向器的左边自锁螺母,如图 3-23 所示。

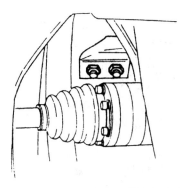
图 3-20　拆卸横拉杆固定螺母

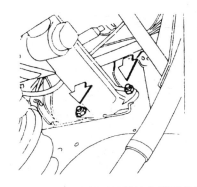
图 3-21　拆卸左前轮罩处的转向器固定螺栓

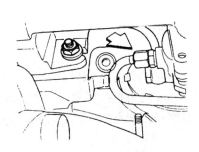
图 3-22　松开高压油管

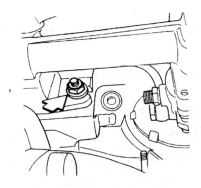
图 3-23　拆卸后横板上固定转向器的左边自锁螺母

(6) 把车辆放下。拆卸紧固齿条与转向横拉杆的螺栓，如图 3-24 所示。
(7) 拆卸仪表板侧边下盖、通风管和踏板盖。
(8) 拆卸紧固转向小齿轮与下轴的螺栓并使各轴分开，如图 3-25 所示。

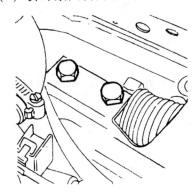
图 3-24　拆卸紧固齿条与转向横拉杆的螺栓

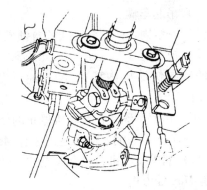
图 3-25　拆卸紧固转向小齿轮与下轴的螺栓

(9) 拆卸防尘套。从汽车内部，拆卸固定转向控制阀外壳上回油软管的泄放螺栓，如图 3-26 所示。
(10) 拆卸后横板上转向器的固定自锁螺母，如图 3-27 所示。
(11) 拆下转向器。

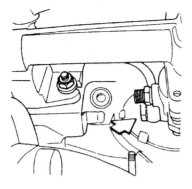 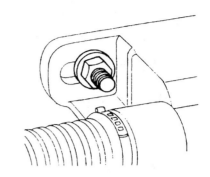

图 3-26 拆卸泄放螺栓　　图 3-27 拆卸后横板上转向器的固定自锁螺母

2) 动力转向器的安装

安装时应注意：油泵上和在转向控制阀上固定泄放螺栓的密封环只要被拆卸，就应该更换。

（1）安装后横板的转向器，安装自锁螺母但不必完全拧紧。

（2）吊起车辆。

（3）在转向油泵上安装高压和回油软管，并用 40 N·m 的力矩拧紧螺栓，并使用新的密封圈；安装在左前轮罩上的转向器固定螺栓，并用 20 N·m 的力矩拧紧螺母，安装在后横板上转向器固定自锁螺母，并且用 40 N·m 的力矩拧紧螺母；把高压管固定在转向控制阀外壳上。

（4）把车辆放下。

（5）用 40 N·m 的力矩拧紧在后横板上转向器的固定螺母；安装横拉杆支架固定螺栓，并用 45 N·m 的力矩拧紧；从车辆内部把回油软管安装在转向控制阀外壳上；安装保护网（防尘套）；连接下轴，安装固定螺栓并用 25 N·m 的力矩拧紧；安装踏板盖、通风管和仪表板盖。

（6）吊起车辆。

（7）安装固定横拉杆支架的自锁螺母，并用 45 N·m 的力矩拧紧。

（8）把车辆放下。

（9）向储油罐内注入 ATF 油，直到达到标有 Max 处。决不要再使用已排出的 ATF 油。

（10）吊起车辆。在发动机停止的情况下转动转向盘数次，以便把系统中存在的空气排出，并补充 ATF 油，使之达到标有 Max 处。

（11）启动发动机，完全向左和右转动转向盘，观察油面高度，一直操作到油面稳定在标有 Max 处为止。

3. 转向器齿轮密封圈的更换

（1）拆卸转向器。把转向器固定在台虎钳上，并拆卸弯曲棒的锁销，如图 3-28 所示。

（2）拆卸转向控制阀总成，如图 3-29 所示。

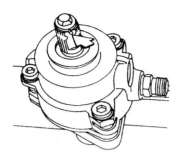 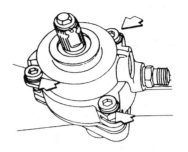

图 3-28　拆卸弯曲棒的锁销　　　　　图 3-29　拆卸转向控制阀

（3）拆卸转向控制阀外壳的密封圈，如图 3-30 所示。

（4）使用专用工具 VW065 和塑料铆头，把新的密封圈安装在转向控制阀外壳上，如图 3-31 所示。

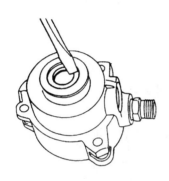 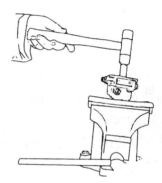

图 3-30　拆卸密封圈　　　　　图 3-31　安装密封圈

4. 转向油泵的更换

转向油泵的分解如图 3-32 所示，拆卸和安装转向油泵时均可参照此图进行。

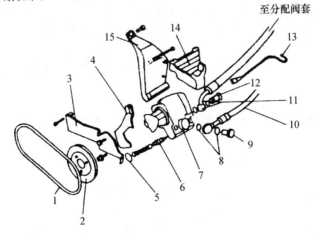

图 3-32　转向油泵（叶轮泵）及其附件的分解图

1—V 形带；2—带轮；3—夹紧夹板；4—前摆动夹板；5—密封环；6—压力和流量限制阀；7—叶轮泵；
8—密封环；9、12—管接头螺栓；10—进油管；11—密封环；13、15—支架；14—后摆动夹板

1）转向油泵的拆卸

（1）吊起车辆。

（2）拆卸油泵上回油软管的高压软管的泄放螺栓（如图3-33所示），排放ATF润滑油。

（3）拆卸转向油泵前支架上的张紧螺栓，如图3-34所示。

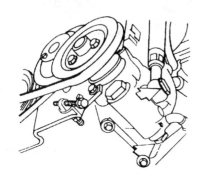 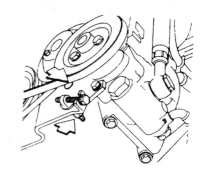

图3-33　拆卸泄放螺栓　　　　　　　　图3-34　拆卸转向油泵前支架上的张紧螺栓

（4）拆卸转向油泵后支架上的固定螺栓，如图3-35所示。

（5）松开转向油泵中心支架上的固定螺母和螺栓，如图3-36所示。

（6）把转向油泵固定在台虎钳上，拆卸滑轮和中间支架。

2）转向油泵的安装

转向油泵安装顺序与拆卸顺序相反。转向油泵安装完毕后应调整转向油泵V形带的张紧度，并加注ATF油液。

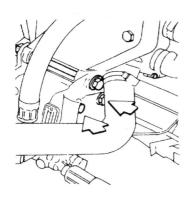 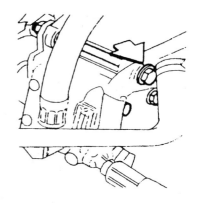

图3-35　拆卸转向油泵后支架上的固定螺栓　　　　图3-36　松开转向油泵中心支架上的螺栓

5. 储油罐的拆卸

松开储油罐的安装支架螺栓和储油罐进油、回油软管夹箍，从车上拆下储油罐，如图3-37所示。

6. 转向系统的检查

1）检查系统密封性

转向系统密封性的检查，应在热车时进行。

第3章 转向系故障诊断与维修

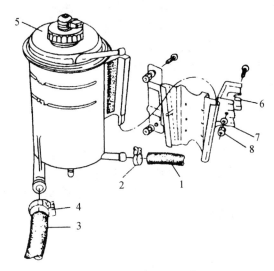

图3-37 拆卸储油罐

1—回油软管；2、4—软管夹箍（拧紧力矩1.0～1.5N·m）；3—进油软管；5—储油罐；
6—储油罐支架；7—垫片；8—六角螺母M6（拧紧力矩6.0±3N·m）

将转向盘快速朝左、右两侧转至极限位置，并保持不动，此时可产生最佳管内压力。目测检查转向控制阀、齿条密封（松开波纹管软管夹箍，再将波纹管推至一旁）、叶轮泵、油管接头是否有漏油现象，如有渗漏应更换密封件。

如果发现储油罐中缺少ATF油时，应检查转向系统的密封性是否完好。

当转向器主动齿轮不密封时，必须更换阀体中的密封环和中间盖板上的圆形绳环。

如果转向器罩壳中的齿轮齿条密封件不密封，ATF油液可能流入波纹管套里，此时，应拆开转向机构，更换所有密封环。

如油管接头漏油，应查找原因并重新接好。

2）检查转向油泵压力

(1) 将压力表装到连接管阀体和弹性软管之间的压力管中。

(2) 启动发动机，如果需要，向储油罐补充ATF油。

(3) 快速关闭截止阀（关闭时间不超过5 min），并读出压力数，表压额定值为6.8～8.2 MPa。

如果没有达到额定数值，就应检查压力和流量限制阀是否完好。如不正常应更换压力和流量限制阀，或更换叶轮泵。

3）检查系统压力

当发动机怠速工作时，打开压力表节流阀，使转向盘向左或右旋转极限位置，同时读出压力表上的压力。额定值表压为6.8～8.2 MPa。

对于这类液压助力式的转向系统，这种整体式转向器的可靠性比较高，一般不需要拆检修理，因此掌握其拆装方法，实际上是在确认这方面存在故障进行的。在检查时一般注意以下几点。

(1) 重点检查限压阀、流量限制阀及转向泵叶轮磨损的情况，对于严重磨损的机件，要及时予以更换。

(2) 密封衬垫之类的密封件,一旦拆下,应全部更换。
(3) 在外的橡胶防护套,不应该有损坏的情况。
(4) 助力系统的供油压力应该符合使用要求。

在检修完成后,转向系应该达到以下使用条件。
(1) 转向系的机件不与其他部件发生干涉。
(2) 转向盘应该转动灵活,操纵轻便,无阻滞、摆振现象。
(3) 转向轮具有自动回正能力。
(4) 转向盘的转动力矩和自由行程应该在规定的范围内。
(5) 汽车不得有摆振、路感不灵、跑偏或其他异常的情况。
(6) 转向节及转向臂、转向横(直)拉杆及球销应无裂纹与损伤,且球销不得松旷。
(7) 横、直拉杆不得有拼焊的现象。
(8) 转向轮定位正确且侧滑符合使用要求。

3.3.3 电控电动助力转向系的维修

普通动力转向系的助力特性是不变的,且与车速无关,这会导致停车及低速时,转向盘操纵沉重,中速时较轻快,当车速增高时更加轻快。如果考虑停车及低速时的轻便性,则使高速时操纵力过小,路感下降,易出现转向过度。反之会使停车及低速时操纵力过大,转向沉重,效率下降。为了实现在各种行驶条件下转向盘上所需要的力都是最佳值,必须采用更先进的电子控制助力转向系统。

1. 电动动力转向系的组成

以三菱"米尼卡"微型汽车的电动动力转向系为例,如图 3-38 所示。该系统通常由转矩传感器、车速传感器、电动机、电磁离合器、减速机构、电子控制单元等组成。各部件在车上的布置如图 3-39 所示。

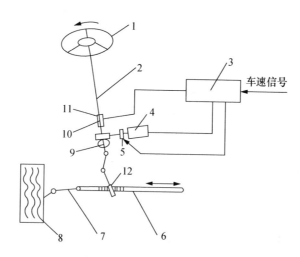

图 3-38 电动动力转向系的组成
1—转向盘;2—输入轴(转向轴);3—电子控制单元;4—电动机;5—电磁离合器;6—转向齿条;
7—转向横拉杆;8—轮胎;9—输出轴;10—扭力杆;11—转矩传感器;12—转向齿轮

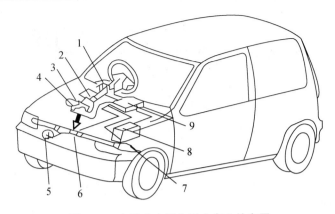

图 3-39 电动动力转向系在车上的布置

1—车速传感器；2—转矩传感器；3—减速机构；4—电动机与离合器；5—发电机；6—转向机构；
7—发动机转速传感器；8—蓄电池；9—电子控制单元

2. 电动动力转向系的工作原理

当操纵转向盘时，装在转向轴上的转矩传感器不断测出转向轴上的转矩，并由此产生一个电压信号。该信号与车速信号同时输入电子控制单元，电子控制单元根据这些输入信号进行运算处理，确定助力转矩的大小和转向，即选定电动机的电流和转向，调整转向的助力。电动机的转矩由电磁离合器通过减速机构减速增矩后，加在汽车的转向机构上，使之得到一个与工况相适应的转向作用力，电动动力转向控制系统图如图 3-40 所示。

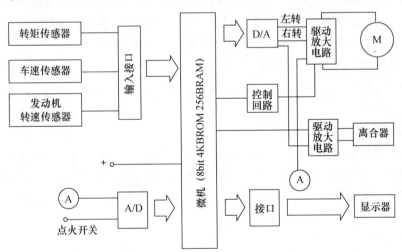

图 3-40 电动动力转向的控制系统

3. 电动动力转向系的部件检测

以三菱"米尼卡"微型汽车的电动动力转向系为例进行说明。

1）转矩传感器的检查

（1）检测转矩传感器线圈电阻。从转向器总成上拔下转矩传感器插接器，其端子排列如图 3-41（b）所示。测量转矩传感器 3 号与 5 号端子之间、8 号与 10 号端子之间的电阻，其标准值应为 (2.18±0.66) kΩ。若不符合要求，则应更换转矩传感器。

(a) 电动机　　(b) 转矩传感器与电磁离合器　　(c) 车速传感器

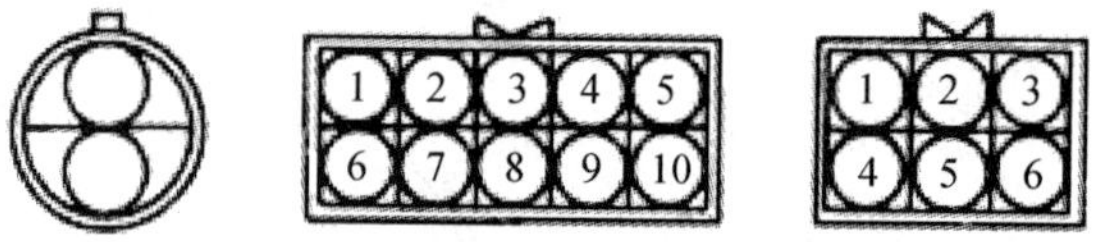

图 3-41　电动动力转向系插接器端子排列

（2）检测转矩传感器电压。用万用表直流电压挡测量上述各端子之间的电压，将转向盘置于中间位置，测得电压约 2.5V 为良好，4.7V 以上为断路，0.3V 以下为短路。

2）电磁离合器的检查

从转向器上断开电磁离合器插接器，其端子排列如图 3-41（b）所示。将蓄电池的正极接到 1 号端子上，蓄电池的负极与 6 号端子相接，在接通与断开 6 号端子的瞬间，离合器应有工作声音。若没有声音，表明电磁离合器有故障，应更换转向器总成。

3）直流电动机的检查

从转向器上断开电动机插接器，其端子排列如图 3-41（a）所示。给电动机加上蓄电池电压时，电机应有转动声音。若没有声音，应更换转向器总成。

4）车速传感器的检查

（1）检查车速传感器转动情况。从变速器拆下车速传感器，用手转动车速传感器的转子检查其能否顺利转动，若有卡滞应予更换。

（2）检测车速传感器电阻。拔下车速传感器插接器，其端子排列如图 3-41（c）所示。测量车速传感器插接器 1 号与 2 号端子之间、4 号与 5 号端子之间的电阻值，其值等于（165±20）Ω 为良好。若与上述不符则必须更换车速传感器。

4. 电动动力转向系的故障诊断

以三菱"米尼卡"微型汽车的电动动力转向系为例，说明电动动力转向系的故障诊断与排除方法。

1）故障警告灯的检查

当点火开关处于 ON 位置时，故障警告灯应点亮，发动机启动后警告灯熄灭为正常。警告灯不亮时，应检查灯泡是否损坏，熔断丝和导线是否断路。若发动机启动后，警告灯仍亮时，首先应考虑系统是否处于保险状态（只有常规转向工作，无电动助力），然后进行自诊断操作。

2）自诊断操作

将指针式万用表直流电压挡的正表笔接在自诊断插接器的 2 号端子上，负表笔接铁片，如图 3-42（a）所示。接通点火开关，通过表针的摆动显示故障码。如果有多个故障码，将以由小到大的顺序显示出来。故障码波形如图 3-42（b）所示。

3）故障检查与排除

确知故障码后，首先把蓄电池负极线拆下 30s 以上，即清除故障码后，再进行一次自诊断操作，若故障码又重复显示，即证明故障确实存在（永久性故障），需进一步检查。下面以故障码 41、42、43、44 为例说明如何检查、排除故障。

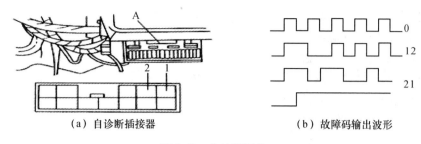

图 3-42 自诊断操作
1—多点燃油喷射；2—电动动力转向；A—连接片

（1）故障码 41 的检查。

① 启动发动机，不转动转向盘，观察故障码是否再次出现。再现时，按照故障码含义检查有关部件。不再出现时，直接进入第④检查。

② 拆下电动机插接器，检查电动机的两接线端子之间和端子与接地（外壳）之间的导通状态。用万用表电阻挡测试电动机两接线端子之间的电阻。正常时，应有一定电阻，若不通，则表明内部断路；电动机接线端子与接地之间应不通，否则，表明两接线端子与外壳之间有短路故障。

③ 若电动机及其接线端子均正常，应检查转向器总成到电子控制单元之间的导线是否良好，若导线正常，则表明电子控制单元不良。

④ 检查导线无异常时，再进行行驶试验，若故障码不再出现时，转动转向盘，检查电动机是否工作。

（2）故障码 42 的检查。

① 启动发动机，用 1 r/s（弧度/秒）以下的速度转动转向盘观察故障码是否再现，不再现时，按①中所述检查导线，无异常时，通过行驶，进行再现试验。

② 通过诊断，若故障码 42 再现，而且又发生 11 号、13 号故障码时，可考虑是由转矩传感器系统的导线或者是转向器总成异常所致。

（3）故障码 43 的检查。启动发动机，不转动转向盘，检查故障码是否再现；若再现，则表示电子控制单元不良。不再现时，试转动转向盘，若此时故障码再现，应检查导线。

（4）故障码 44 的检查。启动发动机，不转动转向盘，检查故障码是否再现；再现时，应检查与电动机有关的导线，若导线没有异常，用良好的电子控制单元换下原车上的电子控制单元，进行对比检查判断。若故障码不再现时，将点火开关重复通、断 6 次，并使点火开关在 OFF 位置时的时间为 5 s 以上。如此反复检查就能把某种故障的部位查清楚。

复习思考题

1. 机械转向系转向沉重有什么故障现象？主要原因有哪些？如何对其进行诊断？
2. 机械转向系转向操纵不灵故障分析有什么故障现象？主要原因有哪些？如何对其进行诊断？
3. 机械转向系转向不自动回正故障主要原因有哪些？如何对其进行诊断？
4. 液压转向系转向沉重有什么故障现象？如何对其进行诊断？
5. 转向有噪声故障主要原因有哪些？如何对其进行诊断？

6. 转向盘自由行程一般多大？怎么检测？
7. 如何对转向盘转矩进行测定与调整？
8. 转向油泵皮带张紧力怎么检测调整？
9. 转向器的检修调整内容有哪些？怎么检修？
10. 转向节的检修内容有哪些？怎么检修？
11. 如何检查液压转向系密封性能的好坏？
12. 液压转向系油压怎么检测？油压不正常一般由什么原因造成的？
13. 液压转向系液压油油量怎么检查？如果系统有空气怎么排空？
14. 怎么判定液压泵、控制阀及动力缸的技术状况？
15. 电动助力转向系的检测项目有哪些？

第4章 行驶系故障诊断与维修

学习目标

掌握对行驶系的整体要求及作用;掌握行驶系行驶摆头、行驶平顺不良、轮胎磨损异常、行驶阻力增大、车身横向倾斜等几种常见故障现象的认识方法、故障产生的主要原因及几种常见故障的诊断与排除方法;掌握行驶系主要机件的检修方法;掌握行驶系基本的调整与轮胎换位的方法;掌握车轮平衡、四轮定位的检测方法。

4.1 行驶系故障诊断分析

知识目标

1. 了解汽车在使用过程中对行驶系的要求。
2. 掌握汽车行驶系常见故障的现象、原因。
3. 掌握汽车行驶系常见故障的基本诊断与排除方法。

能力目标

1. 能够准确判断出汽车行驶系常见故障的现象、原因。
2. 能够根据汽车行驶系常见故障的现象做出相应的判断。

4.1.1 行驶系概述

汽车行驶系由车架、车桥、车轮和悬架组成。其基本结构示意图如图4-1所示。现代汽车独立悬架系统基本结构如图4-2及图4-3所示。

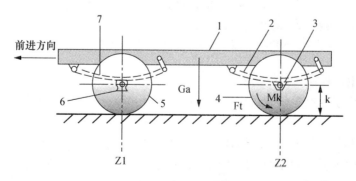

图4-1 汽车行驶系统基本结构示意图
1—车架;2—后悬架;3—驱动桥;4—后轮;5—前轮;6—从动桥;7—前悬架

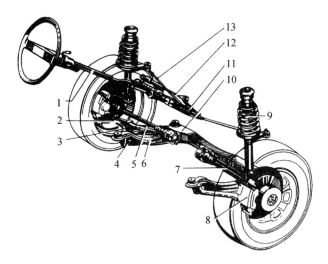

图 4-2 前桥与前悬架基本结构图

1—安全转向柱；2—车轮与下摇臂的连接螺栓；3—下摇管；4—下摇臂橡胶轴承；5—稳定杆；
6—副车架；7—传动轴（半轴）；8—前轮制动钳；9—减振支柱；10—副车架前橡胶支承；
11—动力转向装置；12—转向减振器；13—横拉杆（可调整）

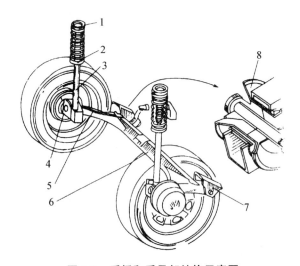

图 4-3 后桥和后悬架结构示意图

1—支承杆座；2—减振支柱；3—减振器；4—轮毂短轴；5—悬架臂；6—横梁；
7—带金属橡胶支承的支承座；8—金属橡胶支承

汽车在使用过程中，对行驶系的主要要求有以下几点。

（1）接受由发动机经传动系传来的转矩，并通过驱动轮与路面附着作用，转化为汽车行驶的驱动力。

（2）将全车各部件连成一个整体，支承汽车的总重量。

（3）传递并承受路面作用于车轮上的各种力及其力矩。

（4）缓和不平路面对车身造成的冲击和振动，保证汽车平稳行驶。

4.1.2 行驶系故障诊断分析

行驶系的常见故障部位主要有减振器、前轮定位、轮胎动平衡、杆系连接处以及驱动桥的齿轮、轴承等。

行驶系的常见故障主要包括：汽车行驶跑偏、汽车行驶摆头、行驶平顺性不良，车身横向倾斜，轮胎异常磨损，汽车行驶阻力增大。

1. 汽车行驶摆头故障分析

1）故障现象

汽车行驶摆头，在维修中往往称为汽车前轮摆头，一般是汽车在某低速范围内或某高速范围内行驶时，有时出现两前轮各自围绕主销进行角振动的现象。尤其是高速摆头时，两前轮左右摆振严重，握转向盘的手有麻木感，甚至在驾驶室内可看到整个车头晃动。

2）汽车行驶摆头主要原因

（1）前轮旋转质量（包括轮胎、轮辋、制动鼓或盘、轮毂等）不平衡。

（2）前轮径向圆或端面圆跳动太大。

（3）前轮使用翻新胎。

（4）前轮外倾角太小、前束太大、主销内倾或主销后倾角太大。

（5）两前轮的主销后倾角或主销内倾角不一致。

（6）前梁或车架弯、扭变形。

（7）转向系与前悬挂的运动互相干涉。

（8）转向系（如横拉杆、横拉杆臂、垂臂等）刚度太低。

（9）转向机主、从动部分啮合间隙或轴承间隙太大。

（10）转向机垂臂与其轴配合松旷。

（11）纵、横拉杆球头连接松旷。

（12）转向节与主销配合松旷或转向节与前梁拳形部沿主销轴线方向配合松旷。

（13）前轮轮毂轴承松旷。

（14）转向机在车架上的连接松动。

（15）前悬挂减振器失效或左、右两边减振器效能不一。

（16）左、右两架前悬挂高度或刚度（钢板弹簧表现在厚度、长度、片数、弧高或新旧程度等方面）不一。

（17）前钢板弹簧U形螺栓松动或钢板销与衬套配合松旷。

（18）道路不平度太大，路面对车轮的冲击频率与前梁角振动的固有频率一致时，在陀螺仪效应的影响下，引起前轮摆头。

3）汽车行驶摆头故障诊断方法

可根据如图4-4所示的汽车行驶摆头故障诊断流程对汽车行驶摆头进行故障诊断。

汽车行驶摆头在进行故障查找时，往往将其分为低速摆头与中高速摆头来查找与诊断，一般情况下，低速摆头与前桥间隙及转向部分间隙有较大关系，而高速摆头与车轮的平衡及定位关联较大，因此在查找时可以区别对待，下面是汽车行驶摆头低速与高速的检查与诊断。

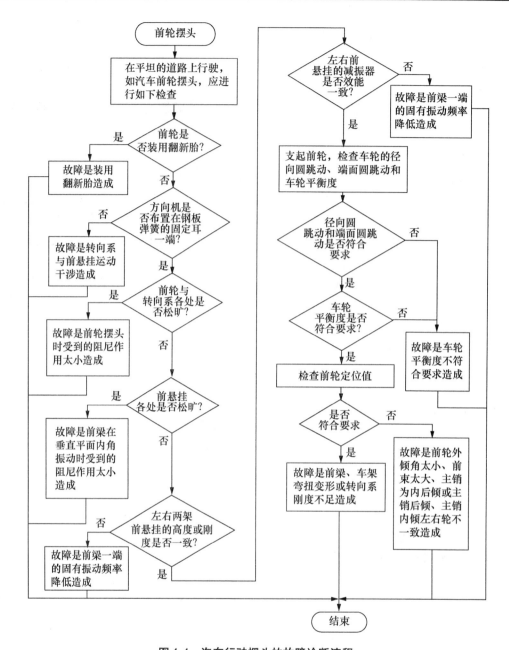

图 4-4　汽车行驶摆头的故障诊断流程

2. 汽车低速摆头的故障诊断分析

1）故障现象

汽车低速（一般时速在 40～60 km 以内）直线行驶时前轮摇摆，感到方向不稳。转弯时大幅度转动方向盘，才能控制汽车的行驶方向。

2）故障原因

（1）转向节臂装置松动。

（2）转向器轴承过松。

（3）传动副啮合间隙过大。

(4) 横、直拉杆球头销磨损严重。
(5) 转向节主销与衬套磨损严重,配合间隙过大。
(6) 前轮毂轴承松旷;前轴弯曲;轮毂轴承间隙过大。
(7) 车架轮辋变形;前束过大;轮毂轴承间隙过大。
(8) 转向主销与衬套磨损松旷,配合间隙增大。
(9) 轮毂轴承间隙过大。
(10) 前束过大;轮毂螺栓松动或数量不全。

3) 故障诊断与排除

(1) 一人转动转向盘,另一人在车下查看传动机构,如转向盘转了许多而转向臂不动,则故障在转向器;如转向臂转动了许多而前轮并不偏转,则故障在传动机构。

(2) 如果故障在转向器,应检查传动副啮合间隙,必要时进行调整。

(3) 如果故障在传动机构,应检查转向臂和直、横拉杆各球头是否松旷,必要时进行调整。

(4) 经检查上述情况良好,则应架起前轴用手推动车轮,检查转向节主销与衬套,前轮毂轴承是否松旷,必要时进行调整或修理。

(5) 转向盘经过上述检查、调整后若仍不稳定,应检查前轴和车架以及轮辋是否变形,前束是否符合标准规定,必要时进行调整或修理。

(6) 前轮低速摆头和转向盘自由行程大,一般是各部分间隙过大或有连接松动现象,诊断时应采用分段区分的方法进行检查。可支起前桥,并用手沿转向节轴轴向推拉前轮,凭感觉判断是否松旷。若松旷,说明转向节主销与衬套的配合间隙过大或前轴主销孔与主销配合间隙过大。若此处不松旷,说明前轮毂轴承松旷,应重新调整轴承的预紧度。若非上述原因,应检查前轮定位是否正确,检查前轴是否变形。如果前轮轮胎异常磨损,则应检查前束是否正确。

3. 汽车高速摆头的故障诊断分析

1) 故障现象

高速摆振(一般时速在60 km以上)有两种情况:一种是随着车速的提高,摆振逐渐增大;一种是在某一较高车速范围内出现摆振,出现行驶不稳,甚至还会造成方向盘抖动。

2) 故障原因

(1) 转向摇臂在转向摇臂轴上装配位置不合适。
(2) 有一边前轮转向角限位螺钉过长;直拉杆弯曲变形。
(3) 前钢板弹簧骑马螺栓松动或中心螺栓折断。
(4) 中心不对称的前钢板弹簧前后装反。
(5) 轮毂轴承松旷,使车轮歪斜,在运行时摇摆。
(6) 轮盘不正或制动鼓磨损过度失圆,歪斜失正。
(7) 使用翻新轮胎;转向节主销或止推轴承磨损松旷;横、直拉杆弯曲。
(8) 前轮定位值调整不当;前束失调,两前轮主销后倾角或内倾角不一致等,汽车向前行驶时,前轮摇摆晃动。
(9) 轮胎钢圈偏摇,前轮胎螺栓数量不等引起车轮动不平衡。
(10) 转向节弯曲;前钢板弹簧刚度不一致。

3）故障诊断与排除

（1）在进行高速摆振故障的诊断时，应先检查前桥、转向器以及转向传动机构连接是否松动，悬架弹簧是否固定可靠。

（2）支起驱动桥，用楔块固定非驱动轮，启动发动机并逐步换入高速挡，使驱动轮达到产生摆振的转速。若这时转向盘出现抖动，说明是传动轴动不平衡引起的，应拆下传动轴进行检查，若此时不出现明显抖动，则说明摆振原因在汽车转向桥部分。

（3）怀疑摆振的原因在前桥部分时，应架起前桥试转车轮，检查车轮是否晃动，车轮静平衡是否良好，以及车轮钢圈是否偏摆过大。

（4）检查车架是否变形，铆钉有无松动以及前轴是否变形。另外还需检查前钢板弹簧的刚度。

（5）检查前轮定位是否正确。

（6）检查高速摆振的故障，有时还需借助一定的测试仪具。当缺少必要的测试仪具时，也可以采用替换法。例如，在怀疑某车轮有动不平衡时，可以另换一车轮试验，或者将可能引起的高速摆振的车轮拆装到不发生摆振的车辆上进行对比试验。

（7）若汽车转向原来良好，由于行驶中的碰撞而造成转弯半径一边大一边小时，应检查直拉杆、前轴、前钢板弹簧有无变形和中心螺栓折断现象。

（8）若在维修后出现单边转向不足，可架起前桥，先检查转向摇臂是否装配正确。可将转向盘向一边转到尽头，再回到另一尽头，记住转向盘转动的总圈数，然后检查转向摇臂的位置，即在总转动圈数的一半时前轮是否在居中的位置。倘若位置不对，应拆下转向摇臂另行安装。若摇臂位置始终不能使前轮对中，则应检查直拉杆有无弯曲变形。若转向角不等仅是受到转向限位螺钉不同长度的影响，则应调整限位螺钉。

（9）对于中心不对称的前钢板弹簧，则应检查是否有装反现象。

4. 汽车行驶跑偏故障分析

1）故障现象

汽车行驶跑偏是指汽车行驶中不踩制动的情况下，方向自动跑向一边（所以维修中也称为自动跑偏），必须用力把住转向盘才能保持直线行驶。汽车的行驶跑偏一般有以下三种表现形式。

（1）汽车行驶过程中，松开转向盘即出现自动跑向一边的情况，驾驶员不能握住方向盘（维修中称为"打手"）。

（2）汽车行驶过程中，虽出现松开方向盘自动跑向一边的情况，但驾驶员能握住方向盘。

（3）这是一种特殊情况，汽车行驶中能维持一段距离（约150 m）的直行，之后出现跑偏的现象。

2）故障主要原因

（1）两前轮轮胎气压不等、直径不一或车厢装载不均。

（2）左、右两架前钢板弹簧挠度不等或弹力不等。

（3）前梁、后轿轴管或车架发生水平平面内的弯曲。

（4）车架两边的轴距不等。

（5）两前轮轮毂轴承或轮毂油封的松紧度不一。

（6）前、后桥两端的车轮有单边制动或单边拖滞现象。

(7) 两前轮外倾角、主销后倾角或主销内倾角不等。
(8) 前束太大或负前束。
(9) 路面拱度较大或有侧向风。

3) 故障诊断方法

汽车行驶跑偏可按图 4-5 所示的自动跑偏故障诊断流程进行诊断排除。

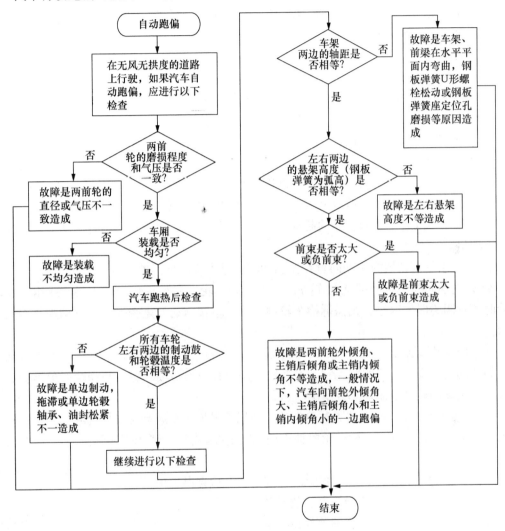

图 4-5 汽车自动跑偏故障诊断流程

5. 汽车行驶阻力增大故障分析

1) 故障现象

汽车在行驶过程中，即使将加速踏板踩到底，汽车驱动力也不足，出现加速不良、爬坡无力等现象。

2) 故障主要原因

造成汽车行驶无力的根本原因是发动机无力，传动系传动效率低，车轮受到的阻力过大。

具体原因主要有以下几点。

（1）发动机本身动力不足。
（2）离合器出现打滑的情况。
（3）变速器缺油或润滑油变质。
（4）变速器齿轮啮合间隙过小。
（5）万向传动装置中间支承轴承缺油、锈蚀甚至失效。
（6）主减速器、差速器或半轴的传动齿轮（花键）啮合间隙过小。
（7）驱动桥缺油或润滑油变质。
（8）轮胎气压严重不足。
（9）车轮制动拖滞。
（10）驻车制动拉索回位不畅，造成后轮制动未完全释放。
（11）轮毂轴承过紧。
（12）前轮定位不正确等。

3）故障诊断方法

（1）首先排除汽车超载、风向及路况的影响。
（2）检查轮胎气压是否符合要求，气压不足时应加气到规定气压。
（3）用手触摸各车轮制动器的制动鼓（盘），如有过热现象，说明有制动拖滞，应检查以下项目。

① 检查车轮制动器的制动间隙，如制动间隙过小应调整到规定值。
② 如制动间隙正常，则顶起车桥，用手转动车轮。如车轮转动不均匀，或用手转动车轮时感觉阻力时大时小，则需拆检车轮制动器，检查制动鼓是否失圆，制动盘是否翘曲变形。
③ 如车轮转动情况正常，则踩下制动踏板进行制动。放松制动踏板后，再次转动车轮，如转动阻力变大，说明解除制动不彻底，需检查制动蹄轴间隙、制动蹄回位弹簧、制动分泵、制动凸轮轴及制动总泵情况。

（4）如检查各车轮制动器无过热现象，则用手触摸各轮毂有无过热现象，并检查轮毂轴承预紧度是否符合规定，检查轮毂轴承润滑脂情况。润滑脂变质需更换润滑脂，润滑脂不足应添加。

（5）如上述检查项目正常，则应检查传动系，检查以下项目。

① 检查变速器、主减速器润滑油数量及润滑油质量是否符合要求。
② 检查变速器、主减速器轴承部位有无发热现象，如以上部位有过热现象，应拆检发热处的轴承。
③ 检查变速器齿轮、主减速器齿轮的啮合间隙是否符合要求。
④ 检查传动轴十字节轴承、中间支承轴承是否过紧、润滑不良。

（6）最后检查行驶系有关部位。

① 检查前桥有无变形、位移。
② 检查后桥有无变形、位移。
③ 检查前轮定位参数有无变化，重点检查前速值的变化并调整。
④ 检查车架有无变形。

详细的诊断方法可参考图 4-6 所示的汽车行驶阻力增大故障诊断流程。

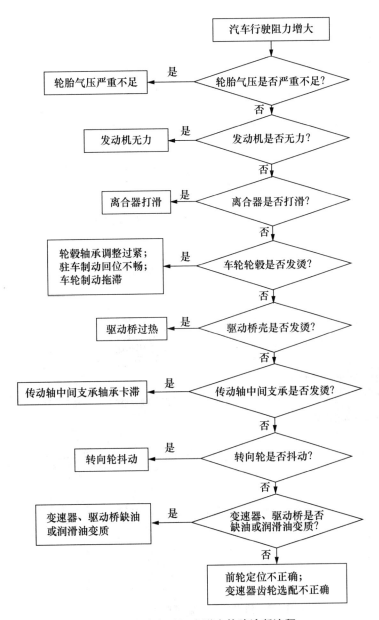

图 4-6 汽车行驶阻力增大故障诊断流程

6. 汽车行驶平顺性不良故障分析

1）故障现象

汽车行驶时出现振动,加速时出现窜动,驾乘人员感觉很不舒服。

2）故障主要原因

造成行驶平顺性不良的原因主要有以下几点。

(1) 前稳定杆卡座松旷或橡胶支承损坏。

(2) 车轮动平衡超标。

(3) 减振器或缓冲块失效。

(4) 传动轴动不平衡。

(5) 钢板弹簧支架衬套磨损松旷。
(6) 车轮轴承松旷或转向横拉杆球头松旷。
(7) 钢板弹簧U形螺栓滑牙或松动。
(8) 发动机横梁和下摆臂的固定螺栓或衬套松旷。
(9) 半轴内外万向节磨损松旷。
(10) 轮胎气压过高，磨损不均。

3) 故障诊断方法

在故障解决过程中，可以针对不同的行驶平顺性特征，对照如图4-7所示的汽车行驶平顺性不良故障诊断流程，找出相应的故障部位。

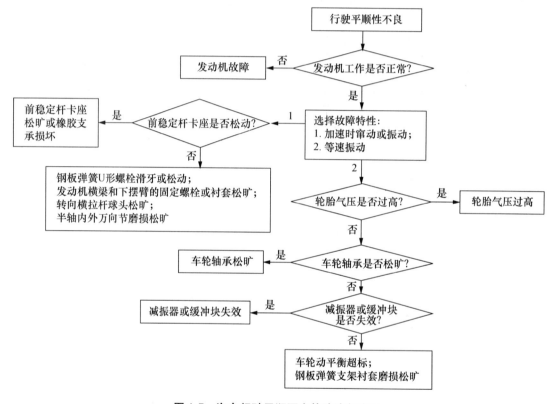

图4-7 汽车行驶平顺不良故障诊断流程

7. 车身横向倾斜故障分析

1) 故障现象

汽车车身左高右低或左低右高，出现倾斜。

2) 故障主要原因

造成车身横向倾斜的原因主要有以下几点。

(1) 左、右轮胎气压不一致。
(2) 左、右轮胎规格不一致。
(3) 悬架弹簧自由长度或刚度不一致。
(4) 下摆臂变形。
(5) 发动机横梁和下摆臂的固定螺栓或衬套松旷。

(6) 减振器或缓冲块损坏。

(7) 发动机横梁变形。

(8) 车身变形。

3) 故障诊断方法

出现车身横向倾斜现象，先检查左右轮的气压、规格是否一致，再检查悬架、车身等部位，确定故障位置。具体可参照如图4-8所示车身横向倾斜故障诊断流程进行诊断与排除。

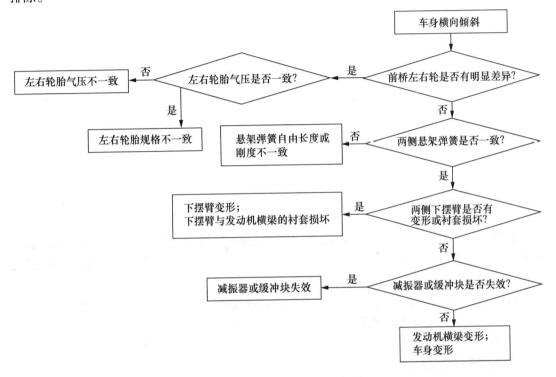

图4-8 车身横向倾斜故障诊断流程

8. 轮胎异常磨损故障分析

轮胎的使用与汽车息息相关，平常使用过程中，如果一切正常，轮胎的正常使用寿命一般在4年或80 000 km，在使用中，一般判断轮胎磨损是否正常的方法除了目测之外还有一种简单的计算方法，在这里先做一个说明：一般轮胎都有花纹深度的，也有磨损极限、轮胎使用寿命的规定，如某轮胎的花纹标准深度值为17 mm，磨损极限深度为3 mm，使用寿命为7 000 km，则说明每1 000 km，轮胎的磨损正常值应该是0.2 mm，因此，只要测量不是这样的标准，则为磨损异常。

1) 故障现象

轮胎磨损速度加快，在一定时间内超出正常的磨损范围。胎面出现如图4-9所示的不正常磨损形状。

2) 轮胎各种异常磨损原因分析及检查方法

轮胎异常磨损的现象较多，其产生故障的原因也非常之多，其中的主要原因有轮胎气压异常、前轮定位失准、使用维护不当等。

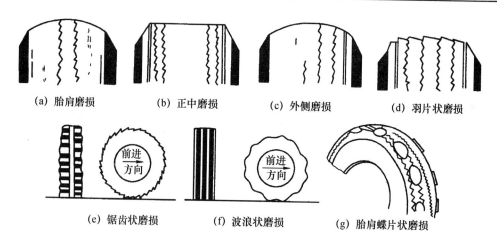

(a) 胎肩磨损　(b) 正中磨损　(c) 外侧磨损　(d) 羽片状磨损

(e) 锯齿状磨损　(f) 波浪状磨损　(g) 胎肩蝶片状磨损

图 4-9　轮胎异常磨损不同的磨损形状示意图

（1）胎冠中部花纹磨损较少，而胎冠两肩磨损较多如图 4-9（a）所示，胎肩磨成圆形，胎冠断面磨成弧状。

胎冠两肩异常磨损的原因如下。

① 轮胎气压长期不足。

② 车辆经常超载。

诊断：轮胎长期气压不足或超载运行，将使轮胎的胎冠接地印迹变宽，且胎冠中部略向上拱起，因此造成胎冠两肩着地，久而久之形成了胎冠两肩的过量磨损，而胎冠中部因接地压力较小磨损较小。

（2）胎侧出现伤痕、拉毛、裂纹，严重者帘线断裂，甚至可看到内胎露出。

胎侧损伤的原因（多在双胎并装使用中出现）如下。

① 轮胎气压长期不足。

② 车轮经常超载运行。

③ 未及时检查、清除轮胎夹石。

④ 路面状况极差，胎侧被露出路面的石块割伤。

诊断：轮胎长期气压不足或超载运行，使轮胎变形较大，胎侧互相摩擦。如路况较差，石块夹在双胎之间未能及时检查清除，石块夹在双胎之间反复挤压、摩擦导致胎侧破损。如路面状况极差，露出路面的石块割伤胎侧。

（3）胎冠中部花纹严重磨损，胎冠顶部出现一道较宽的沟槽，而胎肩磨损轻微，如图 4-9（b）所示。

胎冠中部磨损异常原因：轮胎气压过高。

诊断：轮胎气压过高将使轮胎变形增大，胎冠中部会向外凸起，当轮胎接地滚动时，胎冠中部压力大、磨损快，而胎肩因接地压力小，磨损也小。

轮胎气压过高还会使轮胎帘线承受过大拉力，造成断线、脱层现象，使轮胎早期报废。

（4）胎冠的内侧或外侧磨损严重，而另一侧磨损很小，轮胎横截面形状不对称，如图 4-9（c）所示。

胎冠一侧磨损异常的原因：车轮外倾角过大或过小。

诊断：此类故障多发生在转向车轮（前轮）。如车轮胎冠外侧磨损严重，说明车轮外倾角过大；如胎冠内侧磨损严重，说明车轮外倾角过小。应检查以下项目。

① 检查前桥、转向节有无变形。
② 检查转向节主销，转向节衬套有无磨损、松旷。
③ 检查独立悬架的上下摆臂有无变形、球头销有无磨损松旷。
④ 有的轿车后轮也有外倾角，要注意检查。

（5）胎冠内外侧向内侧（或相反）磨成明显的锯齿状台阶，如图4-9（d）所示。

胎冠内一侧向另一侧磨成锯齿状的原因：前束值过大或过小。

诊断：这种轮胎异常磨损只与前束值有关。如胎冠由外侧向内侧呈锯齿状磨损，说明前速值过大；如胎冠由内侧向外侧呈锯齿状磨损，说明前束值过小。当前束值过大时，轮胎滚动，轮胎外侧的滑磨增大，由于轮胎着地点橡胶受力产生变形，因此胎冠被磨成由外侧向内侧呈锯齿状。当前束值过小时，轮胎滚动，轮胎内侧的滑磨增大，基于同样的理由，胎冠被磨成由内侧向外侧呈锯齿状。

出现此类异常磨损时，应检查以下项目。

① 检查转向横拉杆有无变形。
② 检查转向横拉杆球节总成，球头销有无磨损、松旷。
③ 检查前束值调整是否正确、规范。
④ 有些轿车后轮也有前束值，应注意检查。

（6）胎冠两边的胎肩沿轮胎圆周方向，磨成锯齿状，如图4-9（e）所示。

胎肩呈锯齿状磨损的原因如下。

① 轮胎长期超负荷工作。
② 轮胎换位不及时。

诊断：胎肩呈锯齿状磨损常见于带有块状花纹的轮胎。由于轮胎长期超载或轮胎换位不及时，以致轮胎在制动力作用下经常单向与路面摩擦，犹如弹性橡胶块被锉刀单向镗削，轮胎橡胶在摩擦力作用下变形，使胎冠磨损不均匀，久而久之即成锯齿状。

（7）胎冠呈波浪状或碟边状磨损，轮胎外观类似多边形，如图4-9（f）、图4-9（g）所示。

胎冠呈波浪状或碟边状磨损的原因如下。

① 轮胎平衡不良。
② 轮毂轴承松旷。
③ 轮辋翘曲变形。
④ 经常使用紧急制动。

诊断：轮毂轴承松旷和轮辋翘曲变形，常导致胎冠呈碟边状磨损，而轮胎平衡不良和经常使用紧急制动，则导致胎冠磨成波浪形。

出现此类异常磨损时，应检查以下项目。

1）架起异常磨损的车轮，检查轮毂轴承预紧度。
2）转动车轮，检查车轮是否偏摆。
3）车轮停转后，在车轮最低处做一记号，再转动车轮，看停转后标记位置是否还停在原处，若经几次试验，标记停留位置基本不变，说明轮胎平衡不良。有条件的可以在轮胎平衡机上试验。

4）若轮胎平衡良好，故障是频繁使用紧急制动所致。

4.2 行驶系的拆检、装配与调整

知识目标

1. 掌握前桥与前悬架、后桥与后悬架的检修方法。
2. 掌握汽车行驶系包括车轮平衡、四轮定位在内的基本检测与调整方法。
3. 掌握电控悬架的检修方法。

能力目标

1. 能够对前桥与前悬架、后桥与后悬架进行拆装与维修。
2. 能够根据汽车行驶系进行基本的调整。
3. 能够对电控悬架进行检修。

4.2.1 前桥与前悬架的维修

1. 前悬架总成的拆装

1）前悬架总成的拆卸

（1）取下车轮装饰罩。

（2）旋下轮毂与传动轴的紧固螺母（力矩230 N·m），车轮必须着地，如图4-10所示。

（3）卸下垫圈。旋松车轮紧固螺母（力矩110 N·m），拆下车轮。

（4）旋下制动钳紧固螺栓（力矩70 N·m），如图4-11所示。旋下制动盘。

（5）取下制动软管支架，并用铁丝将制动钳固定在车身上（如图4-11上部箭头所示，注意不要损坏制动软管）。拆下球形接头紧固螺栓（如图4-11下部箭头所示）。

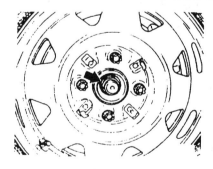
图4-10 拆下轮毂与传动轴紧固螺母

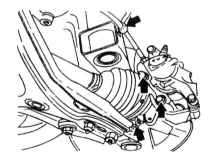
图4-11 旋下制动钳紧固螺栓

（6）压下横拉杆接头（力矩30 N·m），如图4-12所示。

（7）旋下稳定杆的紧固螺栓（力矩25 N·m），如图4-13所示。

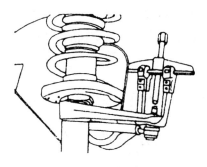
图 4-12 压出横拉杆接头

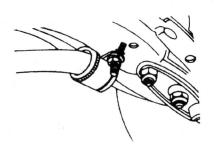
图 4-13 拆卸稳定杆

(8) 向下掀压下臂，从车轮轴承壳内拉出传动轴。或利用两个固定车轮凸缘上的螺孔，将压力装置 V. A. G1389 固定在轮毂上，用液压装置从轮毂中压出传动轴，如图 4-14 所示。

(9) 拆掉压力装置。取下盖子，支撑减振器支柱下部，旋下活塞杆的螺母，用内六角扳手阻止活塞杆的转动，如图 4-15 所示。

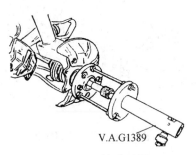
图 4-14 压出传动轴

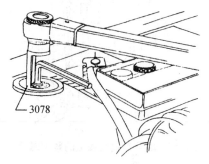
图 4-15 旋下活塞杆螺母

2) 前悬架总成的安装

前悬架总成的安装顺序基本上与拆卸顺序相反，但在安装时应注意以下事项。

(1) 不允许对前悬架总成进行焊接或整形处理，不合格的要更换新的零部件总成。

(2) 安装传动轴时，应擦净传动轴与轮毂花键齿面上的油污，去除防护剂的残留物。将外等速万向节（RF 节）花键面涂上一圈 5 mm 宽的防护剂 D6，然后进行传动轴装配，如图 4-16 所示。涂防护剂 D6 的传动轴装车后应停车 60 min 之后才可使用。

(3) 安装时，所有螺栓和螺母的紧固力矩应符合规定。所有自锁螺母，必须更换新件。

图 4-16 外等速万向节花键轴安装前涂防护剂 D6

2. 传动轴（半轴）总成的拆装

1) 传动轴（半轴）总成的拆卸

(1) 在车轮着地时，旋下轮毂的紧固螺母。

(2) 旋下传动轴凸缘上的紧固螺栓，如图 4-17 箭头所示。将传动轴与凸缘分开。

(3) 从车轮轴承壳内拉出传动轴，或利用 V. A. G1389 压力装置拉出传动轴。

拆卸传动轴时轮毂绝对不能加热，否则会损坏车轮轴承，原则上应使用拉具。其次，拆掉传动轴后，应装上一根连接轴来代替传动轴，防止移动卸掉传动轴的车辆时，损坏前轮轴承总成。

2）传动轴（半轴）总成的安装

(1) 在等速万向节的花键涂上一圈 5 mm 的防护剂（D6），然后装上传动轴花键套。涂防护剂 D6 后的传动轴装车后应停车 60 min 之后才可使用汽车。

(2) 如图 4-18 所示将球销接头重新装配在原位置，并拧紧螺母。在安装球销接头时，不能损坏波纹管护套。

(3) 必要时检查前轮外倾角。

(4) 车轮着地后，拧紧轮毂固定螺母。

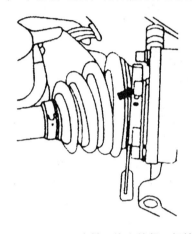

图 4-17　旋下半轴凸缘上的紧固螺栓

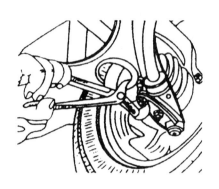

图 4-18　安装球销接头

3. 副车架、下摇臂和稳定杆的拆装

1）副车架、下摇臂和稳定杆的拆卸

(1) 旋下副车架与车身固定的前悬架螺栓（力矩 70 N·m），拆下副车架下摇臂与稳定杆组合件。

(2) 旋松下摇臂与副车架连接橡胶轴套的螺栓螺母（力矩 60 N·m），拆下摇臂。

(3) 旋松稳定杆与下摇臂连接螺栓的紧固螺母，并且拆下固定在副车架处支架螺栓（力矩 25 N·m），拆下稳定杆。

(4) 用专用工具压出副车架前后端 4 个橡胶支承，如图 4-19 和图 4-20 所示。

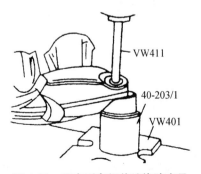

图 4-19　压出副车架前端橡胶支承

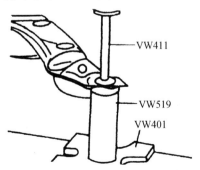

图 4-20　压出副车架后端橡胶支承

(5) 用专用工具压出下摇臂两端橡胶轴承,如图 4-21 所示。

2) 副车架、下摇臂和稳定杆的安装

(1) 用专用工具压入下摇臂橡胶轴承,如图 4-22 所示。

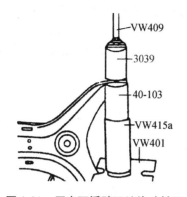

图 4-21 压出下摇臂两端橡胶轴承

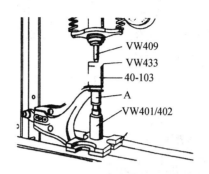

图 4-22 压入下摇臂橡胶轴承

(2) 用专用工具压入副车架前后端 4 个橡胶支承,如图 4-23 和图 4-24 所示。

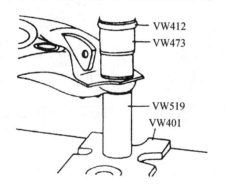

图 4-23 压入副车架前橡胶支承

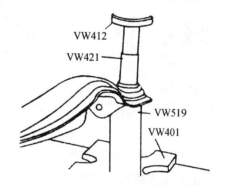

图 4-24 压入副车架后橡胶支承

(3) 安装稳定杆。稳定杆安装正确位置是弯管向下弯曲,如果安装位置不留出适当余量的话,那么卡箍就很难装在橡胶支座上。正确的安装方法是先装上较松的卡箍,然后进行短距离试车。这时橡胶支座就会自动滑入规定的位置,然后用 25 N·m 的力矩固定螺栓。进一步进行调整时应将车辆开到举升台上,然后紧固稳定杆。

(4) 拧紧固定下摇臂与副车架的连接螺栓螺母(力矩 60 N·m)。

(5) 发动机悬架安装之后,发动机悬架内部都要用防腐剂进行处理。自锁螺栓(螺母)拆装后要再次使用须调换新的螺栓和螺母。

(6) 如果要装一个新的副车架,在前悬架下臂安装之后,这个新的副车架内部必须用防护蜡进行处理。

(7) 副车架安装固定至车身上,其固定螺栓按车辆行驶方向拧紧顺序为后左、后右、前左、前右。

4. 减振器的检查和更换

在车辆行驶过程中,如减振器发出异常的响声,则说明该减振器已损坏,必须更换。一般减振器是不进行修理的。减振器上如有很小渗油现象不必调换,如有漏油多则必须推拉减振器活塞杆，通过拉伸和压缩减振器来检查渗油现象，漏出的减振器油，不能再加入减振器内重新使用。漏油的减振器不能再使用。

更换减振器的拆装方法如下。

（1）用拉具压住弹簧座，压缩压紧弹簧，如图 4-25 所示。如果没有 V.A.G1403 工具，可用 VW340 代替。

（2）松开与紧固开槽螺母，放松弹簧，可以用扳手 A 阻止活塞杆的转动以使松开螺母，如图 4-26 所示。

（3）拆卸减振器，如图 4-27 所示。

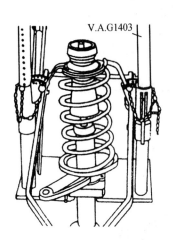  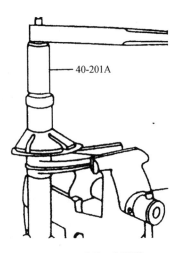

图 4-25　用拉具压缩弹簧　　图 4-26　松开与紧固开槽螺母，放松弹簧　　图 4-27　拆卸减振器

5. 前悬架支柱总成的检修

1）前悬架支柱总成的拆卸

（1）拆下制动盘、挡泥板。压出轮毂，如图 4-28 所示。

（2）拆下两边弹簧挡圈，压出车轮轴承，如图 4-29 所示。

（3）拉出轴承内圈，如图 4-30 所示。注意只能使用带箍圈的拉具，拉具上的钩子表面在使用前要用砂纸打磨一下。

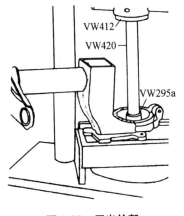 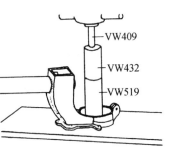 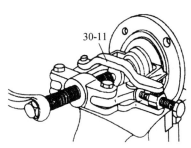

图 4-28　压出轮毂　　图 4-29　压出车轮轴承　　图 4-30　拉出轴承内圈

2）前悬架支柱总成的检查

在零件全部解体后，应进行清洗、检查，必要时测量。如有下列情况，必须更换新件：

(1) 制动盘工作面严重磨损，超出规定，或表面出现裂纹。
(2) 挡泥板严重扭曲变形。
(3) 轮毂花键松旷，磨损严重。
(4) 弹簧挡圈失效。
(5) 车轮轴承损坏（注意整套轴承调换）。
(6) 前悬架支柱件焊缝任何一条出现裂纹或严重变形。

3）前悬架总成的安装与调整

(1) 先装外弹簧挡圈，在车轮轴承座涂上润滑脂，然后压入轴承，压至终止位置，最后装上内弹簧挡圈，如图 4-31 所示。

(2) 调整内外挡圈开口的位置，使其相差 180°。然后转动轴承内圈，观察是否正常。

(3) 在轮毂花键和轴承颈上涂上润滑脂，压入轴承内，如图 4-32 所示。压入轮毂时，专用工具 VW519 只能顶住内轴承的内圈。

(4) 用 3 个 M6 螺栓固定挡泥板（力矩 10 N·m），使其紧贴在车轮轴承座的凸缘上。

(5) 用非纤维材料擦净制动盘工作表面，不能有油污。装上制动盘，且紧贴在轮毂的接合面上。

(6) 用手转动制动盘，观察是否有卡滞或异响现象。

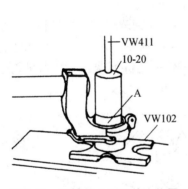

图 4-31　将轴承 A 压至终止位置

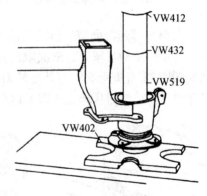

图 4-32　压入轮毂

6. 传动轴总成的检修

1）万向节的分解

(1) 用钢锯将等速万向联轴器金属环锯开（如图 4-33 箭头处），拆卸防尘罩。
(2) 用一把轻金属锤子用力从传动轴上敲下万向节外圈，如图 4-34 所示。

图 4-33　拆下万向节防尘罩（带金属环）

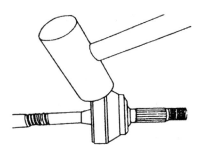
图 4-34　拆卸万向节外圈

（3）拆卸弹簧锁环，如图 4-35 所示。压出万向节内圈，如图 4-36 所示。

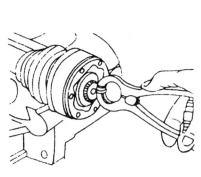
图 4-35　拆卸弹簧销环

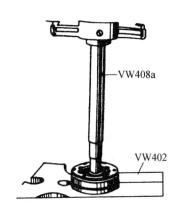
图 4-36　压出万向节内圈

（4）分解外等速万向节。拆散之前用电蚀笔或油石在钢球球笼和外星轮上标出内星轮的位置。旋转内星轮与球笼，依次取出钢球，如图 4-37 所示。用力转动钢球笼直至两个方孔（如图 4-38 箭头所示）与外星轮对齐，连外星轮一起拆下球笼。把内星轮上扇形齿旋入球笼的方孔，然后从球笼中取下内星轮，如图 4-39 所示。

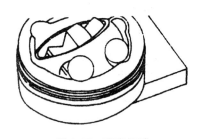
图 4-37　取出钢球

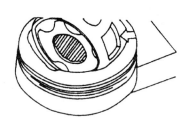
图 4-38　球笼拆卸

图 4-39　内星轮的拆卸

（5）分解内等速万向节。转动内星轮与球笼，按图 4-40 箭头所示方向压出球笼里的钢球。内星轮与外星轮一起选配，不能互换。从球槽上面（如图 4-41 箭头所示）取出球笼里的内星轮。

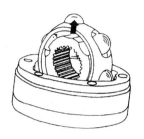 

图 4-40　取出钢球　　　　　　　图 4-41　取出内星轮

2）万向节的检查

（1）检查外星轮、内星轮、球笼及钢球有无凹陷与磨损。

（2）各球节处的 6 颗钢球要求一定的配合公差，并与内星轮一起成为一组配合件。

（3）如果万向节间隙已经明显过大，万向节必须更换。如果万向节呈光滑无损，或者能看到钢球在运转，则不必更换万向节。

3）万向节的组装

（1）组装内万向节：

① 对准凹槽将内星轮嵌入球笼，内星轮在球笼内的位置无关紧要。

② 将钢球压入球笼，并注入润滑脂，如图 4-42 所示。

③ 将带钢球与球笼的外星轮垂直装入壳体，如图 4-43 所示。安装时应注意旋转之后，外星轮上的宽间隔 a 应对准内星轮上的窄间隔 b，转动球笼。嵌入到位。内星轮内径（花键齿）上的倒角必须对准外星轮的大直径端。

④ 扭转内星轮，这样内星轮就能转出球笼（如图 4-44 箭头所示），使钢球在与壳体中的球槽相配合有足够的间隙。

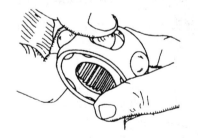 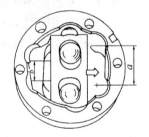 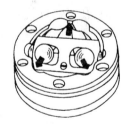

图 4-42　将钢球压入球笼　　　图 4-43　将球笼垂直装入壳体　　　图 4-44　将内星轮转出球笼

⑤ 用力撤压球笼（如图 4-45 箭头所示），便装有钢球的内星轮完全转入外星轮内。

⑥ 用手能将内星轮在轴向范围内来回推动，应灵活。

（2）组装外万向节。

① 用汽油清洗各部件。将 G-6 润滑脂总量的一半（45 g）注入万向节内。

② 将球箱连同内星轮一起装入外星轮。

③ 对角交替地压入钢球，必须保持内星轮在球笼

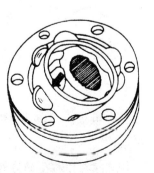

图 4-45　使内星轮完全转入外星轮内

以及外星轮内的原先位置。

④ 将弹簧锁环装入内星轮。将剩余的润滑脂压入万向节。

⑤ 用手将内星轮在轴向范围内来回推动，检查安装是否正确。

4）万向节与传动轴的组装

（1）在传动轴上安装防护罩。正确安装碟形座圈，如图4-46所示。

（2）把万向节压入传动轴，如图4-47所示。使碟形座圈贴合，内星轮内径（花键齿）上的倒角必须面向传动轴靠肩。

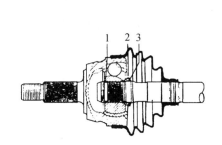

图4-46　碟形座圈和间隔垫片的安装位置
1—弹簧销环；2—间隔圈；3—碟形座圈

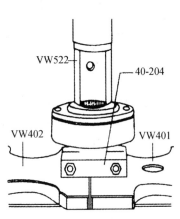

图4-47　把万向节压入传动轴

（3）安装弹簧锁环。装上外万向节。

（4）在万向节上安装防尘罩时，防尘罩经常受到挤压。因而在防尘罩内部产生一定的真空，它在车辆行驶中会产生一个内吸的折痕（如图4-48箭头所示）。因此在安装防尘罩小口径之后，要稍微充点气，使得压力平衡，不产生皱褶。

（5）用夹箍夹住防尘罩，如图4-49所示。

图4-48　给防尘罩充气

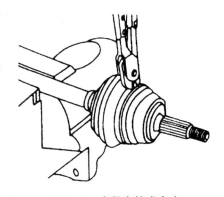

图4-49　夹紧夹箍或夹头

7. 副车架、下摇臂的检修

副车架、下摇臂和稳定杆拆卸下来后，主要检查各部位橡胶轴承是否损坏，检查零件是否变形，各焊接部位是否有脱焊或裂纹产生。若橡胶轴承损坏，则更换新件。若车架零件和下摇臂变形和脱焊，也必须更换，不允许对副车架和下摇臂进行焊接或整形处理。

需要更换橡胶轴承，可按以下方法进行。

（1）更换下摇臂橡胶轴承。压出下摇臂橡胶轴承，将新的橡胶轴承用螺栓与导向杆紧固成一体，如图 4-50 所示。然后在轴承表面涂一些润滑脂，再将其压入下摇臂。当轴套压入深度达 3/4 左右时，拆下导向管 3039，然后继续小心地将轴套压入最终固定位置。

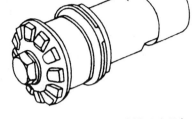

图 4-50　用螺栓将橡胶轴承支承与导向杆紧固成一体

（2）更换副车架前后橡胶轴承，可分别参见图 4-19 和图 4-20 所示压出前后橡胶轴承，按图 4-23 和图 4-24 所示压入前后橡胶轴承。

（3）更换稳定杆橡胶轴承，如图 4-51 和图 4-52 所示。

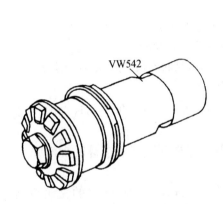

图 4-51　压出稳定杆橡胶轴承

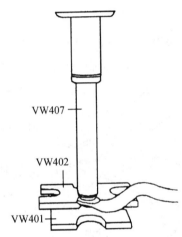

图 4-52　压入稳定杆橡胶轴承衬套

4.2.2　后桥与后悬架的维修

1. 后桥与后悬架的拆卸和安装

1）后桥与后悬架的拆卸

（1）将驻车制动拉索 1 从拉杆上吊出，如图 4-53 所示。必要时脱开制动蹄。

（2）分开轴体上的制动管和制动软管 2。

（3）松开车身上的支承座 3，仅留一个螺母支承。

注意：如要把支承座留在车身上，需拆出支承座与横梁上的固定螺栓。安装时要绝对注意为了避免金属橡胶支座在行驶中橡胶扭曲，在旋紧螺栓之前，横梁须平放。

（4）拆下排气管吊环。用专用工具撑住后桥横梁。

（5）取下车室内减振器盖板。从车身上旋下支承杆座螺母，如图 4-54 所示。

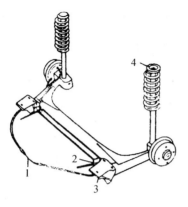

图 4-53 后桥总成的拆装

1—驻车制动拉索；2—制动软管；
3—支承座；4—支承杆座

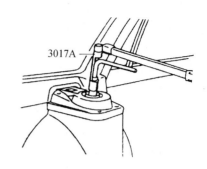

图 4-54 减振器支承杆座固定螺母的拆卸

(6) 拆卸车身上的整个支承座。

(7) 慢慢升起车辆。将驻车制动拉索从排气管上拉出。

(8) 将后桥从车子底下拆出。注意维修时不允许对后桥进行焊接和整形。

2) 后桥与后悬架的安装

后桥、后悬架总成的安装可按拆卸相反的顺序进行，但应注意以下事项。

(1) 将驻车制动拉索铺设在排气管上面，然后将后桥装到车身上。

(2) 将减振器支承杆座装入车身的支架中，并用螺母固定。

(3) 横梁必须平放，车身与横梁的夹角应为 17°±2°36′，如图 4-55 所示。

(4) 更换所有自锁螺母，且按规定力矩拧紧。后桥螺母拧紧力矩如表 4-1 所示。

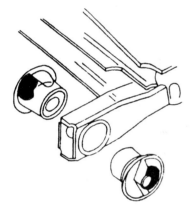

图 4-55 支承座安装在后桥上

表 4-1 后桥螺母的拧紧力矩

项　　目	力矩/N·m
减振器下端至后桥固定螺母	70
减振器上端与车身固定螺母	35
支承座与车身固定螺母	45
后桥金属橡胶衬套固定螺母	70
制动底板固定螺母	60
车轮固定螺栓	90

2. 后桥轮毂轴承的检修

1) 后桥轮毂轴承的拆卸

(1) 用千斤顶支起后轮，撬下后轮毂盖。

(2) 取下开口销及开槽垫圈。拧下六角螺母，取出止推垫圈。

(3) 拆下一个车轮螺栓，用一把螺丝刀通过车轮螺栓孔，向上拨动楔形块，使制动蹄摩擦片与制动鼓放松，如图 4-56 所示。

(4) 拉出车轮和制动鼓，并带出车轮外轴承。

(5) 取出车轮内轴承和油封，用铜冲头敲出内外轴承外圈。

2) 后桥轮毂轴承的检修

(1) 检查轴承或座圈，如有损坏，应更换新件。

(2) 检查制动鼓表面磨损情况，磨损严重或端面圆跳动大于 0.2 mm，则应更换制动鼓。

(3) 检查后轮毂短轴的弯曲情况。用游标卡尺和直尺沿圆周方向测量直尺和轴颈的距离，如图 4-57 所示。至少测量 3 点，比较各次测得的读数，不得超过 0.25 mm，否则应更换短轴。

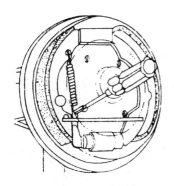

图 4-56 用螺丝刀向上拨动楔形块

图 4-57 检查后轮毂短轴

3) 后桥轮毂轴承的安装与调整

(1) 用专用工具将内、外轴承外圈压入轮毂，如图 4-58 和图 4-59 所示。

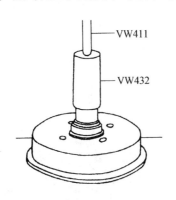

图 4-58 压入车轮外轴承的外轴承圈

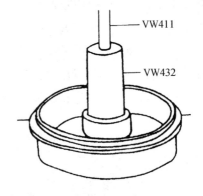

图 4-59 压入车轮内轴承的外轮承圈

(2) 放上油封，用橡胶锤均匀地敲入。

(3) 将内轴承装入，并涂以适量的锂基润滑脂。

(4) 将制动鼓装入，注意不要让制动鼓内表面沾上油脂。

(5) 装上外轮承和止推垫圈，旋上六角螺母。

(6) 调整车轮轴承间隙,正确的间隙是用一字形螺丝刀在手指的加压下,刚好能够拨动止推垫圈,如图4-60所示。

(7) 装上开槽垫圈,换上新的开口销,在轮毂盖内加入适量的润滑脂,用橡皮锤轻轻敲入。

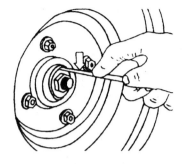

图4-60 车轮止推轴承预紧度的调整

3. 减振器和弹簧的检修

1) 减振器和弹簧的拆卸

(1) 将车辆在硬实的地面上停稳,用千斤顶或垫块支撑住后桥。

(2) 如图4-61箭头所示,向上弯起车厢内减振器上方三角区域底隔板。

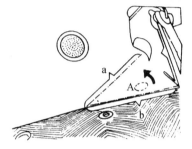

图4-61 支架与车架角度(车架水平时)
a—冲孔断边;b—缩短了的底部分;
A—减振器螺母位置

(3) 拆去减振器上端与车身的固定螺母、下端与后桥的固定螺母。

(4) 抬高车身,慢慢从车轮与轮罩之间拆出支承座。注意不要同时拆卸两边的支承杆座,以免使金属橡胶支承受压过大。

2) 减振器和弹簧的检修

(1) 后减振器和支承处有裂纹、筒体外漏油严重,或用专门仪器检验达不到要求,应整体更换。

(2) 如弹簧有损伤、裂纹或弹力下降,均需要换新件。

(3) 橡胶件、缓冲块如有损伤、龟裂、老化等也要更换新件。

3) 减振器和弹簧的安装

减振器和弹簧的安装应按拆卸相反的顺序进行,但同时注意螺母的拧紧力矩:支承座的自锁螺母紧固力矩为35 N·m,减振器支承杆座上的螺母紧固力矩为60~70 N·m。安装完后,应将后隔板两边用胶带封住。

4. 后桥悬架臂支承套的检修

1) 后桥悬架臂的拆卸

(1) 车辆着地,顶好后桥。拆下一边的支承座。

(2) 用分离工具将金属橡胶支承逐一拉出,如图4-62和图4-63所示。

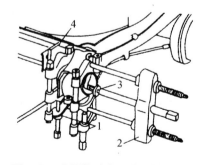

图4-62 金属橡胶支承从后横梁拉出
1—分离工具(如KuKK17/1);2—拉具(如KuKKO18/1);
3—顶杆螺栓(ϕ120 mm×12 mm);4—桥形支承(3-211A)

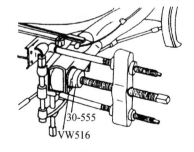

图4-63 从后横梁上拉出金属橡胶支承的另一半

2) 后桥悬架臂的检修

如金属橡胶支承套松动、裂纹、损伤、破裂均需更换新件，不能进行修理。

3) 后桥悬架臂的安装

(1) 将新的金属橡胶支承套嵌入一半。

(2) 用电动工具将支承套压入到正确位置，如图 4-64 所示。其安装深度应为 $a=61.6 \sim 62.6\,\mathrm{mm}$，如图 4-65 所示。

图 4-64　将支承套压到正确位置

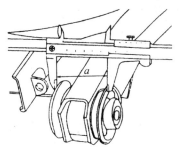

图 4-65　测量支承套的安装深度

(3) 装上支承座，检查时横梁要水平放好，要求支承座与后轴体应成 $17°\pm2°36'$ 的角度，以免给支承套带来不必要的弯扭变形。

(4) 插上螺栓，装上自制螺母，以 $60\sim70\,\mathrm{N\cdot m}$ 的力矩拧紧螺母。

4.2.3　轮胎的维护

1. 轮胎的维护

1) 轮胎在使用中的注意事项

(1) 规格不同、厂牌不同的轮胎不能装于汽车的同一轴上。

(2) 选定的轮胎应与轮辋相匹配。

(3) 使用中尽量避免超载、少用紧急制动，合理分配各轮胎的载荷。

(4) 定期检查轮胎花纹的磨损情况，定期检查轮胎气压，及时对轮胎进行清洁。

(5) 对轮胎定期进行换位。

2) 轮胎换位方法

为保证轮胎的正常使用寿命，一般每行驶 10 000 km 左右，应对轮胎进行换位，轮胎换位的方法有两种，一种是交叉换位法，另一种是循环换位法，现代轿车一般采用循环换位（也称为单边换位法）。轮胎换位的具体操作方法如图 4-66 所示。

2. 轮胎平衡

如果车轮的质量分布不均匀，旋转起来是不平衡的；车轮不平衡对转向轮摆振的影响比路面不平的影响要大得多。车轮本身不平衡是汽车产生摆振的一个重要原因。

随着道路质量的提高和高速公路的普及，汽车行驶速度越来越高，因此对汽车车轮平衡度的要求也越来越高。车轮高速旋转时，不平衡质量会引起车轮上下跳动和横向摆振，不仅影响汽车的行驶平顺性、乘坐舒适性和操纵稳定性，而且也会影响行车安全。车轮的上下跳动和横向摆振还会加剧轮胎的磨损，缩短汽车使用寿命，增加汽车运输成本。

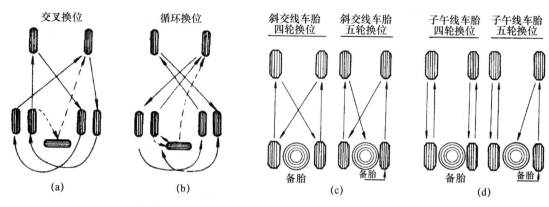

图 4-66 轮胎换位的方法

车轮不平衡的原因主要是：轮辋、轮胎在生产和修理过程中的精度误差、轮胎材料不均匀；轮胎装配不正确，轮胎螺栓质量不一；平衡块脱落；汽车行驶过程中的偏磨损；使用翻新胎或补胎等。

1）车轮静平衡的检测

对于非驱动桥上的车轮：支起车轴，调整好轮毂轴承松紧度，用手轻转车轮，使其自然停转。在停转的车轮离地最近处作一标记，然后重复上述步骤。如果每次试验标记都停在离地最近处，则车轮静不平衡；如果多次转动自然停止后的标记位置各不相同，说明车轮静平衡。

驱动桥上的车轮，由于受到差速器等的制约，无法使用该法，只能在装车前检测。

即使静平衡的车轮，在装车使用时也可能动不平衡；因此，还应对车轮动平衡进行检测校正。

2）使用离车式动平衡机检测校正车轮动平衡

（1）清除车轮上的泥块、石子和旧平衡块。

（2）将轮胎气压充至规定值。

（3）根据轮辋中心孔的大小选择锥体或多孔式连接盘，将车轮装上动平衡机，拧紧固定螺母。

（4）测量轮辋宽度 b、轮辋直径 d 和轮辋边缘至机箱的距离 a，将这三个值输入动平衡机。

（5）放下车轮防护罩，打开电源开关，按动启动按钮，车轮开始旋转，动平衡机开始采集数据。

（6）检测结束后，从指示装置读取车轮不平衡量和不平衡位置。

（7）抬起车轮防护罩，用手慢慢转动车轮，当指示装置发出声音或灯光等信号时停止转动。根据显示的平衡块质量，在轮辋内侧或外侧牢固安装平衡块。

（8）重新检测动平衡，直到指示装置显示不平衡质量 $<5\mathrm{g}$，或显示 00、OK 为止。

（9）关闭电源开关，取下被测车轮。

3）使用就车式动平衡机检测校正车轮动平衡

车轮动平衡的检测可将车轮安装到离车式车轮动平衡机上检测与校对，但需要把车轮拆下。就车式车轮动平衡机可直接在在用车上使用，非常方便，而且既可进行动平衡检测，又可进行静平衡检测，校正的部件包括车轮、制动鼓（盘）、轮毂轴承等高速旋转体。

（1）检测前的准备工作。图 4-67 为就车式车轮动平衡机组成及检测示意图。

① 检测前，将汽车前部用千斤顶支起。注意保持前轴水平，使两边车轮离地间隙相等。

② 清除被测车轮上的泥土、石子和旧平衡块等。

③ 检查轮胎气压，必要时调整至规定值。

④ 用手转动车轮，检查轮毂轴承是否松旷，必要时调整至规定值。

⑤ 在轮胎外侧任意位置上用白粉笔或白胶布做上记号。

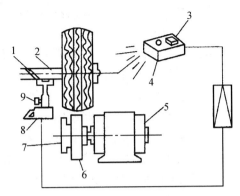

图 4-67　就车式车轮动平衡机示意图
1—传感磁头；2—转向节；3—不平衡度表；
4—频闪灯；5—电动机；6—转轮；
7—制动器；8—底座；9—可调支架

（2）车轮静平衡的检测校对。

① 使用三角垫木或其他方法固定另一个前轮和两后轮，将传感磁头吸附到悬架或转向节下，调节可调支杆高度并锁紧。

② 推动车轮动平衡机至车轮侧面或前面（视车轮平衡机形式不同而异），检查频闪灯工作是否正常，检查转轮的旋转方向能否使车轮的转动方向与汽车前进行驶的方向一致。

③ 操纵车轮动平衡机转轮与轮胎接触，启动电动机带动车轮旋转至规定转速。

④ 观察频闪灯照射下的轮胎标记位置，并从指示装置上读取不平衡量数值（用一挡显示）。

⑤ 操纵车轮动平衡机上的制动装置，使车轮停止转动。

⑥ 用手转动车轮，使其上的标记仍处在上述观察位置上，此时轮辋的最上部即为加装平衡块的位置。

⑦ 按指示装置显示的静不平衡量选择平衡块，牢固地装卡到轮辋边缘上。

⑧ 重新驱动车轮进行复试，这时指示装置用二挡显示。调整平衡块质量和位置，直至符合平衡要求。

（3）车轮动平衡的检测校对。

① 将传感磁头吸附在经过擦拭的制动底板边缘平整处，使磁头与车轮旋转中心处在同一水平位置。

② 驱动车轮旋转至规定转速，按照上述的检测方法观察轮胎标记位置，读取动不平衡值。

③ 停转车轮，按动不平衡值选择平衡块和在车轮上的加装位置，加装平衡块。

④ 按照上述的检测方法进行复查，直至符合平衡要求。

4.2.4　前轮侧滑量的检测

前轮侧滑量的检测一般在侧滑试验台上进行，其值不得超过 5 m/km。前轮侧滑量是前轮定位失准的一种表现形式。

1）影响侧滑量检测结果的因素
(1) 转向轮外倾与前束匹配不当。
(2) 轮毂轴承间隙过大或左右松紧度不一致。
(3) 转向节主销和衬套磨损严重。
(4) 横、直拉杆球头松旷或左右悬架性能有差异。
(5) 前后轴不平行。
(6) 左右轮胎气压不等或花纹不一致。
(7) 轮胎磨损过大或严重偏磨。
(8) 轮胎表面有水、油或石子等。
(9) 汽车通过侧滑试验台的速度过快。
(10) 汽车通过侧滑试验台时转向轮与侧滑板不垂直。

2）检测前的准备
(1) 调整轮胎气压至规定值。
(2) 清除轮胎表面的水、油或石子等。
(3) 检查试验台导线连接情况，仪表复零。
(4) 打开试验台锁止装置，检查侧滑板能否滑动自如和回位（侧滑板回位后，指示装置应指示零点）。

3）检测
(1) 汽车以 3～5 km/h 的速度垂直平稳地通过侧滑板。
(2) 从显示装置上读取侧滑值。
(3) 锁止侧滑板，切断试验台电源。

4）注意事项
(1) 避免试验台超载。
(2) 汽车通过试验台时，不允许转向、制动或将汽车停放在试验台上。
(3) 保持试验台及周围环境的清洁，尤其是侧滑板的清洁。
(4) 后轮有定位的乘用车，也要检测后轮的侧滑量是否合格。

4.2.5 四轮定位的检测

现代汽车，尤其是乘用车，除转向轮进行定位外，后轮也进行定位。四轮定位是为了适应汽车高速行驶状态下的稳定性和舒适性的要求。

四轮定位的检测可使用微机四轮定位仪来进行。

1）对被检汽车的要求
(1) 轮胎气压正常。
(2) 前后轮胎磨损情况基本一致。
(3) 悬架完好，无松旷等现象。
(4) 转向系调整适当。
(5) 汽车前后高度与标准值的差不大于 5 mm。
(6) 制动系工作正常。

2）检测前的准备
(1) 将汽车开上举升平台，托起 4 个车轮，把汽车举升 0.50 m。

(2) 托起车身适当部位，把汽车举升至车轮能自由转动。

(3) 按上述"对被检汽车的要求"中的步骤进行检查调整。

3) 检测

(1) 将传感器支架安装到轮毂上，将传感器（定位校正头）安装到支架上，按说明书的规定调整好。

(2) 开机进入测试程序，输入被检汽车的车型和生产年份。

(3) 将转向盘处于直线行驶位置，并使每个车轮旋转一周，即将轮辋变形的误差输入了计算机，完成了轮辋变形的补偿。

(4) 降下汽车，使车轮落到平台上，把汽车前部和后部向下压动 4～5 次，进行压力弹跳。

(5) 用刹车锁压下制动踏板，使汽车处于制动状态。

(6) 把转向盘左转至计算机发出"OK"声，输入左转角度；然后把转向盘右转至计算机发出"OK"声，输入右转角度。

(7) 回正转向盘，计算机屏幕上显示出后轮的前束和外倾角数值。

(8) 将转向盘处于直线行驶位置，用转向盘锁锁住转向盘，使之不能转动。

(9) 把安装在 4 个车轮上的定位校正头调到水平线上，计算机屏幕上显示出转向轮的主销后倾角、主销内倾角、前轮外倾角和前束。

(10) 如果数值不正确，可按微机屏幕的显示进行调整，并在调整后按上述方法重新检测。

4.2.6 电控悬架的检修

本节以凌志 LS400 轿车为例进行介绍。

1. 初步检查

1) 汽车高度调整功能的检查

(1) 检查轮胎气压是否正常（前后分别为 2.3 kg/cm^2 和 2.5 kg/cm^2）。

(2) 检查汽车高度（下横臂安装螺栓中心到地面的距离）。

(3) 如图 4-68 所示，将高度控制开关由 NORM 转换到 HIGH，车身高度应升高 10～30 mm，所需时间为 20～40 s。

2) 溢流阀的检查

(1) 点火开关置于 ON，将高度控制连接器的 1、7 端子短接，如图 4-69 所示，使压缩机工作。

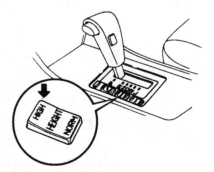

图 4-68　高度控制开关

(2) 压缩机工作一会儿后，检查溢流阀是否放气，如图 4-70 所示；如果不放气说明溢流阀堵塞、压缩机故障或有漏气的部位。

(3) 检查结束后。将点火开关置于 OFF，清除故障码。

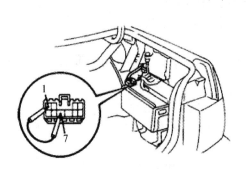
图4-69 短接高度控制连接器的1、7端子

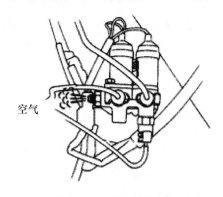
图4-70 检查溢流阀

3）漏气检查

（1）将高度控制开关置于HIGH位置。

（2）使发动机熄火。

（3）在管子的接头处涂抹肥皂水，如图4-71所示。

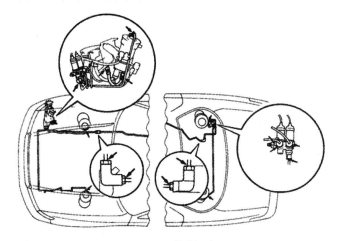

图4-71 检查漏气

2. 故障诊断

1）指示灯检查

（1）点火开关置于ON。

（2）LRC指示灯（SPORT指示灯）和HEIGHT指示灯（NORM和HI指示灯）应点亮2s，指示灯的位置如图4-72所示。

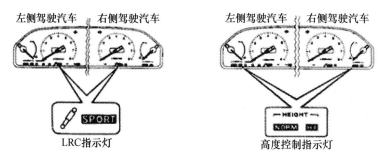

图4-72 指示灯的位置

（3）如果 NORM 指示灯以每 1 s 的间隔闪亮时，表明 ECU 中存有故障码，如果出现故障，应检查相应电路。

2）读取故障码

（1）点火开关置于 ON。

（2）跨接 TDCL 或检查连接器的 T_c 与 E_1 端子如图 4-73 所示。

（3）从 NORM 指示灯的闪烁读取故障码，NORM 指示灯的位置如图 4-74 所示。

如果高度控制 ON/OFF 开关置于 OFF 位置，会输出代码 71，这是正常的。

3）清除故障码

点火开关置于 OFF，拆下 1 号接线盒中的 ECU-B 熔丝 10 s 以上，如图 4-75 所示；或点火开关置于 OFF，跨接高度控制连接器的端子 9 与端子 8 10 s 以上，如图 4-76 所示。

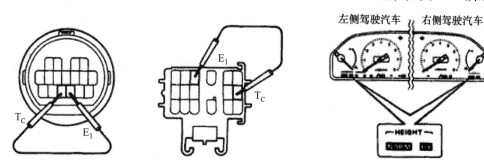

图 4-73　跨接 TDCL 或检查连接器的 T_c 与 E_1 端子　　图 4-74　NORM 指示灯的位置

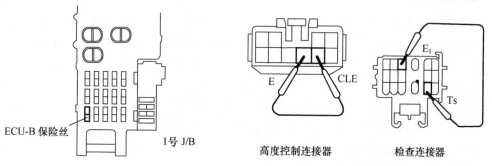

图 4-75　拆下 1 号接线盒中的 ECU-B 熔丝　　图 4-76　跨接高度控制连接器的端子 9 与端子 8

4）故障码表

故障码如表 4-2 所示。

表 4-2　凌志 LS400 电控悬架系统故障码表

故障代码	故障部位	故障原因
11	右前高度传感器电路	高度传感器电路断路或短路
12	左前高度传感器电路	
13	右后高度传感器电路	
14	左后高度传感器电路	
21	前悬架控制执行器电路	悬架控制执行器电路断路或短路
22	后悬架控制执行器电路	

续表

故障代码	故障部位	故障原因
31	1号高度控制阀电路	高度控制阀电路断路或短路
33	2号高度控制阀电路（用于后悬架）	
34	2号高度控制阀电路（用于左悬架）	
35	排气阀电路	排气阀电路断路或短路
41	1号高度控制继电器电路	1号高度控制继电器电路断路或短路
42	压缩机电动机电路	压缩机电动机短路；压缩机电动机被锁住
51	至1号高度控制继电器的持续电流	供至1号高度控制继电器的电流约通电 8.5 min 以上
52	至排气阀的持续电流	供至排气阀的电流约通电 6 min 以上
61	悬架控制信号	ECU 失灵
71	悬架控制执行器电源电路	悬架控制执行器电源电路断路；AIR SUS 熔丝烧断
72	高度控制 ON/OFF 开关电路	高度控制 ON/OFF 开关在 OFF 位置； 高度控制 ON/OFF 开关电路断路

复习思考题

1. 汽车行驶摆头故障有什么故障现象？主要原因有哪些？如何对其进行诊断？
2. 汽车行驶跑偏故障有什么故障现象？主要原因有哪些？如何对其进行诊断？
3. 汽车行驶阻力增大故障有什么故障现象？主要原因有哪些？如何对其进行诊断？
4. 汽车行驶平顺性不良故障有什么故障现象？主要原因有哪些？如何对其进行诊断？
5. 车身横向倾斜故障有什么故障现象？主要原因有哪些？如何对其进行诊断？
6. 轮胎异常磨损故障有什么故障现象？主要原因有哪些？
7. 前悬架支柱总成的检查内容有哪些？
8. 减振器和弹簧的检修内容有哪些？
9. 前悬架总成的安装注意事项有哪些？
10. 后桥轮毂轴承检修内容有哪些？
11. 后桥悬架臂支承套的检修内容有哪些？
12. 轮胎在使用中的注意事项是什么？
13. 车轮不平衡的原因有哪些？怎么对轮胎进行平衡检测？
14. 影响汽车前轮侧滑检测结果的原因有哪些？
15. 四轮定位的检测内容一般有哪些？对检修汽车有哪些要求？
16. 电控悬架的初步检修内容是什么？

第 5 章　自动变速器故障诊断与检修

学习目标

掌握汽车自动变速的结构、工作情况和自动变速器的检测方法；掌握自动变速器故障诊断的思路、方法、步骤与故障诊断的流程；掌握自动变速器各主要机件的检测与维修方法，理解各种传感器信号变化对自动变速器性能的影响；掌握自动变速器常见故障的现象特征及故障诊断的方法与流程；掌握自动变速器主要元件的损坏形式，学会对自动变速器电子控制系统、液压元件及自动变速器施力装置进行故障检测、诊断与修理。

5.1　自动变速器故障诊断分析

知识目标

1. 了解并掌握自动变速器的组成与工作原理。
2. 掌握自动变速器常见故障产生的原因。
3. 掌握自动变速器常见故障的现象及基本分析、诊断方法。

能力目标

1. 能够准确判断出自动变速器常见故障的现象。
2. 能够根据自动变速器故障现象分析其产生的原因，并能进行排除。

5.1.1　自动变速器概述

自动变速器由液力变矩器、齿轮变速器、液压控制装置和电子控制装置等组成。其中，液力变矩器起到自动离合器、传递并增大扭矩、柔和传力的作用。齿轮变速器具有改组若干个前进挡、倒挡和空挡的作用。液压控制装置能够根据电子控制装置的指令完成对液力变矩器和齿轮变速器的液压控制，实现挡位的转换。电子控制装置根据汽车运行的各项参数，完成自动变速器的挡位控制、锁止控制、油压调节等，它是整个控制系统的核心。自动变速器的基本组成示意图如图 5-1 所示。

自动变速器的电子控制装置由传感器、执行器和控制单元 ECU 组成。其组成示意图如图 5-2 所示。

5.1.2　自动变速器常见故障诊断分析

自动变速器的常见故障可分为不能换挡、换挡冲击、变速器打滑、换挡过迟、不能锁止、无超速挡、频繁跳挡、无前进挡、无倒挡、挂挡后发动机熄火、起步加速无力、变速器油温过高等。这些故障常发生的部位一般为 ATF 油滤清器、油泵、液压阀、蓄压器、密封圈、离合器、制动器、单向离合器、换挡电磁阀、变矩器锁止电磁阀、油压调节电磁阀、节气门位置传感器、O/D 挡开关、液力变矩器、挡位开关等。

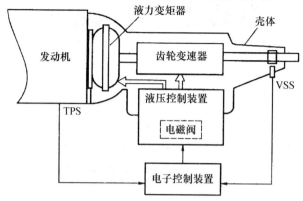

图 5-1 自动变速器的基本组成示意图

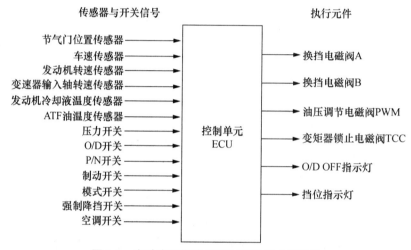

图 5-2 自动变速器电子控制系统组成示意图

1. 自动变速器不能换挡

1）故障现象

汽车行驶中自动变速器始终只能以某个挡位行驶，无论多大的节气门开度，无论发动机有多高的转速，变速器始终不换挡。

2）故障主要原因及处理方法

对于电液控制型自动变速器，挡位的变换由电子控制装置决定，利用液压控制装置来操作齿轮变速器而获得，引起变速器不能换挡的故障部位可能是电子控制装置中的传感器、ECU、执行器、液压控制装置等。处理的方法一般是检修电路，更换电子元件，清洗液压控制装置，更换阀板等。

自动变速器不能换挡的故障诊断流程如图 5-3 所示。

对于这种故障需要解释说明的问题如下。

（1）如果 ATF 油发黑，则说明有执行元件烧毁，造成汽车不能行驶，必须解体大修。

（2）如果 ECU 中有故障代码，则变速器电子控制系统可能会锁挡，即只产生一个挡位。

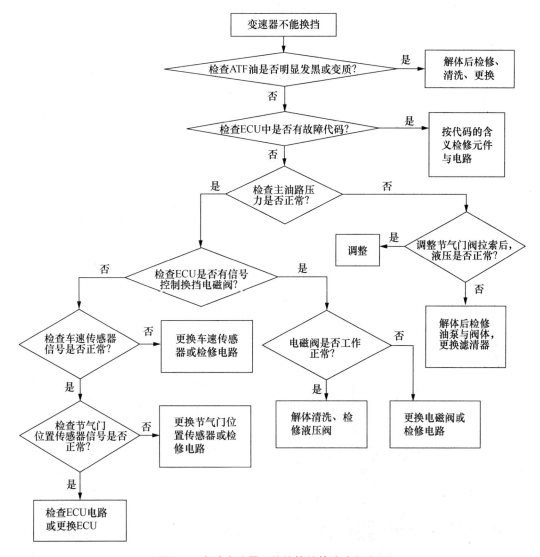

图 5-3 自动变速器不能换挡的故障诊断流程

(3) 如果油压过低,且外部调整已没有意义,必须解体检修油泵、液压装置等。

2. 自动变速器无超速挡

1) 故障现象

在汽车行驶中,车速已升至超速挡范围,但自动变速器仍不能从 3 挡换入超速挡;在车速已达到超速挡范围后,采用提前升挡(即松开加速踏板几秒钟再踏下)的方法也不能使自动变速器升入超速挡。

2) 故障主要原因及处理方法

无超速挡常常由于 O/D 挡开关的功能失效或 O/D 挡 OFF 指示灯的灯丝断路与灯座间接触不良,使 ECU 不能收到有效的信号,而限制超速挡的使用。也可能出现下列情况而造成无超速挡的现象,如传感器故障、P/N 开关故障、液压控制装置故障、换挡执行元件损坏等。处理的方法一般是先外围检查 O/D 挡 OFF 指示灯、传感器、电磁阀和 P/N 开关的功能,然后再拆下阀体进行清洗、调整或更换。

自动变速器无超速挡的故障诊断流程如图5-4所示。

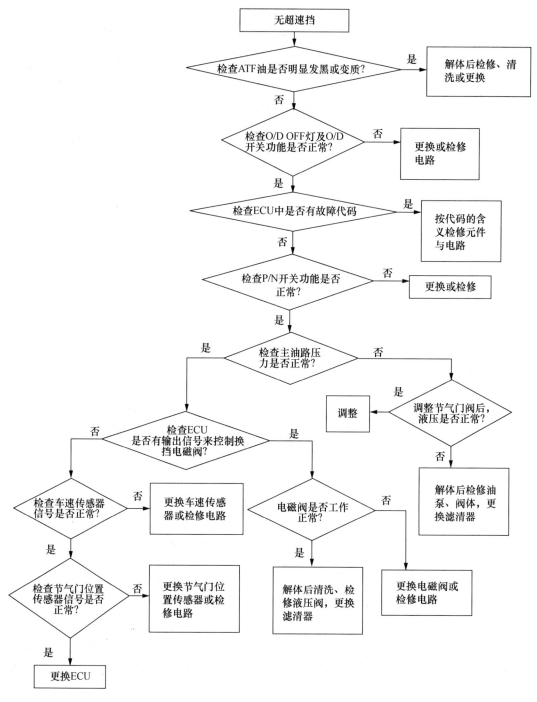

图 5-4　自动变速器无超速挡的故障诊断流程

3. 自动变速器无锁止

1) 故障现象

在汽车行驶中，车速、挡位已满足锁止离合器进入锁止状态的条件，但迅速踩大油门踏板时，发动机转速先升高，然后车速才上升，说明液力变矩器始终处于液力传递状态，且汽车油耗较大，经济性下降。

2）故障主要原因及处理方法

锁止离合器的工作由 ECU 控制，当条件满足后，ECU 控制锁止电磁阀，再利用液压控制装置中的变矩器锁止阀转换成液压信号，通过改变进入液力变矩器的液压油的流动方向，使锁止离合器片背压消失后进入锁止状态，使泵轮与蜗轮结合为一体。故障常常出现在控制开关、传感器、电路、锁止电磁阀、液压控制装置、液力变矩器等。

自动变速器无锁止的故障诊断流程如图 5-5 所示。

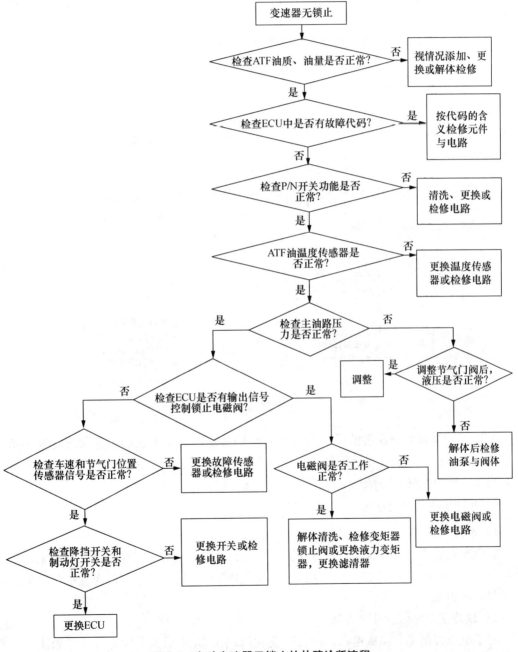

图 5-5　自动变速器无锁止的故障诊断流程

4. 自动变速器无倒挡

1) 故障现象

汽车能够向前行驶，且各前进挡能正常换挡，但换挡控制手柄移到"R"位后，汽车不能向后行驶。

2) 故障主要原因及处理方法

当手动阀移至"R"位置时，液压控制装置直接导通倒挡油路，除了节气门阀和主油路调压阀外，几乎没有其他阀参与控制倒挡。故障常常是由倒挡执行元件的摩擦片烧损，倒挡执行元件油道的密封元件损坏和液压阀卡滞引起的。处理的方法一般是解体后清洗、检修或更换。

自动变速器无倒挡的故障诊断流程如图5-6所示。

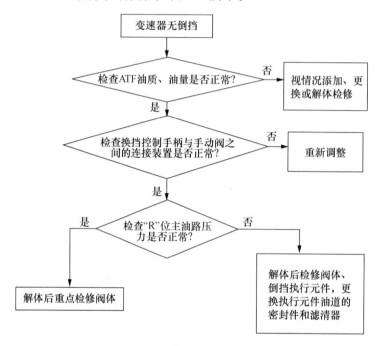

图5-6 自动变速器无倒挡的故障诊断流程

这种故障需要解释说明的是：变速器无倒挡常常是由于不正确或非常规的使用造成的，出现最多的故障部位是倒挡执行元件，因执行元件摩擦片烧毁打滑引起。并且ATF油已经发黑，带有焦味。一般通过外围的途径无法解决。

5. 自动变速器换挡过迟

1) 故障现象

在汽车行驶中，升挡时车速明显高于标准值，升挡前发动机转速偏高；必须采用松加速踏板，提前升挡的方式才能使自动变速器升入高挡或超速挡。降挡时车速明显降低，并有较强的冲击感。

2) 故障主要原因及处理方法

对于电液控制型自动变速器，挡位的变化时刻由ECU根据车辆运行的参数决定，而与液压控制装置无关。这些参数是节气门位置传感器、车速传感器、空挡启动开关（P/N

开关)、模式选择开关、ATF 油温度传感器。如果以上传感器或开关失灵,将会影响换挡的时刻。处理的方法一般是检查外围电路,更换电子元件等。

自动变速器换挡过迟的故障诊断流程如图 5-7 所示。

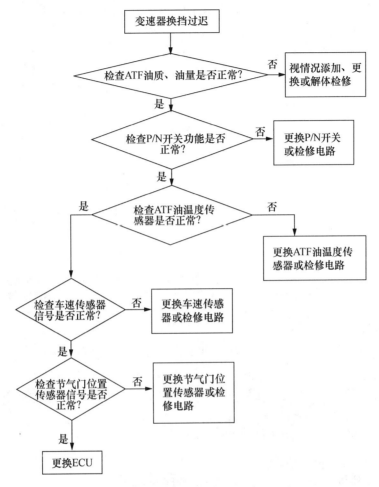

图 5-7 自动变速器换挡过迟的故障诊断流程

6. 自动变速器频繁跳挡

1) 故障现象

在汽车行驶中,即使加速踏板保持不动,自动变速器仍然会突然降挡,降挡后发动机转速异常升高,同时产生换挡冲击。然后,变速器又会突然升挡,发动机转速下降,同样产生换挡冲击。

2) 故障主要原因及处理方法

变速器的挡位由 ECU 根据传感器的信号控制换挡电磁阀而获得。如果换挡电磁阀的状态频繁发生变化,将造成挡位的频繁变动。引起电磁阀状态频繁变化的原因有节气门位置传感器电路故障、车速传感器电路故障、控制系统电路搭铁不良、换挡电磁阀接触不良和 ECU 故障等。处理的方法一般是对电路部分进行检修或更换。

自动变速器频繁跳挡的故障诊断流程如图 5-8 所示。

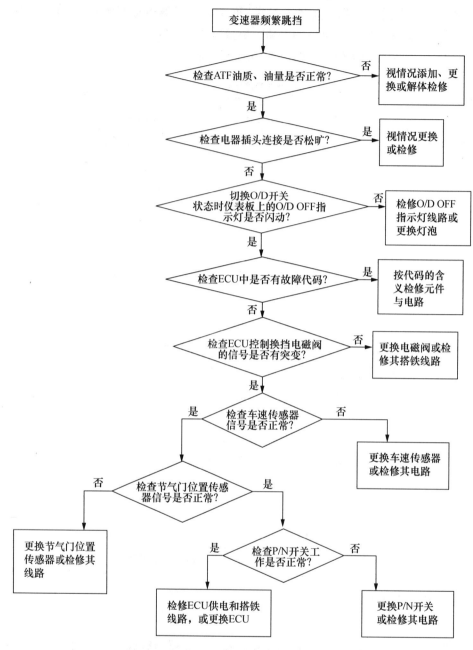

图 5-8　自动变速器频繁跳挡的故障诊断流程

7. 自动变速器换挡冲击

1）故障现象

汽车在行驶中能够在各个换挡点正确换挡，但换挡时车辆有强烈的振动和冲击。有的车辆发生在升挡中，有的发生在降挡中，不跳挡时车辆行驶一切正常。

2）故障主要原因及处理方法

引起换挡冲击的最根本原因是两个挡位之间的换挡执行元件变化状态的时间差与标准不符。如果时间差过大，则变速器处于空挡状态的时间过长，使发动机升速过高而冲击；如果时间差过小，则变速器将会因为同时挂两个挡位而出现运动干涉，同样会产生冲击。影响时间差的因素有 ATF 油、主油路的压力、蓄压器的性能、单向节流阀的性能、换挡执行元件的间隙、执行元件油路的密封性能等。处理的方法一般是先检查或调整油压，进而解体检修液压装置。

自动变速器换挡冲击的故障诊断流程如图 5-9 所示。

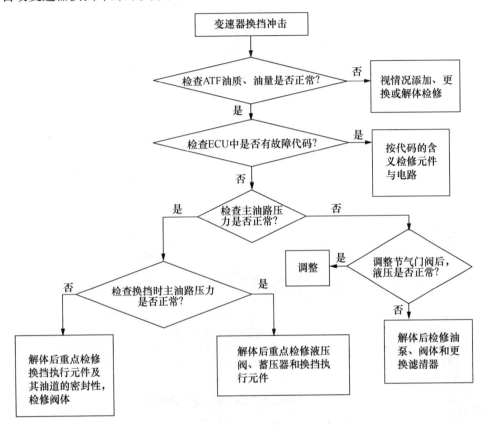

图 5-9　自动变速器换挡冲击的故障诊断流程

自动变速器换挡冲击故障需要解释说明的问题如下。

变速器换挡冲击在现代自动变速器中是常见的故障，尤其是采用复式行星齿轮机结构的变速器，因其采用较少的单向离合器，换挡品质在很大程度上受液压控制装置性能的影响。如果使用时间较长，ATF 油的性能变化，液压控制装置也发生磨损，换挡执行元件升压和泄压的速度就会发生变化，使得换挡元件的接合和分离的速度随之变化，从而造成换挡冲击。修理时要特别小心。对于油道的密封件要求全部更换，并装配正确，确保阀的灵活性又不至于间隙过大；同时要求使用指定的 ATF 油，以防止 ATF 油的黏温性不够而造成换挡冲击。

8. 自动变速器打滑

1）故障现象

汽车在行驶中能够正常换挡，但在某个挡位中加速无力，加速时，发动机转速明显上升，而车速升高缓慢。

2）故障主要原因及处理方法

变速器打滑一般是由换挡执行元件的摩擦片与钢片之间出现打滑所致。引起打滑的原因有滤清器堵塞、液压过低、密封件泄漏、冲击负荷过大等，有时还伴随着ATF油颜色变深或发黑的现象。处理的方法一般是解体大修。

自动变速器打滑的故障诊断流程如图5-10所示。

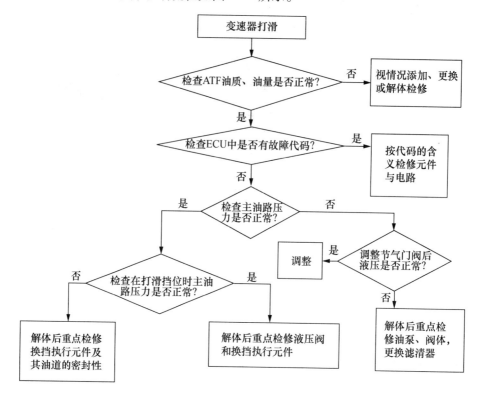

图5-10　自动变速器打滑故障诊断流程

自动变速器打滑故障需要解释说明的是：出现变速器打滑，多数情况将会使换挡执行元件的摩擦片高温烧毁或部分烧焦，钢片高温发蓝或变形，ATF油高温变质或发黑，有时高温还造成齿轮系统发蓝和液压阀总成变形，所以修理时一般按大修处理，更换换挡执行元件的摩擦片与钢片，更换密封件，清洗阀体和油道，更换滤清器。

9. 自动变速器挂挡后发动机熄火

1）故障现象

换挡控制手柄从"P"或"N"移到"R"或"D"挡位后发动机无怠速，易熄火。有时加油后发动机不熄火，但有冲击和车身发抖现象。

2）故障主要原因及处理方法

该故障一般是由于某种原因液力变矩器的锁止离合器在挂挡后进入锁止状态或半锁止状态所致。引起离合器锁止的原因有控制电路故障、液压控制装置、油道的密封故障等。

自动变速器挂挡后发动机熄火的故障诊断流程如图5-11所示。

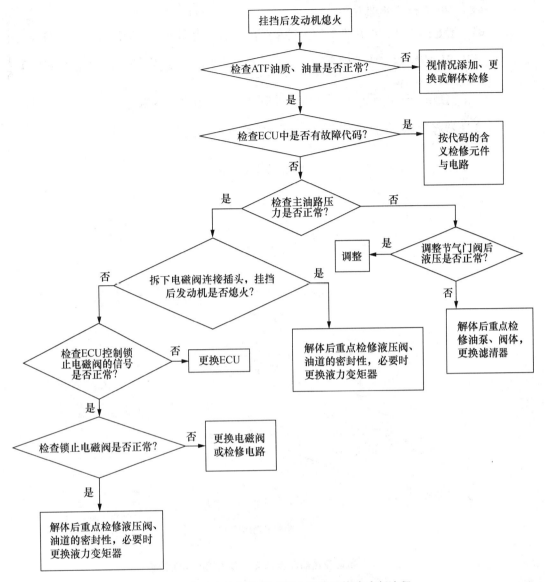

图 5-11　自动变速器挂挡后发动机熄火故障诊断流程

自动变速器挂挡后发动机熄火故障需要解释说明的是：自动变速器出现挂挡熄火故障时，一种是使用中出现挂挡熄火，这种情况多数是由于液力变矩器中的锁止离合器故障所致，只要更换液力变矩器总成即可；另一种是修理中出现的挂挡熄火，这种情况多数是由于液压装置装配不正确或油道密封不良，出现窜油现象所致需重新清洗阀体，更换密封件。

10. 自动变速器起步加速无力

1) 故障现象

发动机的动力正常，汽车在行驶中能够自动变挡，且在各个挡位中行驶正常，但换挡控制手柄无论移至 "D"、"2" 或 "L" 位挂挡起步时，都有加速无力现象，速度达到一定值以后，一切正常。

2) 故障主要原因及处理方法

该故障一般是由于液力变矩器导轮上的单向离合器打滑所致,打滑使液力变矩器进入了耦合状态,从而使变矩器变成了耦合器,失去了增扭的功能,使变速器的输出扭矩减小了 $\frac{1}{5}$ ~ $\frac{3}{10}$。少数车辆是由于执行元件打滑所致,一般以更换液力变矩器为主。

自动变速器起步加速无力的故障诊断流程如图 5-12 所示。

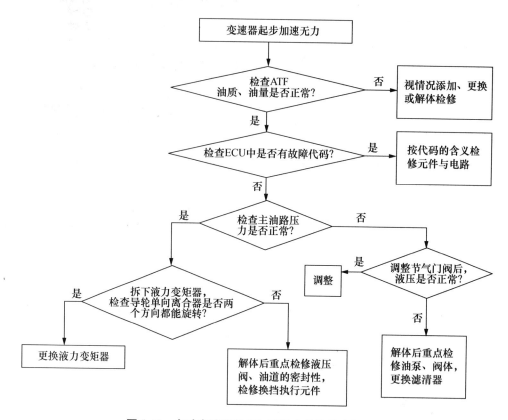

图 5-12 自动变速器起步加速无力故障的诊断流程

自动变速器起步加速无力故障需要解释说明的是:有些车辆加速无力是由于自诊断系统发现控制电路有故障后采用了备用程序,将换挡电磁阀断电,使变速器锁挡造成。锁挡后,不是以 1 挡起步,而是以被锁住的挡位(如现代 SONATA 车锁 3 挡)起步。因为齿轮变速器部分的传动比减小,所以驱动力矩也减小,从而出现加速无力。出现这种情况按变速器不能换挡故障处理。

11. 自动变速器温度过高

1) 故障现象

将长时间行驶后的车辆举起来,在 AT 壳体的下方能感觉到很大的热辐射,甚至有异味,用故障诊断仪能读出 ATF 油的温度超出正常值,但驾驶员感觉不到车辆有什么异常,有少数车辆会出现加速无力或不升挡现象。

2）故障主要原因及处理方法

自动变速器的正常工作温度因车而异，有的车辆其散热器在水箱附近，工作温度为80℃左右，有的车辆用发动机的冷却液冷却，温度可能超过100℃。引起温度过高的原因有散热器内的ATF油的循环量不够，液化变矩器内导轮的单向离合器发卡不转，液力变矩器中的锁止离合器无法锁止等。修理方法一般是先从外围检修散热器故障，然后检查液力变矩器的导轮工作状况以及检查、清洗液压控制装置。

自动变速器温度过高的故障诊断流程如图5-13所示。

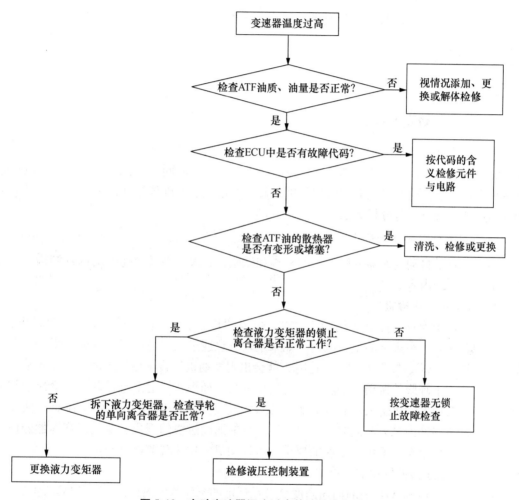

图5-13　自动变速器温度过高故障的诊断流程

自动变速器温度过高故障需要解释说明的是：汽车出现交通事故后容易撞坏ATF油的散热器，使其弯曲或变形，影响ATF油的冷却循环量，从而影响冷却强度。液力变矩器的导轮卡住，使液力变矩器在高速时一直处在变矩状态，传动效率下降，ATF油温度上升，这时要更换变矩器。调整时锁止离合器无法锁止，也会使燃油经济性下降，使ATF油的温度升高，但相对而言不是很明显。

5.2 自动变速器试验

知识目标

1. 了解并掌握自动变速器故障诊断过程中的主要试验及试验方法。
2. 掌握自动变速器维修过程中的注意要点。
3. 掌握自动变速器利用试验查找故障的方法。

能力目标

能够利用自动变速器试验准确判断出自动变速器故障所在。

5.2.1 自动变速器试验

自动变速器液控系统的故障诊断过程中,所采用的故障诊断方法主要有初步检查、主油压的试验、速度油压试验、挡位油压试验、失速试验、时间滞后试验、路试和分段检查等多种方法,掌握这些方法对有效地帮助维修人员迅速、准确地诊断出故障所在。以下主要介绍这些试验方法与分析方法。

1. 自动变速器的初步检查

初步检查是自动变速器外围的一些检查和试验,它没有涉及变速器的内部结构,一般有以下几方面的内容。

1) 发动机怠速检验

该检验用于检查当控制手柄处于"N"位或"P"位,齿轮变速器处于空挡状态时,发动机的转速是否在规定的范围之内。如果发动机怠速过低,当控制手柄从"N"或"P"位移到"R"、"D"、"2"或"L"位时,就会出现发动机运转不稳定的现象,并导致整个车身发生令人不舒服的振动,起步加速时反应迟缓,如果在坡道上挂挡起步,会出现倒溜现象,甚至会使发动机熄火。相反,如果发动机怠速过高,则会出现移动控制手柄挂挡时,变速器进挡冲击过大,同时怠速时车辆爬行的速度过快的现象,会造成变速器寿命下降。所以,应该根据车辆维修手册的要求,将发动机的怠速转速调整好。

2) 自动变速器液位和油品检验

该检验用于检查ATF油的油面高度是否在规定的刻度范围内以及ATF油品的质量。

检查方法是:车辆水平停放并怠速运转,运转到正常工作温度后,将换挡控制手柄在各个位置上稍微停放后再移到"P"位,取出油标尺,油面刻度应在油标尺的"热态"(即"HOT")范围内,如图5-14所示。

图5-14 油标尺刻度

如果液压油的平面低于规定液位,车辆在行驶中颠簸时将会有部分空气被吸入,使液压系统液压下降,并会出现下列问题。

(1) 离合器和制动器因液压下降而打滑、磨损、烧毁。
(2) 在挡位变化时出现严重的换挡质量下降现象,换挡的冲击会造成机械部件损坏。
(3) 齿轮和其他旋转零件得不到良好的润滑而过早磨损。

如果液压油的平面超出规定液位,将导致下列问题的出现。

(1) 阀体内的排泄孔堵塞,影响液压油的正常排泄,阻碍离合器和制动器的平顺脱开,从而引起换挡冲击,有时会出现两个挡位同时存在,传动机构出现干涉,从而使元件损坏。

(2) 变速器换挡时滞时间过长,加速反应性能差。

在检查液位高度时,要注意判断液压油的颜色、黏度和气味是否正常。如果液压油颜色变深,黏度变稠或变稀,则需要更换液压油。如果液压油已经发黑,有糊焦味,甚至有金属小颗粒,说明变速器内的摩擦片和金属元件有磨损、烧毁,需要修理。

在使用与保养中应注意,每隔一定的时间或行驶里程(如 40 000 km)需要检查 ATF 油,并视情况更换。

3) P/N 开关检验

P/N 开关又称为挡位开关,本检验需完成以下内容。

(1) 检查是否仅在控制手柄处于"N"或"P"位时才能启动发动机,如果发动机在控制手柄处于"N"或"P"以外挡位时能启动,则发动机一经启动,汽车就开始行驶,容易造成交通事故。

(2) 检查 P/N 开关是否将手柄的位置信息送到 ECU,ECU 要根据这些信息来控制变速器的挡位,调节油压,控制变矩器的锁止等,电源从计算机中输出,移动换挡控制手柄,相应的挡位指示灯应亮,如果不亮,说明信号异常。

(3) 检查控制手柄置于"R"位时,倒车灯是否点亮。

4) 节气门全开检验

该检验用于检查加速踏板的位置与节气门的开度之间的关系是否为"全程控制",保证在加速踏板踩到底时,发动机能够以全负荷状态输出功率。如果踩足加速踏板,而节气门不能全开时,会引起下列问题。

(1) 在调整或重载荷时,发动机动力不足。

(2) 不能获得最高车速。

(3) 发动机加速不良。

5) 节气门阀拉索松紧的检验

该检验用于检查发动机负荷(取决于节气门开度量)是否适当地被传递给液压控制装置中的节气门阀,此即称为"节气门阀的全程控制"。图 5-15 是皇冠乘用车的节气门阀缆绳,当节气门全开时,罩套和缆绳标记之间的距离不得超出 0~1 mm。

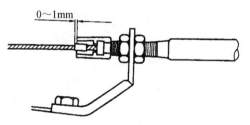

图 5-15 节气门阀拉索的调整

如果标记在罩套外,则节气门开度大,而节气门阀开度过小,于是产生低于正常的节气门液压,使主油器的压力不能满足大负荷的要求,会引起执行元件的打滑。

如果标记在罩套内,则节气门开度小,而节气门阀的开度过大,于是产生高于正常的节气门液压,使主油器的压力过高,造成换挡冲击,加速执行元件的磨损。

6) 超速挡(O/D 挡)控制开关的检验

该检验用于检查变速器是否能够从 3 挡升入 O/D 挡,又能够从 O/D 挡降为 3 挡。

将车辆以 100 km/h 左右的速度行驶，按一下 O/D 开关，当仪表台上 O/D OFF 灯亮时，应能感到车身有一次振动，然后车速明显下降，同时发动机的转速迅速上升；再按一下 O/D 开关，当仪表台上 O/D OFF 灯灭时，也应感到车身振动一下，然后发动机的转速迅速下降，同时车辆速度开始上升。

注意：在某些型号中，电磁阀仅在冷却液约为 70℃ 或更高时工作。

2. 主油压试验

为了初步了解变速器内部的工作情况，在变速器的超额壳体上都有检测液压系统压力的检测口，一般车辆至少有一个主油路压力检测口，有些车辆有多个压力检测口，可以测量液压系统内部的多处局部压力，如主油压力、速控压力（仅液控式AT）、节气门阀压力、某执行元件油道压力等。接上专用的高量程油压表，就可以读到各个检测口的压力。

1）主油压试验要求、步骤与方法

如图 5-16 所示，主油压试验要求与步骤及方法如下。

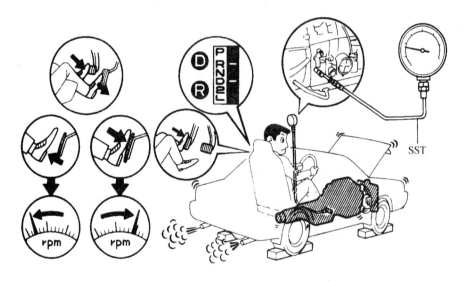

图 5-16　自动变速器主油压试验方法示意图

（1）行驶车辆使水温、油温正常。
（2）发动机熄火，车辆可靠驻停。
（3）连接主油压测试口和油压表。
（4）启动发动机，怠速运转。
（5）左脚踩下制动踏板，选挡杆置于 D 位。
（6）测量怠速时的主油压。
（7）踩下加速踏板，测量失速转速时的最大主油压（注意：在 D 位上停留的时间不能超过 3 秒，以免该挡位的施力元件因过载而受损）。
（8）从 D 位上回到空挡上运行至少 2 min，以使自动变速器油得到充分冷却，用相同的方法测量 R 位时的主油压。

2) 主油压在测试时检测的重点
(1) 检测油泵是否出现早期的磨损。
(2) 检测自动变速器滤清器是否发生堵塞。
(3) 主油压电磁阀是否发生密封不严的现象。
(4) 主调压阀调压弹簧是否过软。
(5) 主调压阀是否卡滞在泄油端。
(6) 真空调节器软管是否堵塞。
(7) 节气门拉索调整是否合适。
(8) 真空调节器软管是否保持密封。
(9) 工作油路是否发生泄漏。
(10) 节气门传感器的电阻值和输出的电压有无异常。

特别提醒要注意的是，由于主油压试验是大负荷试验，因此车况特别差的最好不要做这类试验。

3) 主油压试验结果分析
(1) D 位和 R 位怠速油压和失速油压都正常。这种情况说明油泵、主调压阀工作良好，主油路油压基本正常。
(2) D 位和 R 位怠速油压都低，失速油压却均正常。这种情况说明油泵发生磨损。主调压阀是降压和保压阀，而不能升压。怠速时磨损了的油泵输出的油压低于主油压造成怠速油压过低。

在正常情况下，发动机转速较高时，油泵油压明显高于主油压。主调压阀泄掉一部分油，使其变成主油压。当油泵磨损后，发动机转速较高时，油泵油压虽然低于正常值，但仍然高于主油压。主调压阀比正常泄油量少，却仍能调节成正常的主油压。油泵过度磨损后必须及时更换，否则会造成全部离合器和制动器都发生早期磨损。

注意：如果自动变速器油滤清器破裂，大量的杂质进入油泵，造成油泵严重磨损（油泵里特别脏），会出现冷车时可能勉强行驶，热车后不能行驶，自动变速器不仅怠速油压特别低，而且失速油压也明显偏低的现象。

(3) D 位和 R 位怠速油压都正常，失速油压不仅偏低，而且不能保持稳定，到一定值后开始回落。

这种情况说明自动变速器油滤清器发生堵塞。绝大部分自动变速器的自动变速器油滤清器都装在油底壳内。除油液太脏造成堵塞外，变速器的油底壳位于全车最低部位，出现轻微拖底时，变形的油底壳会堵塞自动变速器油滤清器的进油口（拖底严重时会造成控制阀体报废，汽车无法行驶）。自动变速器油滤清器堵塞后汽车车速上不去，倒挡不踩加速踏板不走车，变速器前部有"嗡嗡"的异响声，手摸变速器油底壳可以感觉到高频振动，而且总是烧蚀一组高速挡或中高速挡的离合器或制动器。维修时需将变速器内脏油彻底放净，有条件的应先用变速器专用清洗剂清洗变速器，并换掉滤网。

轻微拖底的汽车，拆下油底壳，用木锤恢复原有形状即可。

无论是哪种原因造成的堵塞，实际上都是部分堵塞。油泵转速较低时或怠速时，所需供油量较少，自动变速器油滤清器虽然堵塞，仍能保证油量供应，使怠速油压能保持正常。油泵转速较高时，所需油量成倍地增大，堵塞的自动变速器油滤清器无法保证油量供应。空气趁机侵入油泵，并随油液进入主调压阀，使失速油压偏低，而且不能保持稳定。

(4) D位和R位怠速油压都正常，失速油压虽然偏低，但能保持稳定。这种情况最大的可能是主油压电磁阀密封不良。但不排除节气门拉索是否松旷或折断。

主油压电磁阀密封不良，只发生在油压较高时。怠速时主油压较低，主油压电磁阀完全可以保持密封。失速时主油压较高，主油压电磁阀便发生了轻微的泄漏，使失速油压偏低。

主油压电磁阀密封不良时，车速上不去，温和地踩加速踏板时，最高车速通常只有80～90 km/h，猛踩加速踏板往往也只能达到120 km/h，将超速挡开关按到OFF，随着传动比改变，最高车速有时可能达到150 km/h。长途行驶时，如遇到此故障，为避免高速挡离合器和制动器烧蚀，可以在变速器外边的端子上拔下主油压电磁阀线束接头，用电工胶布包好，主油压电液控制改为纯液压控制，主油压和车速均可恢复正常。

(5) D位和R位的怠速油压和失速油压偏低。这种情况时应检查控制阀体上的螺栓是否全部拧紧，油泵是否装配到位，油泵的密封圈、密封垫、油泵驱动端的矩形油封是否密封良好，最后检查主调压阀的调压弹簧是否过软（行驶30万km以上的汽车容易产生调压弹簧过软的故障，造成所有的离合器和制动器都发生早期磨损。弹簧过软，其自由长度变短，维修时需要换调压弹簧），或主调压阀是否卡滞在阀孔的泄压处。主调压阀卡滞在泄油端时，怠速油压和失速油压值不仅很低，而且变化不明显。使用真空调节器的自动变速器，若升挡点过早，最高车速只有50 km/h左右，应检查发动机进气歧管至变速器上的真空软管是否被污物堵塞。可在软管两端分别测真空，或用气筒从软管一侧向另一侧打气，即可检查出真空管是否堵塞。

(6) 怠速和失速时主油压都高。这种情况应重点检查节气门操纵系统，包括以下几条。

① 节气门拉索是否调得过紧。
② 真空管或真空调节器膜片是否发生泄漏。

节气门拉索调得越紧，怠速时主油压就越高。节气门拉索调得过紧，有时会造成所有挡都有换挡冲击；有时会造成升不上超速挡，严重时连3挡都挂不上去。

部分变速器的节气门阀是由真空调节器调节的（美国生产的自动变速器上较多地使用真空调节器）。真空管和真空调节器膜片泄漏都会造成节气油压和主油压过高。真空调节器膜片泄漏后，自动变速器油会被发动机进气歧管内的真空吸入，然后进入燃烧室，由于它无法燃烧，便变成白烟排出。泄漏严重时，即使在怠速工况下，排气管也会排出很浓的白烟。

4) 主油路图和油路说明

自动变速器液压系统的油泵相当于人类的心脏。它的作用是向液压控制系统提供油压。部分油泵的油全部来自自动变速器油滤清器，另一部分油泵80%的油源于自动变速器油滤清器，20%的油源于散热器的回路。

液压系统的控制系统相当于人类的大脑，负责将油泵油压调节成各种有用的油压，并控制分配各种油路。

油泵油压直接输送到控制阀体中的高压阀，将调压弹簧（定量）、节气门油压（变量）的调节，即卸压和保压，调节成主油压输送到手控阀，由手控阀分配到节气门阀、速度阀、强制降挡阀、换挡阀等处。在D位时离合器、制动器的工作油压（主油压），直接输送至换挡阀。在 R 位和手动挡位时,主油压不经过换挡阀,直接输送至相关的施力装置中。

在 R 位时主油压直接输送室倒挡离合器和倒挡制动器。在 2 位工作时,主油压直接输送到负责于手动 2 挡的施力装置,如许多变速器为手动二挡制动器。L 位时主油压直接输送到手动 1 挡的施力装置,如许多变速器为低速挡/倒挡制动器。

手动挡不经过换挡阀,因此没有挡位的变换,为固定挡。凡是自动变速器内有制动器的,手动挡通常都有专门的制动器负责。汽车上下陡坡时,必须使用手动 1 挡即 L 位,手动 1 挡与倒挡用同一组制动器,摩擦片的面积、数量即工作容量,是所有施力装置中最大的,且制动器具有发动机制动作用。汽车上下陡坡时,如果用 D 位,会加速施力装置的磨损,例如汽车经常进出地下停车场,使用 D 位冲坡,结果汽车只行驶了 20 000～30 000 km,D 位上的施力装置便发生严重烧蚀。这是因为绝大部分的自动变速器 D 位上的 1 挡是由离合器负责的,离合器的工作容量明显小于制动器,也没有发动机制动作用,D 位上的挡经过换挡阀,随着车速和发动机负荷的变化,会出现频繁换挡。自动变速器的每一次换挡,均是靠施力装置的滑动摩擦,以保证平稳过渡。以上是用 D 位冲坡造成施力装置早期磨损的原因。

汽车上下较长的缓坡时,应使用手动 2 挡。这样可以避免上坡时频繁换挡,下坡时挡位过高。

由节气门阀调节的节气门油压和由速度阀调节的速度油压负责控制 D 位上的换挡点。强制降挡阀则提供负责强制换挡的油压。

液压系统的执行机构,离合器、制动器相当于人类的肢体,负责连接和固定行星齿轮机构的元件,以帮助实现换挡。

液控系统中的安全缓冲系统,由蓄压器、缓冲器和控制阀体中相关的高压阀组成。主要负责减缓离合器、制动器工作时的换挡冲击。所有的前进挡都由蓄压器负责缓冲,有的变速器是每个前进挡位设置一个蓄压器,有的变速器是按施力装置设置蓄压器,大部分变速器的蓄压器装在控制阀体下面的变速器壳体中,也有部分变速器的蓄压器装在控制阀体内。装在变速器内的蓄压器的活塞都装有密封圈,控制阀体蓄压器的活塞都没有密封圈。大部分蓄压器的活塞是铝合金的,有个别蓄压器的活塞是工程塑料的。

挂倒挡时,部分主油压转移到主调压阀节气门油压一侧,一方面起到倒挡升压作用(倒挡时,离合器和制动器的工作油压明显高于前进挡油压),另一方面起到缓和冲击作用,因此自动变速器的倒挡不设置蓄压器。

由于倒挡有升压作用,当急速主油压高时,前进挡通常没有明显的换挡冲击,而倒挡时有明显的换挡冲击。

主油路示意图和油路说明如图 5-17 所示。

3. 挡位油压试验

1)挡位油压试验的目的

在主油压测试中个别挡位出现主油压过低,行驶中个别挡位出现换挡冲击,自动变速器出现升挡迟缓或升不上挡,均可做油压测试。而挡位油压的测试可以查明液压控制系统中哪些挡位工作系统发生泄漏,查明蓄压器等安全缓冲系统是否发生卡滞,这些都是其他测试无法查明的。挡位油压的试验图如图 5-18 所示。

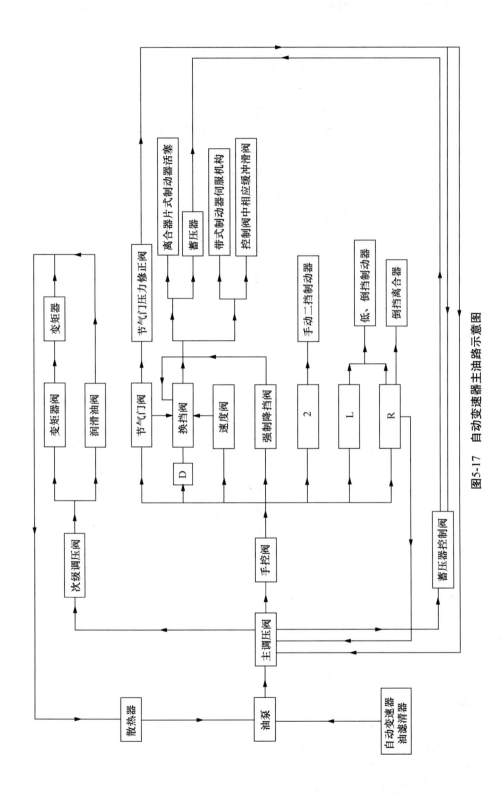

图5-17 自动变速器主油路示意图

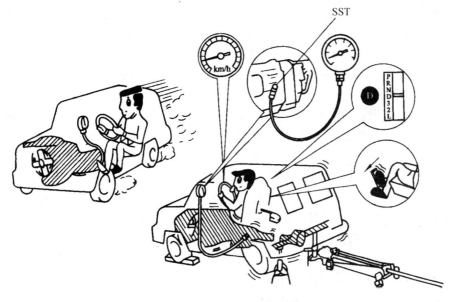

图 5-18 挡位油压试验图

2) 挡位油压测试与主油压测试的异同

挡位油压与主油压试验的相同之处主要表现在两种试验都只有在热车状态下取得的测试数据才有价值,而不同之处主要有以下几方面。

(1) 主油压试验的前提条件之一是变速器的输出轴不旋转,而挡位油压的试验是变速器输出轴旋转条件下做出的。

(2) 挡位油压与主油压的测试口位置不一样,通常主油压测试口一个变速器只有一个,而挡位油压测试口可以根据需要或挡位的不同设置多个。在检测各挡位工作油路是否有故障时,应装两个油压表,一个是主油压力表,另一个是挡位油压力表,如图 5-19 所示。

(3) 主油压试验只是在怠速和失速两种情况下提取数据,而挡位油压试验根据检测对象不同则需在不同车速下提取相关数据。

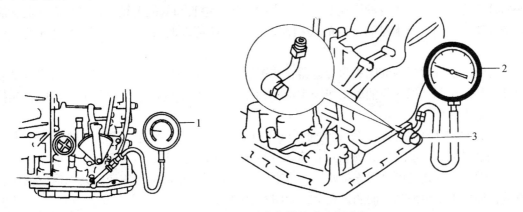

图 5-19 主油压测试表与挡位油压测试表

1—主油压表;2—挡位油压表;3—接头

3）挡位油压试验结果分析

（1）检测执行器的安全缓冲系统。离合器、片式制动器的安全缓冲系统是蓄压器，带式制动器的安全缓冲系统则是控制阀中为其专设的调压滑阀，也有个别带式制动器的安全缓冲系统是蓄压器。如果安全缓冲系统发生卡滞，则它所负责的特定的挡位在升挡的瞬间会出现严重的换挡冲击。

变速器在哪个挡位上出现严重的换挡冲击，可通过挡位油压试验，检测该挡在升挡瞬间有无油压变化。正常情况下换挡时，由于安全缓冲系统作用，主油压会瞬时的下降，然后恢复正常。如果换挡时主油压没有下降，说明变速器内过脏，执行器的安全缓冲系统发生卡滞退出。维修时最常用的修理方法是拆下控制阀体放在清洗剂中浸泡 10 余分钟后，用清水洗掉清洗剂，用干燥的压缩空气吹干，然后在表面涂抹自动变速器油即可。或拆下蓄压器活塞用化油器清洗剂清洗，用干燥的压缩空气吹干，然后在表面涂抹自动控制变速器油更换新的密封圈。蓄压器活塞的拆装方法是：用手轻按蓄压器活塞，哪个油孔出油，便往哪个油孔通入压缩空气，压缩空气压力需控制在 0.1 MPa，加压时用手抵住活塞，以防活塞飞出伤人。另外也可以就车清洗，即用清洗剂浸泡控制阀体，从油尺孔加入自动变速器清洗剂，将驱动轮支起，启动发动机，运行 20 min，运行当中逐个变换挡位将所有油路都加以清洗，然后将变速器、变矩器及散热器内的清洗剂连同原来的自动变速器油全部放净，加入新的自动变速器油后，通常安全缓冲系统卡滞便可以排除。

自动变速器油的更换周期是以自动变速器油在正常工作温度范围（80～90℃）来计算的。据美国规定，汽车在高速公路上行驶时，自动变速器的工作温度通常为 82.2～87.8℃，而在市内汽车开开停停（换挡频率高，离合器、制动器经常处于滑动摩擦状态），油温高于正常工作温度，一般为 93.3～111.7℃。所以，市内开车和坏路上开车（也需频繁换挡）一样，对于自动变速器都属于恶劣条件下驾驶。恶劣条件驾驶应在自动变速器油更换周期一半时进行油液外观品质检查，一旦发现油液氧化，应及时更换。

某些车辆在城区行驶，当自动变速器油明显地超过了正常的更换周期后，自动变速器油变成深褐色，呈黏稠状，并有焦煳味。说明油液已经氧化。油液氧化后产生油泥、漆膜、沉淀物，可能会造成蓄压器柱塞等安全缓冲系统卡滞退出，导致换挡冲击（在维修中分解蓄压器时，经常可以发现里面有许多油泥）。使用高效的自动变速器清洗剂（如#64401）可以安全除去自动变速器油中有害的油泥、漆膜和其他沉积物，清除因油泥、漆膜造成安全缓冲系统卡滞而导致的换挡冲击。同时还可以改善变速器橡胶密封件的工作性能。

在免拆清洗后必须彻底放净变速器、变矩器、变速器的散热器和冷却管内的旧自动变速器油和清洗剂。加注新油时，如按 5% 的比例将高效自动变速器保护剂加入其中，换挡性能将更为出色。

（2）检测工作油路是否发生泄漏。汽车行驶中如发动机在某一速度区域内发生失速（发动机空转，车速下降），则说明负责该速度区域内的施力装置打滑退出。

在做工作油路检测时需连接两块油压表，即主油压表和挡位油压表。其中挡位油压表应装在怀疑发生泄漏挡位的测试孔上，如图 5-20 所示。

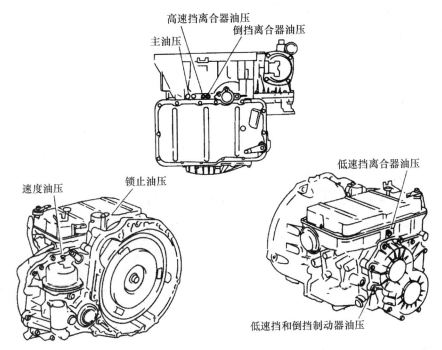

图 5-20 工作油路的检测

启动发动机并加速,将发动机转速稳定在发生失速的速度区域内,观察两块油压表。在正常情况下,无论变速器在哪个挡位,哪个速度区域,变速器工作油路上的挡位油压都不应低于主调压阀附近的油压表 21 kPa,如果在哪个挡位上的挡位工作油压明显低于主油压(压差大于 21 kPa),则说明负责该挡位施力装置的活塞或负责该挡位缓冲的蓄压器活塞的密封圈发生泄漏。

因离合器活塞拆装比较麻烦,在未确定故障前,可从控制阀体下面的变速器壳体上的离合器活塞进油孔处注入 0.2 MPa 压缩空气(注意:压力小了作用不明显,压力过大容易造成密封圈损坏),如果听到"嘘、嘘"的漏气声,说明活塞密封圈密封不良,必须更换。若听不到漏气声则可不必更换。

在对变速器进行例行的挡位油压测试时,应分别在车速 20 km/h、40 km/h 和 80 km/h 时测试挡位油压。以检查不同挡位上的液压控制系统的各个施力装置的工作油路是否密封良好。由于发动机不同、变速器不同,相同速度区域内的挡位油压也就有所不同,因此做挡位油压测试时,一定要参考厂家提供的挡位油压数值表。

4. 速度油压试验

1)速度油压试验的目的

速度油压试验主要是为了检测离心式速度阀是否发生卡滞,速度油路是否发生堵塞。离心式速度阀由于油液污染发生卡滞,自动变速器便会出现速度油压低于正常值,因此出现升挡迟缓、升不上超速挡,严重时升不上直接挡的故障。

2)速度油压试验的方法

如图 5-21 所示,将压力表与离心式速度阀后侧的测试孔相连,启动发动机,将变速器杆移到 D 位,踩下制动踏板,发动机怠速运转时,速度油压最好为零,最大不超过

10.34 kPa，如果油压超过此范围，说明速度阀密封不严。另外，放松制动踏板，慢慢地增加加速踏板，缓缓地增加发动机的转速，观察车速表和速度油压表，两者应成比例增加，车速每增加 1 km/h，速度油压应上升 4 kPa，加速踏板完全放松后，速度油压应回到 0～10.34 kPa。

图 5-21 速度油压的试验方法

3）速度油压试验结果分析

（1）速度油压偏低，最常见的原因是离心式速度阀发生卡滞。维修时可用 400# 砂纸沿圆周方向打磨速度阀轴，直到阀轴在孔中活动自如时为止。并彻底清洗速度阀，速度阀如有烧蚀和摩擦痕迹应更换。

（2）速度油压偏高，应检查速度阀上重块回位弹簧是否脱落，若脱落应装上后重新试验。如未脱落，怠速时速度油压又基本正常，说明重块回位弹簧过软，应更换新弹簧。

某些变速器是二级速度阀，装配时两级速度阀之间的部件不可互换。另外，装配时注意将一级速度阀的小面朝外。

（3）如果速度油压特别低（行驶中变速器不能升挡），打开离心式速度阀测试孔，启动发动机，挂上 D 位，测试孔如只有很少油流出，说明速度油压的油路上发生严重堵塞。部分变速器上、下阀体之间有一"U"形滤网，负责速度油压路中油液的滤清，该滤网完全堵塞后，变速器不能升挡。维修时更换滤网，并用压缩空气冲吹速度油压油路，必要时辅以清洗剂彻底清洗速度油压的油路，以保证从滤网到离心式速度阀处油路完全畅通。

5. 时间滞后试验

1）时间滞后试验的目的

从控制手柄由空挡位（N 或 P 位）移到实挡位（R、D、2 或 L 位）的时刻开始，到变速器控制系统使齿轮变速器得到真实挡位所经过的时间，称为"挂挡时滞"。从控制手柄的实挡位（R、D、2 或 L 位）移到空挡位（N 或 P 位）的时刻开始，到变速器控制系统使齿轮变速器解除挡位所经过的时间，称为"摘挡时滞"。时滞时间是执行无意间隙、齿轮副的间隙、管路的压力、液压系统的工作性能等的综合反映。离合器和制动器的自由间隙越大，则啮合时间越长，时滞时间也越长。管路压力越低，获得离合器活塞工作压力所需的时间越长，则时滞时间越长。

通过时滞试验可以检查出以下故障。

(1) 施力装置的工作间隙是否过大。
(2) 施力装置的工作油路是否完全密封良好。
(3) 怠速时的主油压是否正常。
2) 时间滞后试验的方法
(1) 发动机工作正常。
(2) 换挡操纵机构调整完毕。
(3) 必须在热车、怠速、驻车制动的条件下进行。
(4) 试验时,在发动机怠速运转情况下,操作变速杆,从挂挡到位至感觉到变速杆振动有一定的时间延迟。这段时间是驾驶员向控制系统发出指令,到离合器和制动器完全接合的时间,也是从挂挡到汽车起步所间隔的时间。

除大众公司生产的096、097、098和099以及现代公司生产的01N、01M、001、01V、01P等变速器在D位时滞时间最长不得超过0.9s,R位时滞时间最长不得超过20s外,其余变速器在D位时滞时间最长不得超过1.5s,在R位时滞时间最长不得超过2.0s,在R位时滞时间为1.2~1.5s。倒挡时滞时间之所以明显长于前进挡,是因为手控制阀需向主调压阀节气门一侧转移一部分主油压。每个挡位上要反复做3次,其平均值为该挡的时滞时间。

具体方法可参考图5-22所示。

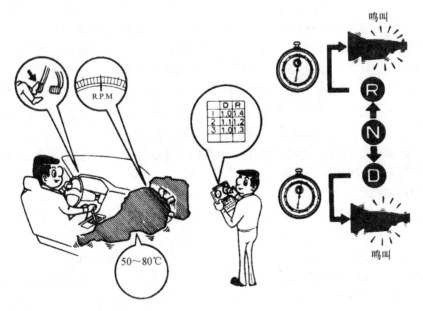

图5-22 时间滞后试验方法

3) 时间滞后试验结果分析
(1) 时滞时间过长。如果在D位和R位上时滞时间都过长(通常都在3s以上),应分别从以下几个方面做检查。
① 油液液面是否过低,油液液面过低会造成主油压过低和工作油压脉动,挂挡后通常需3~4s方能起步。
② 油泵磨损。造成油泵磨损的原因主要来自以下两个方面。

a. 油泵的驱动装置径向圈跳动大于 0.30 mm。由这种情况造成的油泵磨损通常表现为怠速油压过低，失速油压正常。补做一次主油压试验，即可做出准确判断。维修时要及时更换油泵和油泵的驱动装置（油泵轴、变矩器驱动毂、挠性板），如不及时更换，行驶 1 000 km 左右所有的离合器和制动器都会烧蚀。

b. 自动变速器油滤清器破裂，致使油泵内杂质过多。这种原因造成磨损严重，严重时会造成冷车时可以勉强行驶，热车后不能行驶。维修时除更换自动变速器油滤清器和油泵外，还应分解清洗检查控制阀体和液力变矩器。

③ 主调压阀故障。主调压阀故障主要有以下三种。

a. 主调压阀卡滞在泄油一侧。通常是由于油液氧化或离合器烧蚀后造成油液过脏引起的，从油液颜色上可以判断出来。维修过程中需拆下主调压阀（下阀体中直径最大的阀）用 1200# 细砂纸沿圆弧方向打磨，直至在干净、干燥、没有任何外力，仅靠自身重量，能在立着的阀孔中缓缓滑动为合适。

b. 主调压阀调压弹簧过软。该故障只出现在行驶 30 万 km 以上的汽车上。维修时检查高压弹簧的自由长度，短于标准尺寸必须更换。

c. 主调压阀失调。许多变速器的主调压阀是可以调整的，主油压过低时，往里旋两圈左右即可（三菱公司车型和现代公司车型为逆时针旋转）。

④ 蓄压器活塞上有裂缝。通常蓄压器密封不良，只是造成它所负责的挡位滞后时间过长，其他挡位应不受影响，这是因为大部分蓄压密封不良通常是由于密封圈密封不良引起。而一辆克莱斯勒公司的道奇车使用的 41TE 的自动变速器的控制阀体上二挡/四挡自动器的蓄压器活塞（工程塑料的）上有一道很长的裂缝（其泄漏的状况比密封圈密封不良引起的泄漏要严重得多）。虽然该制动器只在二挡和四挡工作，但该变速器无论在 D 位各挡还是在任何手动挡、倒挡，每次挂挡后都需 3～4 s 才能起步。更换活塞后故障排除。

（2）时滞时间过短。如果 D 位和 R 位时滞时间都过短，说明主油压过高或新修理过的自动变速器、离合器或制动器工作间隙过小，其故障原因如下。

① 液控的或电控的但没有装主油压电磁阀的汽车，节气门拉索过紧会造成主油压过高，造成挂挡滞后时间过短，维修时只需将节气门拉索稍微松一点，故障即可排除。

② 电控的同时变速器内又装有主油压电磁阀的，节气门位置传感器在节气门全关时如电阻值过高（电阻值越高，输出电压越高），主油压也越高。维修时必须更换节气门位置传感器。

③ 主调压阀调整不当，维修时将调整螺栓向外旋 2～4 圈即可排除故障。

④ 新换的离合器、制动器的工作间隙过小，离合器和片式制动器的工作间隙以摩擦片数量计算，每片间隙通常不要小于 0.25 mm。新调整的制动带和制动鼓的间隙不要小于 0.15 mm。

（3）D 位的时滞时间大于规定时间，而 R 位时滞时间正常，这说明负责前进挡的离合器接合得过慢。可能有以下几种原因。

① 该挡的离合器工作间隙过大。

② 蓄压器活塞密封圈、离合器支承密封圈或离合器活塞密封圈密封不良。

（4）R 位的时滞时间过长，而 D 位时滞时间正常，这说明负责倒挡的离合器或制动器工作间隙过大，或倒挡工作油路发生泄漏。

注意：时滞试验时如果感觉不到变速杆和汽车的振动，说明换挡拉索失调（过松）

或空挡开关调整不当，造成变速杆到位，而空挡开关中活动触点却没有和该挡的固定触点接合。

6. 失速试验

1) 失速

从广义上讲，失速是汽车运行中发动机出现的空转转速。失速试验中的失速则是特指在蜗轮不转的前提下，或是在汽车完全制动的前提下，泵轮所能达到的最高转速。

2) 失速标准值

各种车型失速转速的标准值，是在发动机和变速器都正常的前提下得出的，通常失速转速的高低取决于两个方面。

(1) 发动机的输出转矩，发动机输出转矩越大，失速转速就越低。

(2) 变矩器的工作容量，由于变矩器工作容量是多方面因素造成的，所以不同型号变速器的变矩器，即使外形、尺寸完全一样，也会因其工作容量不一致，而不可以互换。

3) 试验准备与方法

(1) 在热机的状态下。

(2) 所有车轮全部用三角木塞住，拉紧驻车制动，踩下行车制动。

(3) 没有发动机转速表的汽车，装上一块发动机车速表。

(4) 分别将变速杆挂入 D 位和 R 位，将加速踏板迅速踩到底，在节气门全开时，测下发动机转速，节气门全开时间不超过 3 s，如图 5-23 所示。

(5) 换挡时在 N 位应怠速运转 2～3 min，或以 1 200 r/min 运转 1 min，以便自动变速器油冷却。

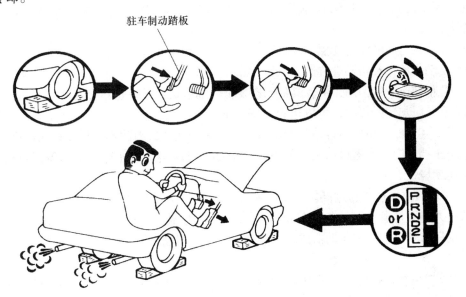

图 5-23　失速的试验方法

本试验主要用于检查发动机的动力输出、油泵、导轮单向离合器的功能和齿轮变速器内制动器与离合器的打滑情况，失速转速因车而异，但一般都 1 800～2 500 r/min 的范围内。

4) 失速试验结果的分析

(1) 失速转速低于标准值。

① 失速转速若只是略微有些低，则可能是发动机的动力不足造成的。

② 失速转速若明显低于标准值（低于标准值 300 r/min 以上），说明是变矩器内支承导轮的单向离合器打滑造成的。

（2）失速转速明显高于标准值。失速转速明显高于标准值（高于 200 r/min 以上）。说明发动机负荷明显减小。由于拉紧了驻车制动，并完全踩下了行车制动，制动力矩又明显大于发动机输出的转矩，因此变速器的输出轴不会旋转。使发动机负荷减小的可能是负责变速器输入轴和中间轴固定的离合器、制动器或单向离合器已打滑，输入轴或中间轴发生一定程度的转动，使发动机负荷明显降低。

① 所有挡位失速转速都高，应注意检查以下几个方面。

　a. 超速挡单向离合器打滑。

　b. 超速挡离合器打滑。

　c. 主油压过低。

　d. 所有的离合器和制动器都烧蚀。

超速挡行星排装在变速器前端（挨着油泵）时，超速挡单向离合器负责除超速挡以外的全部的挡。尽管它打滑后其所负责的防止超速挡行星架向左转的任务，可由与它并联工作的超速挡离合器负责，在温和踩加速踏板时，汽车行驶速度也基本正常。但由于各厂家生产的变速器中，超速挡离合器通常只有 2～3 片摩擦片，因此其工作容量有限，在汽车负荷突然增大时，会出现明显打滑的现象。如汽车起步时表现为时滞时间过长，急加剧时发动机会出现失速。

超速挡行星排若装在变速器后端，或装在主减速器主动轮后边时，则不负责倒挡。

超速挡单向离合器打滑和其他因素造成的所有挡位失速转速过高的区别具体表现在以下几个方面。

　a. 变速器的油液没有变黑、变臭。

　b. 发动机的冷却液不会沸腾。

　c. 失速转速虽然偏高，但较其他因素要低，而且失速转速也不会不断升高。

　d. 温和踩加速踏板时，可以达到最高车速。

注意：变速器内单向离合器打滑不会造成鸣响和烧蚀，因此不容易发现。但必须及时更换，超速挡单向离合器打滑后，如不及时更换，可能会造成超速挡离合器因负荷过重，而发生连续烧蚀。

② 个别挡位失速转速过高。R 位失速转速正常，D 位上失速转速过高，说明 D 位上专用的施力装置打滑，但不包括只负责 2、3、4 挡的制动器和只负责 3 挡和 4 挡的离合器，以及只负责超速挡的制动器或离合器。因为变速器输出轴不转动，变速器在 D 位上就只有 1 挡。

1 挡单向离合器打滑或装反时，R 位失速正常，D 位失速转速过高。它和其他施力装置打滑的区别表现为以下两个方面。

　a. 变成空挡无法行驶。

　b. 自动变速器油没有变黑、变臭。

如果 D 位上失速转速正常，而 R 位失速转速过高，通常有两种可能，即低速挡/倒挡制动器打滑或倒挡离合器打滑。为进一步诊断故障，可在 L 位补做一次失速试验。若 L 位失速转速过高，说明低速挡/倒挡制动器打滑；L 位失速转速正常，说明倒挡离合器打滑。

(3) 失速转速正常，但车速上不去。失速转速正常，起步时间正常，中、低速时加速正常，但车速到达 50～60 km/h 时出现加速不良，大部分汽车最高车速只有 80～90 km/h，自动变速器油没有变黑、变臭，刚停车时手摸变矩器烫手（这一点非常重要），说明变矩器支承导轮的单向离合器发生卡滞。

失速试验是在蜗轮不转的情况下进行的，而支承导轮的单向离合器在整个增转工况都应处于锁止工况。所以失速试验无法直接检测出支承导轮的单向离合器是否打滑。

注意：因变矩器是允许分解的，所以支承导轮的单向离合器无论是打滑还是卡滞，都必须更换液力变矩器总成。

7. 道路试验

道路试验是查找和再现故障的重要方法之一。维修人员可依据具体情况，变换操作方法，查找出一些较为复杂的故障。

这种试验应在自动变速器工作温度达 50～80℃时进行，主要包括以下几点。

1) D 位试验

(1) 换高速挡检验。将换挡控制手柄置于 D 位，超速挡开关处于 ON 状态，踩下加速踏板全开或半开，使车辆加速行驶，检查有无发生 1 挡—2 挡、2 挡—3 挡和 3 挡—O/D 挡的顺利变化，且各换挡点全开或半开的车速值是否在标准范围内。

(2) 换挡冲击、打滑、振动和噪声检验。同样按方法 (1) 做换高速挡检验，并在各换挡车速点反复加速和减速，检查在 1 挡—2 挡、2 挡—3 挡和 3 挡—O/D 挡的各点换挡的冲击程度和执行元件的打滑程度。

检查在各个挡位上行驶时，有无异常噪声和振动。

如果在某个挡位上出现发动机转速迅速上升，而汽车速度变化较慢，或车辆不能平衡起步等情况，可能是因为执行元件打滑造成。

(3) 换低挡试验。在 D 位以 O/D 挡行驶时，缓慢制动的停车，检查变速器有没有发生 O/D 挡—3 挡、3 挡—2 挡、2 挡—1 挡的顺利变化，并检查减挡时的冲击程度。

(4) 锁止检验。为了提高汽车的经济性，减少油耗，在一定的条件下液力变矩器的锁止离合器将工作，使液力变矩器变成离合器使用。试验时，将控制手柄放在 D 位，使汽车以 70 km/h 以上的速度行驶，然后轻轻地踩下加速踏板，检查发动机转速和车速是否同步上升。如果发动机转速猛增，而车速变化不大，则说明无锁止功能。

2) 2 位试验

(1) 换挡试验。将换挡控制手柄置于 2 位，让车辆加速行驶，检查变速器能否发生 1 挡—2 挡的正常换挡；再减速，检查变速器能否完成 2 挡—1 挡的减挡；同时检查换挡时的冲击程度。

(2) 发动机制动试验。所谓发动机制动，是指利用发动机的运转阻力使车辆减速，用以检查相应换挡执行元件是否损坏。当控制手柄在 2 位，变速器以 2 挡行驶时，释放加速踏板，检查发动机制动的效果，如果此时发动机能够以怠速运转，则没有发动机制动，说明相关的制动器有故障，需要检修或更换。

3) L 位试验

(1) 无换挡试验。将换挡控制手柄置于 L 位，让车辆加速行驶，检查变速器能否发生 1 挡—2 挡的换挡，如果能够换挡，说明变速器的换挡控制系统有故障。

(2) 发动机制动试验。当车辆在 L 位时，释放加速踏板，检查发动机制动的效果，如果此时发动机能够以怠速运转，则没有发动机制动，说明相关制动器有故障，需要检修或更换。

4）R 位试验

发动机运转，改变控制手柄至 R 位，稍踩油门踏板既能倒车，否则倒挡执行元件有打滑现象。

5）P 位试验

将车辆停放在斜坡上，将换挡控制手柄移至 P 位，释放制动踏板的驻车制动，检查停车锁止爪是否能阻止车辆移动，如果车辆能够移动，说明变速器内部有机械故障，需解体检修或更换。

以下是维修人员经过长期的实践，总结出来的自动变速器在路试时相关故障。

(1) 在没有驻车的前提下，发动机转速为 1 000 r/min，在哪个挡位上没有蠕动，就说明负责该挡的离合器、制动器或单向离合器中至少有一种出现打滑故障。

(2) 汽车在某些特定的挡位上行驶时，踩着加速踏板时没有任何异响，猛地放松加速踏板时（发动机制动）能听到"嗡、嗡"的响声，再踩下加速踏板异响声立即终止。在哪个挡位上出现了这现象，则说明负责该挡的单向离合器发生卡滞。单向离合器只要不完全卡滞，就不会影响传动路线工作；但卡滞会造成异响和烧蚀，所以应及时更换。

(3) 汽车低速或冷车行驶中没有任何异响，中速、热车后在变速器前部出现"嗡、嗡"的异响声。异响声出现时，轻踩制动踏板，让踏板臂与制动灯开关分离即可，若踩下制动踏板时和异响声立即终止，抬起时又重新出现，说明变矩器锁止力矩不足。应及时修理，否则会引起发动机冷却液沸腾和自动变速器油过早地氧化，而引发一系列故障。

(4) 在 D 位上中高速行驶时，将变速杆分别移至手动挡的各个前进挡位，如在哪个挡有发动机制动感觉，说明负责该手动挡的制动器工作良好（绝大部分变速器手动挡的专用施力装置都是制动器，只有本田的前驱车例外，因为它们没有制动器）。相反如没有发动机制动感觉，说明负责该手动挡的制动器打滑。

(5) 汽车行驶中如到了升挡的车速，汽车却没有任何升挡的感觉，相反发动机出现失速，车速不再上升，说明变速器已丧失了该挡的升挡功能。需继续做台架试验，以便查出故障是在控制系统，还是有施力装置。

(6) 冷车时所有的挡都有，热车后部分甚至全部挡都没有，说明负责这些挡位离合器的活塞因过热发生变形。铝制的活塞较钢制的液压缸膨胀系数大，热车时易发生卡滞。冷车时所有的挡都有，热车后没有 4 挡，通常因装有自动变速器油温度传感器的变速器油温过高，而进入失效保护程序。

(7) 冷车时没有挡，热车后有挡，通常是由于空挡开关受潮引起的。

(8) 冷车时没有换挡冲击，或虽然有，但不明显。热车后有某些挡位上出现严重的换挡冲击，这通常是由于蓄压器活塞密封圈不良所致，冷车时油液黏度比较大，所以即使发生泄漏，也不明显，热车后油液黏度明显变小，泄漏加重，故障也就明显了。

(9) 在某些挡位上冷车时能勉强行驶，热车后却不能行驶，说明负责该挡施力装置的液压密封系统出现了问题，例如离合器活塞上单向球阀，或离合器支承及活塞上的密封圈密封不良。

(10) 所有挡位冷车时能勉强行驶，热车后却不能行驶，最常见的是由于自动变速器油滤清器破裂造成油泵发生严重磨损。打开油泵时会发现里边很脏。

(11) 装有主油压电磁阀的变速器,在温和踩加速踏板时车速通常达不到 100 km/h,使劲踩加速踏板,车速也只能达到 120 km/h 多一些,按下超速挡开关,降为 3 挡时车速反而比 4 挡时略有提高。这时应检查主油压电磁阀的密封状况,如图 5-24 所示。

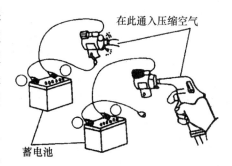

图 5-24 主油压电磁阀密封性的检查

(12) 汽车在 D 位上直接从 3 挡起步,行驶中只有高速挡,没有低速挡。通常是由于超速挡离合器烧蚀后没有及时更换,致使摩擦片剥落,产生摩擦焊接,造成该离合器在 D 位上无法退出。

(13) 超速挡行星排装在变速器前端的汽车,如前进挡都不能行驶,而倒挡踩加速踏板时可以行驶,最常见的是超速挡离合器打滑。这一位置上的超速挡离合器负责除超速挡以外全部的挡。前进挡驱动力小于行驶阻力无法行驶时,因倒挡工作油压明显高于前进挡,所以倒挡时仍可以在踩加速踏板(失速油压高于怠速油压)时继续行驶。

(14) 在高速公路上必须保持大节气门开度,才能维持住较高车速,检查自动变速器油既未变成黑色,也没有臭味,最大的可能是变矩器承导轮的单向离合器卡滞。

(15) 热车后,加速踏板保持在踩下 1/2 的位置,车速稳定在 80 km/h,猛地将加速踏板踩到 2/3 处,如发动机转速急剧上升,说明变矩器没有进入锁止工况,相反此时发动机转速上升较缓慢,则说明变矩器已进入锁止工况。

(16) 装奔驰 W4A040 和 W4A020 变速器的汽车,车速到达 90 km/h,发动机噪声开始变大,车速上升非常缓慢,发动机转速上升到 4 000 r/min。车速大约 120 km/h 时两者不再上升,拔去空挡开关上过载保护装置,非正常噪声消失,车速恢复正常。说明空挡开关上的空挡、倒挡过载保护装置损坏,应该更换。

(17) 每一次紧急制动后,汽车不能马上起步,需缓 0.5~1 min 后,才能起步,起步后行驶基本正常。严重时,汽车转弯时略加制动时,也会突然停驶,需缓 0.5~1 min 后,才能起步,起步后行驶基本正常。这类故障通常是变速器缺 1 L 左右的自动变速器油所造成。

(18) 汽车在停车的瞬间,车身有明显的振抖,通常是负责该挡位的施力装置烧蚀,输出矩不够造成的。发生在 D 位,应检查与 D 位 1 挡有关的离合器是否烧蚀。

8. 自动变速器的分段检查

分段检查法是维修人员在处理复杂故障时常用的方法。判断自动变速器故障时,第一步可以先区分是控制系统的故障,还是施力装置的故障。如果是控制系统的故障,应进一步区分是电控系统的故障,还是液控系统的故障。如是电控系统,还需进一步区分是电磁阀的故障,还是传感器和电脑的故障。这样可以去伪存真,尽快准确地查找到故障。

1) 施力装置和控制系统故障的区分方法

变速器缺挡。可将汽车驱动轮悬空,使行驶阻力降为零,启动发动机,加速到刚刚不能继续提速和升挡的车速。如到了刚才那个车速时,在没有行驶阻力时,车速仍不能继续上升,说明故障肯定是在控制系统。如车速能继续上升,无论是否能升到理想的车速,说明故障是在施力装置。检查自动变速器油的颜色,如变黑、变臭,说明离合器或制动器已经烧蚀,没有变黑、变臭,应检查负责该挡的单向离合器是否打滑。

2) 检查故障是在电控还是在液控系统

对于那些半电控半液控的变速器（即手动挡和倒挡不是由电磁阀控制的）检测时，可拔去变速器电脑的熔丝或从端子上断开电磁阀的线束，启动发动机，逐个挂倒挡、手动1挡、手动2挡，挂完手动挡后，再挂入D位，变速器应能升到并保持在所有电磁阀都不工作的挡位上。如果实现上述要求，说明液控系统大致正常，故障应在电控系统内。

3) 检查故障是在电磁阀还是在传感器或电脑

如果确定故障在电控系统，但因缺乏手段不能取得故障码时，可先从变速器外边线速端子上拔下换挡电磁阀的接头，支起驱动轮，按照换挡电磁阀的工作顺序，根据升挡的车速，将换挡电磁阀的线束直接和蓄电池连接。

1挡时是2号换挡电磁并单独工作，起步时将2号换挡电磁阀与蓄电池电压相接。2挡时是两个换挡电磁阀都工作，到了该升2挡的车速时，将两个换挡电磁阀都接上蓄电池电压。3挡时是1号换挡电磁阀单独工作，到了该升3挡的车速时，将1号换挡电磁阀单独与蓄电池相接。4挡的两个换挡电磁阀都不工作，到了该升入4挡的车速时，两个换挡电磁阀均不和蓄电池相接。如各挡升挡正常，则说明换挡电磁阀工作正常，故障应在传感器或电脑方面。

借助故障诊断仪，查出传感器或电磁阀断路时，应先检查传感器或电磁阀的线束是否导通，线束导通，再检查传感器和电磁阀。

4) 用气压代替液压检查施力装置液控系统的密封性

分解变速器时，应先拆控制阀体，用压缩空气代替离合器和制动器工作时的主油压，向控制阀体下边所有的不带螺纹的孔（不包括蓄压器旁边的孔），逐个加压（压力保持在200 kPa左右，压力小效果不好，压力高容易损坏密封圈），仔细听有无泄气声，在哪组施力装置上听到泄气声，就应进一步检查其支承和活塞上的密封圈。

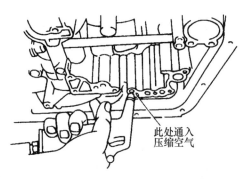

图 5-25　用气压检测液控系统的密封性

装配变速器时，用同样的方法复查离合器、制动器工作油路的密封性，及离合器、制动器的工作间隙，如图 5-25 所示。

离合器活塞的回位弹簧预紧力较大，装配时没有专用工具较费劲。应事先做气压检查，密封良好的可以不拆活塞。

5.2.2　自动变速器使用注意事项

（1）进、出地下停车场时不要用D挡。有些经常进出地下五、六层停车场的车主习惯用D挡冲坡，结果汽车只行驶了2~3万 km，D位上的离合器和制动器就发生了严重的烧蚀。正确的方法是：使用自动变速器的汽车在上下陡坡时应用手动1挡（L位），上下较长的缓坡时就用2挡。变速器的手动挡通常由制动器负责，制动器的工作容量明显大于离合器，具有发动机的制动作用，因此工作可靠性明显好于离合器，手动挡不经过换挡阀，一个挡位对应一个挡，这样可以避免上坡时频繁换挡，下坡时挡位过高。

（2）自动变速器轿车不要高速过减速隔离墩。在主路和辅路的路口通常都有用来减速的隔离墩，装有自动变速器的汽车由于车身低，尤其是采用空气悬挂的轿车，在过这种隔离墩时一定要注意减速,如果车速过高,在前轮通过后,悬挂进入压缩行程,变速器油底壳极有可能与隔离墩产生撞击,从而造成油底壳变形,这样容易使油底壳内的滤清器堵塞,从而造成车速上不去的故障,严重的可能会撞坏控制阀体和车速传感器等。

(3) 汽车行驶中不要频繁抖动加速踏板。使用自动变速器的汽车在行驶中,猛踩加速踏板时会降挡,自动变速器的换挡点是由发动机和车速控制的,负荷大时降挡,车速高时升挡。猛踩加速踏板时,负荷急剧上升,而车速上升滞后,变速器降挡。汽车行驶中猛松加速踏板时升挡,猛松加速踏板时,负荷急剧下降,车速下降滞后,变速器升挡。变速器的每次换挡都是靠离合器的制动器的摩擦实现的,因此加剧了执行机构的磨损,同时还会造成自动变速器油温过高,油液过早氧化。

(4) 要及时更换自动变速油。汽车正常使用,车速在 150 km/h 以下,通常汽车行驶 96 000 公里需换一次油,如果车速经常为 150~300 km/h,应 48 000 公里换一次油;如车速常在 300 km/h 以上,应 37 000 公里换一次油。在恶劣的环境下行驶,例如道路条件恶劣,频繁换挡,需在规定的里程 1/2 时检查油液质量。

自动变速器油除大众的 WVAFT 为淡黄色,其余均为红色,如果油液变成褐色,呈黏稠状且有焦煳味,说明油液已经氧化,必须更换。油液氧化后容易产生积炭,造成变速器液压控制系统发生卡滞、换挡冲击等故障。

(5) 变速器换油时需将原有的油尽量放干净。所有的自动变速器油冷却器都没有放油口,除奔驰等少数车型外,大部分液力变矩器没有放油口,控制阀体里的油大部分无法放出,按照传统的方法从油底壳放油,大约只能放出 60% 的油。这种放油的效率无疑是不理想的。目前较好的放油方法有两种,一种是在热车状态下,打开自动变速器油冷却器在变速器一侧的回油管,利用自动变速器清洗机从加油孔向里注入新油,用新油顶出旧油,每台变速器大约需多加 1L 油,可将旧油 90% 以上顶出,缺点是没有更换自动变速器油滤清器。另一种是在热车怠速状态下,打开冷却器的回油管,利用变速器自身油泵的压力,尽可能多地向外排油,待回油管不出油时立即停车,打开冷却器利用变速器自身油泵的压力,尽可能多地向外排,待回油管不出油时立即停车,打开冷却器进油管,用 0.2 MPa 压缩空气加压,将冷却器内的残油排净,卸下油底壳,放出变速器内残油,更换自动变速器油滤清器,此方法比较麻烦,但效果较好。

(6) 必须加厂家规定的油。自动变速器油可用于动力转向系统、手动变速器和主减速器,但在自动变速器内误加了手动变速器齿轮油、减速器专用油或发动机机油,汽车行驶 100~200 公里的距离,所有的离合器和制动器会发生严重烧蚀。自动变速器油里有摩擦改良剂,可以保证离合器、制动器在室温状态下可靠地进行传递转矩。不同的自动变速器负荷不一样,自动变速器油中添加的摩擦改良剂的数量也不一样。因此自动变速器必须加厂家规定的油。五速的奔驰变速器如不加奔驰专用液,电脑会进入失效保护,在 D 位上只有一个 2 挡。大众原有的 096、097、098、099 变速器规定加 Dexron 或 Dexrom-Ⅱ型自动变速器油,而新型的大众 01N、01M、01P 变速器则须加 VWATF,若加 Dexron 或 Dexrom-Ⅱ型自动变速器油,换挡时会感觉不平顺。自动变速器油型号不对,还有可能造成换挡冲击,离合器、制动器打滑,严重时还会出现热车时跳挡。

(7) 严格控制加油量。自动变速器油液面必须在行星齿轮的下边,控制阀体的上边,油液液面过高,在行星齿轮的搅拌下,使自动变速器油泡沫化,行驶中向外窜油,主油压过低,车速上不去,烧蚀变速器内的高速挡离合器。油液液面过低,主油压过低,挂挡时时滞时间过长,离合器和制动器打滑。如果少加 1 L 油,在紧急制动或拐弯制动减速时,汽车会出现停驶、驱动无力,大约 0.5 min 后方可继续行驶。

检查油面时,不仅车要停在平地上,而且要热车(使油温达到厂家规定温度)、急速,所有挡走一遍,每个挡位上停留 5 s,在 P 位检查,液面应在油尺的最上面两格之间,大众四速变速器应与溢流管上口平齐,其余车型如没有油尺,油面与加油孔平齐。

(8) 离合器、制动器烧蚀后要及时清洗液力变矩器。液压系统有两个进油孔,一个在控制阀体底部,有自动变速器油滤清器保护,另一个是输入轴上的油道,进油口位于变矩器内,没有自动变速器油滤清器保护,离合器或制动器烧蚀后部分粉末会进入变矩器,不及时清洗,一旦堵塞润滑用油道,汽车行驶大约 2 000~3 000 公里,就会烧蚀紧挨着变矩器的行星齿轮机构。

(9) 在平道上不用手动挡起步。少数司机为了爱护车,在平道上也用手动挡起步,待车速上去后,再换入 D 位,这种方法是不可取的。前面已提到过手动挡是由专门的制动器负责,有明显的发动机制动作用,不利于节油,同时对动力性也有一定的浪费。

(10) 严禁空挡滑行。自动变速器的行星齿轮机构采用单一的压力润滑形式,整个行星齿轮机构都在自动变速器油液面的上边,空挡滑行使行星齿轮机构处于干摩擦状态,很易造成部件损坏。变速器损坏后,拖车时前驱的车需支起前轮拖动,后驱的车需拆下传动轴拖动,保持低速行驶,每次拖动距离不可过长。

5.3 自动变速器主要机件的检修

知识目标

1. 掌握自动变速器主要机件的检测方法与检测要点。
2. 掌握自动变速器主要机件的维修方法与装配要点。

能力目标

能够根据检测方法与维修方法对自动变速器主要机件进行检测与维修。

5.3.1 液力变矩器的检修

液力变矩器的外壳是一个整体,不可分解,内部充满了液压油,泵轮、蜗轮与导轮之间有一定的间隙,互不接触,因此出现故障的可能性很小。但自从在液力变矩器内安装了锁止离合器以后,其故障明显增高,故障主要在锁止离合器的扭转缓冲弹簧、锁止离合器片磨损、蜗轮的花键孔磨损、平面轴承损坏、导轮的单向离合器损坏等。因损坏后无法修理,所以一般做以下检查,一旦检查出故障,必须更换。

(1) 采用专用工具(内座圈驱动器和外座圈固定器)检查导轮单向离合器的工作情况,如图 5-26 所示。如果单向离合器朝两个方向都能自由转动或都能锁止,则说明单向离合器已损坏,需要更换液力变矩器。

(2) 将液力变矩器口朝上放平,用蜗轮的输出轴检查蜗轮孔的花键是否磨损打滑,如果是,则需要更换液力变矩器。

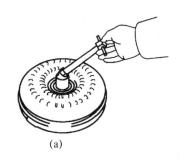 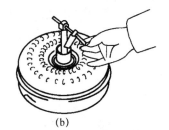 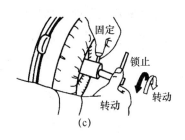

图 5-26 导轮单向离合器的检查

（3）在做上述检查的同时，通过输出轴转动蜗轮和锁止离合器片，注意在转动中是否有异样摩擦的感觉，如果有，则说明内部有元件相互接触，需要更换液力变矩器。

（4）根据液力变矩器中残余油的品质，倒出余油，加入新油，一至两次就可将液力变矩器清洗干净。

5.3.2 自动变速器油泵的检修

油泵的主要损坏形式是过度磨损造成泵油压力过低，或密封圈过度磨损造成严重泄压。检修时，主要是表面质量与磨损间隙的检查。

（1）用厚薄规检查油泵从动齿轮外圆与油泵壳体之间的间隙，一般间隙应小于 0.3 mm。如果超出，则需更换油泵。

（2）用厚薄规检查主动齿轮和从动齿轮的齿顶与月牙板之间的间隙，一般间隙应小于 0.3 mm。如果超出，则需更换油泵。

（3）用厚薄规检查主动齿轮和从动齿轮的端面与油泵壳体平面之间的端隙，一般端隙应小于 0.1 mm，如果超出，会造成严重的泄压，需更换油泵，如图 5-27 所示。

  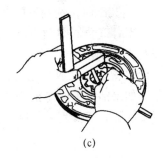

图 5-27 齿轮油泵间隙的检测

（4）检查主、从动齿轮的端面与油泵体、油泵盖接触面的磨损情况，如果出现严重的拉毛迹象，则应更换油泵。

5.3.3 自动变速器离合器的检修

湿式多片离合器的常见损坏形式有摩擦片过度磨损、自由间隙过大、摩擦片烧毁、钢片高温发蓝、钢片翘曲、活塞密封圈损坏、快速泄压球泄压等。分解活塞与油缸时，可用压缩空气将活塞吹出。检修时主要完成以下事项。

（1）观察离合器摩擦片表面的质量，如有烧焦、严重磨损或变形，应更换。用游标尺检查摩擦片的厚度，如果单片厚度不符合要求，需更换，有些车辆的技术规范要求："如果摩擦片表面的字符被磨损掉就需更换"，如图 5-28 所示。

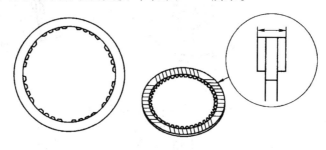

图 5-28　摩擦片的检查

（2）在平板上检查钢片和挡圈的平面度，如有严重磨损或变形，应更换。
（3）检查离合器油缸与活塞的工作表面，如有损伤、毛刺，应检修或更换。

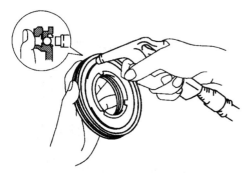

（4）检查离合器活塞上快速泄压球的密封是否良好，如有漏气需更换，如图 5-29 所示。

装配时，要注意以下事项。
（1）更换所有的密封圈，并在所有的零件上涂抹 ATF 油。
（2）将新摩擦片在 ATF 油中浸泡 15 min 以上。
（3）让挡圈有台阶的一面朝卡簧，平整的一面与摩擦片接触。

图 5-29　活塞快速泄压球密封性的检查

（4）如果有碟簧，使碟簧凸起的一面与活塞直接接触。

（5）装配时，选用不同厚度的钢片或挡圈来调整离合器的自由间隙，并用厚薄规测量，根据各离合器中钢片与摩擦片总数的不同，自由间隙的范围一般在 0.5～2 mm 之间，如图 5-30 所示。

（6）离合器总成装配完后，用压缩空气（为 400～500 kPa 左右）检查活塞工作是否正常，如果活塞不能将钢片与摩擦片压紧，则需进一步检查活塞的漏气部位，调整离合器的自由间隙，待修复后再试验，如图 5-31 所示。

图 5-30　自由间隙的检测

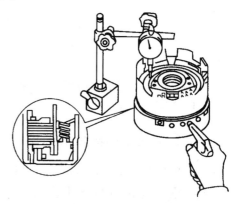

图 5-31　活塞的压缩空气试验

5.3.4 自动变速器制动器的检修

对于湿式多片式制动器，因其结构和工作原理与湿式多片式离合器一样，检查和处理方法可参见离合器的检修方法，这里只介绍带式制动器的检修方法。

（1）制动带的检查。制动带的工作表面应没有烧损与剥落，且表面字符应没有被磨损掉，否则应更换，如图 5-32 所示。

（2）液压伺服装置的检查。伺服活塞与油缸的工作表面应没有划痕，密封圈应完好无损，回位弹簧应完好，用 400～500 kPa 的压缩空气做回压试验。加压时，活塞顶杆有足够的移动距离，且没有泄漏声；减压时，活塞回位自如，否则应视情况检修或更换。

图 5-32　制动带的检查

5.3.5 单向离合器的检修

检查单向离合器时，固定单向离合器的一个元件，另一个元件如果朝一个方向可以自由旋转，而朝另一个方向锁止不转，表明该单向离合器正常。但固定不同的元件，转动起来的效果刚好相反，所以在装配时要特别注意单向离合器的方向。

例如，对于常见的三排四挡辛普森行星齿轮变速器，三个单向离合器的装配方向如下。

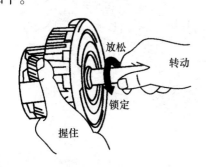

（1）超速单向离合器 F0。从自动变速器的前面看，固定单向离合器的内圈（离合器鼓和太阳轮），单向离合器的外圈（行星轮架）朝顺时针方向可以自由转动，朝逆时针方向锁止，如图 5-33 所示。

图 5-33　超速单向离合 F0 的方向判断

（2）二挡滑行单向离合器 F1。从自动变速器的前面看，固定单向离合器的内圈（太阳轮），单向离合器的外圈朝逆时针方向可以自由转动，朝顺时针方向锁止，如图 5-34 所示。

（3）从低挡单向离合器的前面看，固定单向离合器的外圈（行星轮架），单向离合器的内圈朝逆时针方向可以自由转动，朝顺时针方向锁止，如图 5-35 所示。

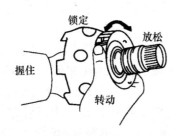

图 5-34　二挡滑行单向离合器的方向判别

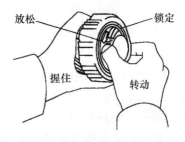

图 5-35　低挡单向离合器方向判别

有些单向离合器,轻轻转动时锁止不转,但用力转动时,则会打滑,检查时要特别注意。经检查后发现单向离合器朝两个方向都能转动或朝两个方向都不转,则表明该元件已损坏,需更换。

5.3.6 行星齿轮机构的检修

图5-36 行星齿轮与行星架间隙的检查

(1) 行星齿轮机构中各齿轮应没有严重的磨损,且齿面质量良好,没有点蚀和剥落现象。否则应该更换齿轮。

(2) 行星齿轮端面与行星架之间的间隙应没有超过最大允许值,否则可以通过加垫片的方法进行调整,如图5-36所示。

(3) 行星齿轮与行星齿轮轴之间的径向间隙应没有超过最大允许值,如果间隙过大,则应调整或更换。

5.3.7 液压控制阀板的检修

液压控制阀板中的各个阀都是精密偶件,它的工作好坏直接影响到变速器的使用性能,如果没有专业技术,千万不要将阀解体,并非每次检修自动变速器都要将阀解体,只有在自动变速器换挡规律失常,摩擦片严重烧毁,液压油发黑,阀板内发现有摩擦粉屑时,才需拆检、清洗阀体。清洗时一般采用煤油或工业汽油,在具体操作时,要求非常小心谨慎,并要注意以下几点。

(1) 将上下阀板分开时,为了防止阀板油道内的单向阀钢球脱落,应将隔板与上阀板一同拿起,如图5-37所示。同时将上阀板油道一面朝上放置后,再取下隔板和上阀板油道内的所有单向阀阀球,同时记录下阀球的大小和位置,以防止装配时装错。

(2) 拆卸、清洗各阀体时,要求仔细检查各个阀工作面是否光洁,必要时可以用细砂纸轻轻打磨,拆洗完一个,就装配

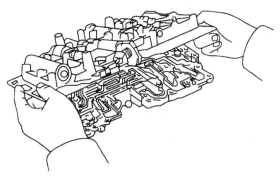

图5-37 上下阀板的分离

一个,以免各个阀体之间的元件的混淆。要注意阀的方向,一旦装反,将影响整个液压系统的正常工作。

(3) 如果遇到液压阀拆不出来,可用木锤或橡皮锤敲击阀板,将阀震出来,切不可用起子硬撬或用铁丝、钳子伸入阀孔中去取,以免损坏阀孔和阀的工作面。

(4) 用煤油或工业汽油清洗后,可用压缩空气吹干,不允许用棉布或毛巾擦拭,以免细小的纤维卡住阀体,装配时要抹上ATF油,严禁使用密封胶。装配完后,用小起子轻轻拨动阀体的端面(非工作面),阀体应能在阀孔中活动自如,否则应重新清洗或打磨。

(5) 更换新的隔板衬垫时,要将新旧衬垫进行仔细的比较,确认无误后方可使用;装配时还要保证将隔板与其两侧衬垫的所有孔对齐,并要注意单向阀钢球不能脱落和装错位置。

(6) 蓄压器活塞的密封圈应良好,弹簧没有折断,否则应更换。

（7）用螺栓固定阀板时，要按规范进行，注意螺栓的长度、拧紧的扭矩、装配的顺序等。

5.3.8 电磁阀的检修

（1）拆下电磁阀的连接插头，用万用表的电阻挡测量电磁阀的电阻，测量结果应该在标准值范围内。一般开关型电磁阀的电阻约为十几欧，脉宽调制型电磁阀的电阻约为几欧。

注意：对于单线的电磁阀，两个引线分别是电源线与搭铁线。

（2）拆下电磁阀的连接插头，根据电路图注明的颜色找到对应各电磁阀的连接线，给电磁阀间断性地接 12 V 电压，注意听变速器内应该有"嗒、嗒"声。

（3）接上故障诊断仪，打开点火开关，用故障诊断仪的元件执行功能测试电磁阀的工作情况，应该听到变速器内电磁阀"嗒、嗒"的动作声。

（4）解体后，取下电磁阀，外接 12 V 电源的正负极，间断性地供电，同时用嘴吹电磁阀的泄压口，泄压口的通、断状态应交替变化。

如果以上测试结果不符合要求，则应视情况进行检修、清洗或更换。

5.3.9 P/N 开关的检修

1）拆下 P/N 开关的连接插头，改变换挡控制手柄的位置，手柄在不同位置时测量连接插头上不同插脚间的电阻值，阻值应符合标准要求（一般小于 1 Ω）。

2）打开点火开关，在不同手柄位置时，测量连接插头上各插脚的电压值，应符合标准。

3）接上故障诊断仪，打开点火开关，改变换挡控制手柄的位置，利用故障诊断仪的数据流功能读 P/N 开关的状态值，状态值应与手柄所处挡位的符号一致。

如果以上测试结果不符合要求，则应视情况进行检修、清洗、调整或更换 P/N 开关。

5.3.10 散热器的检修

1）散热器的外观上应没有弯曲、变形、破裂等损坏，否则应检修或更换。

2）拆下散热器油管与变速器壳体的接头，向散热器内吹压缩空气，散热器应通畅，否则应检修或更换。

5.3.11 车速传感器的检修

车速传感器有电磁感应式和霍尔式，此处仅介绍电磁感应式车速传感器。

1）拆下车速传感器的连接插头，用万用表的电阻挡检查传感器两根引线的电阻值，电阻值应符合标准要求。

2）拆下车速传感器的连接插头，转动变速器的输出油，用示波器检查车速传感器两引线音频信号电压波形，波形应呈交流电的波形，且波形的幅值与频率随输出轴转速的加快而增大。如果以上检测结果与标准不符，则应更换车速传感器。

复习思考题

1. 自动变速器不能换挡有什么故障现象?主要原因有哪些?如何对其进行诊断?
2. 自动变速器无超速挡有什么故障现象?主要原因有哪些?如何对其进行诊断?
3. 自动变速器无锁止有什么故障现象?主要原因有哪些?如何对其进行诊断?
4. 自动变速器无倒挡有什么故障现象?主要原因有哪些?如何对其进行诊断?
5. 自动变速器换挡过迟有什么故障现象?主要原因有哪些?如何对其进行诊断?
6. 自动变速器频繁跳挡有什么故障现象?主要原因有哪些?如何对其进行诊断?
7. 自动变速器换挡冲击有什么故障现象?主要原因有哪些?如何对其进行诊断?
8. 自动变速器打滑有什么故障现象?主要原因有哪些?如何对其进行诊断?
9. 自动变速器挂挡后发动机熄火主要原因有哪些?如何对其进行诊断?
10. 自动变速器起步加速无力主要原因有哪些?如何对其进行诊断?
11. 自动变速器温度过高主要原因有哪些?如何对其进行诊断?
12. 自动变速器液位和油品怎么检验?P/N开关怎么检验?超速挡(O/D挡)控制开关怎么检验?
13. 自动变速器主油压试验要求、步骤与方法?
14. 自动变速器挡位油压试验目的、结果怎么分析?
15. 自动变速器速度油压试验的目的与方法?试验结果怎么分析?
16. 自动变速器时间滞后试验的目的与方法?试验结果怎么分析?
17. 自动变速器失速试验的目的与方法?试验结果怎么分析?
18. 自动变速器道路试验的目的与方法?
19. 自动变速器的分段检查有什么作用?
20. 自动变速器液力变矩器的检修方法和内容有哪些?自动变速器油泵怎么检修?
21. 自动变速器带式制动器怎么检修?
22. 自动变速器单向离合器怎么检修?
23. 自动变速器行星齿轮机构怎么检修?
24. 简述自动变速器液压控制阀板检修注意事项。
25. 自动变速器电磁阀怎么检修?
26. 自动变速器P/N开关怎么检查?
27. 自动变速器车速传感器怎么检修?
28. 自动变速器散热器怎么检修?

第6章 ABS系统故障诊断与检修

学习目标

掌握ABS系统故障诊断的思路与方法；掌握ABS系统典型故障的现象、原因、分析方法与具体的诊断流程；了解与掌握ABS系统的工作情况与原理；掌握ABS系统故障检修的一般原则；掌握典型车型ABS具体的检修方法；学会运用各种仪器和工具ABS系统的故障进行检测与诊断。

6.1 ABS系统故障诊断分析

知识目标

1. 了解汽车ABS系统的组成与工作原理。
2. 掌握汽车ABS系统常见故障产生的原因。
3. 掌握汽车ABS系统常见故障的现象及基本分析、诊断方法。

能力目标

1. 能够准确判断出汽车ABS系统常见故障的现象。
2. 能够根据汽车ABS系统故障现象分析其产生的原因，并能进行排除。

6.1.1 ABS系统概述

ABS系统是在普通制动系统的基础上增加的一套自动制动压力调节装置，大家知道，汽车在紧急制动时，前轮由于制动力会出现抱死的现象，这样前轮将失去转向的能力，而后轮出现抱死，则会出现侧滑、甩尾、调头甚至翻车的严重事故，而加装的这套装置可以在汽车紧急制动时，使车不出现抱死的现象，从而能有效地防止事故的发生。

ABS系统是通过压力调节器调节制动管路中制动压力（气压或液压）的大小，使整个制动过程中车轮始终不会抱死，并且滑移率始终保持在10%～20%的范围内，试验证明，当车轮的滑移率在10%～20%时，轮胎与地面之间具有最大的纵向附着系数，并且具有较大的侧向附着系数，此时制动性能最佳。纵向附着系数、侧向附着系数与滑移率之间的关系如图6-1所示。在图6-2中，制动时，制动管路中的压力会迅速上升，车轮转速迅速下降，车轮的周向减速度增大。当减速度增大到一定的程度时，压力调节装置会降低制动管路中的压力，由于汽车惯性的作用，车轮转速又会上升，车轮的周向加速度又会增大。当加速度增大到一定程度时，压力调节装置又会增大制动管路中的压力，实施制动，于是车轮转速又会下降。如此周而复始，直到汽车完全停下，这就是ABS的调节原理。

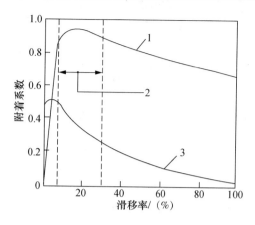

图 6-1 制动时附着系数与滑移率的关系
1—纵向附着系数；2—ABS 工作范围；
3—侧向附着系数

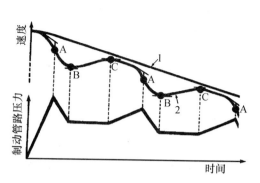

图 6-2 ABS 基本的调节原理
1—车轮实际速度（车速）；2—车轮周向速度

现代汽车液压式 ABS 系统的组成如图 6-3 所示。

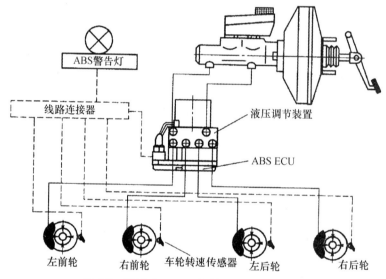

图 6-3 液压式 ABS 系统的组成与工作情况

6.1.2 ABS 系统故障诊断分析

ABS 系统与常规制动系是密不可分的，一旦常规制动系统出现故障，ABS 系统就无法正常工作，因常规制动系的故障诊断与分析在第 2 章已讲叙，因此本章所讲的 ABS 系统故障诊断与分析的基础前提是常规制动系统工作正常，只对因 ABS 系统所引起的故障进行分析。

液压式 ABS 系统的常见故障有制动时车轮抱死、ABS 系统作用时刻不对、放松驻车制动时，红色制动警告灯亮等。故障发生的部位一般为制动灯开关、驻车制动开关、车轮速度传感器，ECU 供电与搭铁，ECU，液压调节装置中的电磁阀等。

1. 制动时车轮抱死

1）故障现象

车辆在紧急制动时，制动踏板没有反弹振动感，且出现车轮抱死拖滑现象。

2）故障产生的主要原因及处理方法

红色制动警告灯常亮时，制动时 ABS 系统不投入工作，紧急制动时车轮将会抱死，传感器、ABS-ECU、执行器及其控制电路有故障时，ECU 将记录故障代码，同时黄色 ABS 警告灯亮，ABS 系统将不能正常工作，但常规制动系统能够正常工作，紧急制动时车轮将抱死。像这种故障，解决时一般以更换元件和检修电路为主。

制动时车轮抱死故障的诊断流程如图 6-4 所示。对于这种故障需要说明的是：红色制动警告灯亮表明驻车制动未释放或缺少制动液，这两种情况是危险状态，不能行车。黄色制动警告灯亮表明 ABS 系统有故障，紧急制动时 ABS 无法正常工作，但常规制动系统正常工作，这种情况是可以行车。

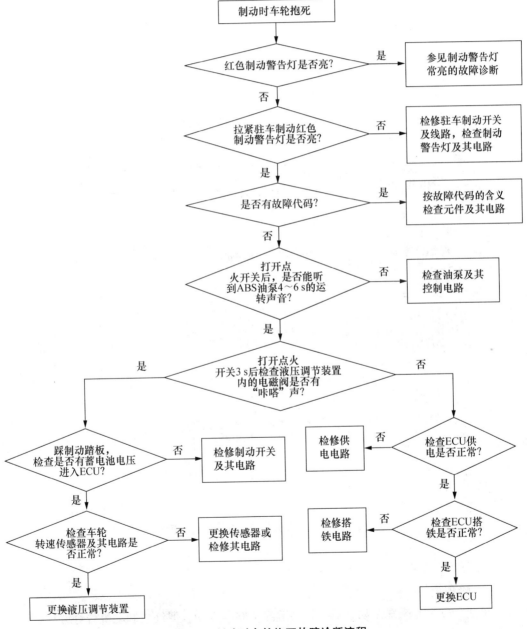

图 6-4　制动时车轮抱死故障诊断流程

2. ABS 系统作用时刻不对

1) 故障现象

高速时紧急制动，ABS 系统不工作，车轮出现抱死现象，但当车辆即将停止时，ABS 开始工作，在踏板上有较强的反弹振动感，制动警告灯与 ABS 故障指示灯显示正常。

2) 故障的主要原因与处理方法

ABS 系统的作用时刻是以一定的车速紧急制动，车轮即将抱死的时候，开始起作用。当车速低于某一值（约 15 km/h）后，即使车轮抱死也不会起作用（因为车速低，不会出现侧滑与甩尾现象，所以没有必要工作）。低速制动时 ABS 起作用，一般是由于车轮转速传感器产生的信号失准（但在其值域控制区内，因此不会报警），使 ECU 错误地进吐谷浑起作用状态。解决这种故障一般是将传感器进行清洁、调整或更换。

这种故障的诊断的流程如图 6-5 所示。

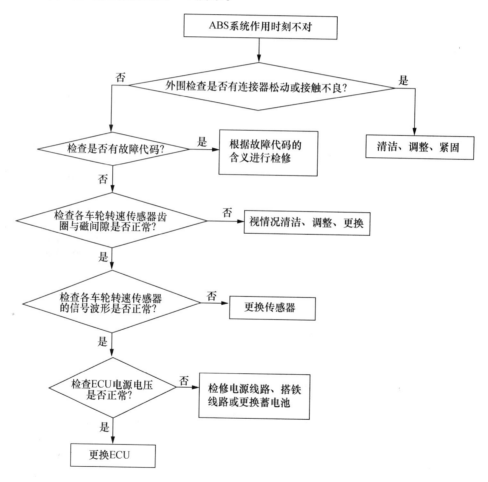

图 6-5 ABS 系统作用时刻不对故障的诊断流程

3. 放松驻车制动时红色制动警告灯亮

1) 故障现象

汽车在行驶中，未踩制动踏板，且已解除了驻车制动，但红色制动警告灯常亮。

2) 故障的主要原因与处理方法

制动警告灯受储液室中制动液量开关和驻车制动开关的控制，当红色制动警告灯亮时，ABS 的继电器不工作，ABS 系统将不投入工作。

这种故障的诊断流程如图 6-6 所示。

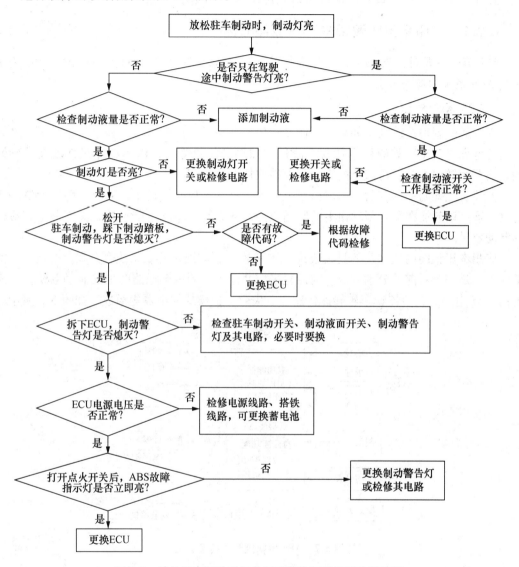

图 6-6　放松驻车制动时红色制动警告灯亮故障诊断流程

6.2　典型汽车 ABS 系统的检修

知识目标

1. 掌握广州本田雅阁轿车 ABS 系统的工作情况。
2. 掌握广州本田雅阁轿车 ABS 系统测试的方法与要求。
3. 掌握广州本田雅阁轿车 ABS 系统故障码的排除与主要元件的检测方法。

能力目标

1. 能够检测广州本田雅阁轿车 ABS 系统主要元件。
2. 能够解决广州本田雅阁轿车 ABS 系统故障。

6.2.1 广州本田雅阁轿车 ABS 系统概述

6.1 节中主要对 ABS 整体的故障进行了分析,本节以广州本田雅阁轿车 ABS 系统为例介绍 ABS 系统的检测方法。

1. ABS 系统概述

在普通的制动系统内,如猛踩下制动踏板,车轮就会抱死拖滑。在这种情况下,如果是后轮抱死,汽车行驶的稳定性就会降低;如果是前轮抱死,汽车的操纵性就会受到影响,甚至使转向失灵,对汽车的安全行车造成极大的危害。

安装防抱死制动系统后,车轮由于突然踩下制动踏板而接近于抱死时,防抱死制动系统(ABS)调节加在前后制动钳上的制动压力,从而使车轮既不能抱死,又不能达到最佳的制动效果。

广州本田雅阁内所配置的是集成式 ABS 装置,它与液压控制系统合并在一个调节器的单元内,是一个对前轮分别控制,对后轮采取共同控制的三个通路防抱死制动系统。该系统由 ABS 电脑、调节器、车轮转速传感器、失效保护模式继电器等组成,如图 6-7 所示。

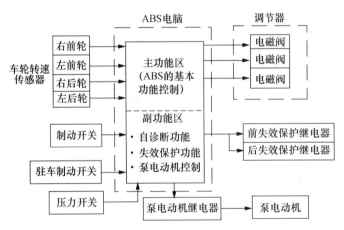

图 6-7 ABS 电脑控制原理示意图

当 ABS 失去作用时,系统处于普通制动工作状态(如图 6-8 所示),此时出油电磁阀开启,制动压力传至套筒与活塞间的背压室内,使活塞推动截流阀的阀座推向截流阀。在这种情况下,截流阀开启,像普通制动系统一样,来自主缸的液压力传给制动钳。

当 ABS 作用时:制动压力过大,车轮可能会抱死,电脑控制电磁阀,将进油电磁阀关闭,出油电磁阀开启。于是背压室内的高压制动液被释放回储液罐,与背压室相连通的制动钳推动活塞移动。但由于 A 室内仍有高压制动液,因此截流阀座仍保持在被推向活塞的位置。当活塞移动时,截流阀移动,将主缸至制动钳的液流截断,于是与制动钳连通的减压室的容积增大,制动钳内的液压下降,制动力减小,车轮转速恢复,从而防止了车轮抱死,实现了减压控制的目的,如图 6-9 所示。

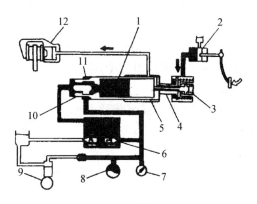
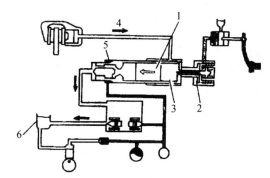

图 6-8 普通制动器工作状态
1—背压室；2—主缸；3—截流阀（开启）；
4—截流阀座；5—活塞；6—电磁阀；
7—压力开关；8—蓄压器；9—泵；
10—套筒；11—A 室；12—制动钳

图 6-9 减压控制
1—活塞下移；2—截流阀（关闭）；
3—减压室；4—压力下降；
5—A 室；6—储液罐

增压控制如图 6-10 所示。当 ABS 电脑控制系统探测到制动钳液压下降，车轮转速恢复后就向进油电磁阀发生开启的信号，并向出油电磁阀发出关闭的信号，于是高压制动液传至背压室，活塞被推向减压室，制动液压升高，制动力再次增大。

当主缸侧的压力较低时，随着活塞的移动，截流阀轻轻开启，制动钳液压传至主缸，此时可感到踏板上有回弹力，如果 ABS 正在作用时松开制动踏板，截流阀将会开启，减压室内的液压返回主缸，于是制动钳液压被释放。

当压力下降时（如图 6-11 所示），ABS 电脑通过压力开关信号来监控高压油管内的压力。当电脑探测到高压油管内的压力下降过大时，将会点亮 ABS 指示灯，并中止 ABS 的工作。

例如，当压力由于油管的泄漏而下降时，A 室中的压力也会下降，截流阀座和套筒向 A 室的方向返回，于是套筒端部的阀关闭，将背压室堵住并阻止活塞移动。由于截流阀随着截流阀座的移动而开启，从而将主缸与制动钳间的油管连通，以便进入普通制动系统工作状态。

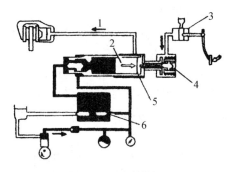
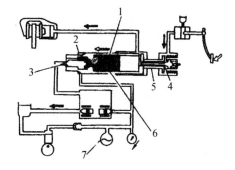

图 6-10 增压控制
1—压力增大；2—活塞移动；3—主缸；
4—截流阀；5—减压室；6—电磁阀

图 6-11 压力下降
1—堵住背压室；2—A 室；3—阀关闭；
4—截流阀开启；5—截流阀座移动；
6—套筒移动；7—压力下降

2. ABS 系统维修时的注意事项

（1）在拆卸作业前，切记先给 ABS 系统卸压，并断开 ABS 系统 ECU 的电源，收好钥匙和熔丝（工作未结束前不可通电）。这是由于 ABS 系统大多是电控型，这种 ABS 都采用了蓄压器，其中的压力可高达几十兆帕，拆卸前如不卸压，可能会导致高压油喷出伤人。卸压的方法很简单，只需断掉点火开关，反复踩动制动踏板，直至感觉不到阻力时为止。有的车可能要踩上三、四十下。卸压之后的拆卸作业即与一般制动系统无异，但需要留心轮速传感器的位置。

（2）更换制动衬块时，回压活塞之前要先拧开制动钳的放气螺塞，否则液压缸中的积垢可能被压入管路造成元件失效。回流的油液还可能使计算机得到错误的信息，导致制动系统错误动作而使 ABS 系统关闭。

（3）ABS 系统的电器故障大多数并不是元件失效，而是连接不良或脏污所致。如故障代码提示是传感器故障。应首先检查传感器的各个接点处是否良好、有无锈蚀等，如发现锈蚀，应予清理并涂覆防护油，重新接好再进行测试，问题可能就此解决，并不一定非要换传感器不可（如果传感器是安装在变速器中，机油中的铁屑被磁头吸附后也可能导致传感器故障。补救措施是清理磁头并更换机油）。本田雅阁轿车的转速传感器均安装在各轮的内侧。

6.2.2 本田雅阁轿车 ABS 系统的检测

1. 制动系统排气

首先确认储液罐内的制动位应处于 MAX 线处。由两人操作，让助手慢慢踩下制动踏板数次后，然后将踏板踏住不动。松开排气螺钉，使空气从系统中排出。对每个车轮都重复上述步骤进行排气，直至制动液内不出现气泡时为止。排气顺序应按右后轮→左后轮→左前轮→右前轮进行操作。

排气过程中，应注意主缸储液罐内加入制动液，使液位达到 MAX 线。

2. 液压系统内部泄漏的测试

从乘客侧仪表板的工具箱下脱开 ABS 系统 6 引脚检测接头，然后把它接到 ALB 检测仪上，如图 6-12 所示。取下调节器储液罐的过滤器，然后将储液罐内的制动液加注到 MAX 标线处，用扳手将高压制动液从放油螺塞中排出，如图 6-13 所示。

启动发动机，松开驻车制动。将方式选择开关选到 1 位，压下 Start Test 按钮，试验开始。

在 ABS 泵运转时，将手指放在调节器储液罐分离器的顶部，如果感到有制动液流出分离器，则有一个电磁阀发生了泄漏，转入下一步测试。如果感觉不到有制动液流出分离器，则说明该电磁阀正常，重新装上调节器储液罐过滤器，将储液罐内的制动液回注至 MAX 位置。

使用专用工具将高压制动液从放油螺塞排出，然后使用 ALB 检测仪，选择方式开关，重复前面步骤 3～4 次。如果电磁阀停止泄漏，重新装上调节器储液罐的过滤器。将储液箱内的制动液回注至"MAX"水平线。如果电磁阀仍发生泄漏，则应更换调节器。

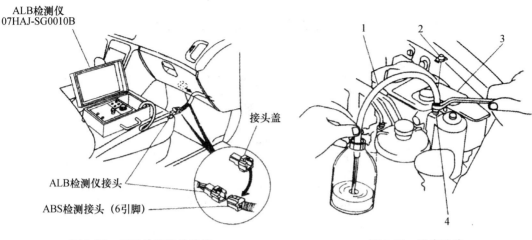

图 6-12　ABS 检测仪的连接

图 6-13　排出油液
1—胶管；2—放油螺塞帽；
3—调节阀；4—放油螺塞

3. ABS 功能测试

1）测试说明

ALB 检测仪通过模拟系统的功能和条件来确认防抱死制动系统的工作是否正常。使用检测仪之前，应检查确认防抱死系统（ABS）指示灯没有显示系统出现故障；当点火开关接通后，指示灯应发亮；发动机启动 1 s，指示灯应熄灭。

在下述任何一种情况时，均应使用检测仪 1～5 模式进行系统工作状况的检测。

（1）在更换任一个 ABS 元件后。

（2）在更换制动液或排放出系统内的空气后。

（3）在进行可能影响到传感器及其线路的车身或悬架的维修后。

在开动汽车前，一定要取下 ALB 检测仪。否则会引起事故的发生，同时也降低制动效能。

2）测试步骤

（1）断开点火开关，从位于乘客侧仪表板处的工具箱下脱开 6 引脚的检测接头，将 6 引脚检测接头接到 ALB 检测仪上，如图 6-12 所示。检测时应将汽车停放在水平地面上，固定住车轮。将变速器置于手动变速器模式的空挡位置及自动变速器方式的驻车挡。

（2）启动发动机，松开驻车制动器。

（3）按下述方法使用 ALB 检测仪：将方式选择开关转到 1，如图 6-14 所示，按下 Start Test（开始测试）开关：

① "测试在进行"指示灯应发亮。

② 过 1～2 s 后，4 个监视灯都应发亮。

③ ABS 指示灯不应发亮（否则，表明与 6 引脚接头相接的检测仪线束出了故障）。

当"测试在进行"指示灯发亮时（ON），不要转动方式选择开关。

（4）将方式选择开关转到"2"，如图 6-15 所示。

（5）紧紧踩住制动踏板，按下 Start Test（开始测试）开关，如图 6-14 所示。"测试在进行"（Test Progress）指示灯发亮的同时，ABS 指示灯应熄灭，制动踏板上应有反弹力，否则要进行检修。

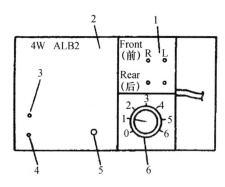

图 6-14 方式选择开关

1—监视灯；2—ALB 检测仪；3—"测试在进行"指示灯；4—电源接通指示灯；
5—"开始测试"指示灯；6—模式选择开关

（6）将模式选择开关分别转到 3、4、5，在每一位置均要执行步骤（5）程序。

模式 1：将每个车轮的模拟行驶信号 0→180 km/h→0 送给 ABS 电脑，此时制动踏板不应有反弹力，如图 6-16 所示。

模式 2：先后将每个车轮的行驶信号和左后轮的抱死信号送给 ABS 电脑，应有反弹力。

模式 3：先后将每个车轮的行驶信号和右后轮的抱死信号送给 ABS 电脑，应有反弹力。

模式 4：先后将每个车轮的行驶信号和左前轮的抱死信号送给 ABS 电脑，应有反弹力。

模式 5：先后将每个车轮的行驶信号和右前轮的抱死信号送给 ABS 电脑，应有反弹力。

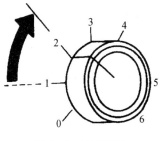

图 6-15 选择开关

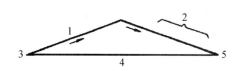

图 6-16 运行顺序

1—加速；2—减速；3—开始；4—大约 30 s；5—结束

（7）检查要点。

① 在检查期间，如 ABS 指示灯发亮，检查有无故障码输出。如有，则根据该故障进行检修。

② 在模式 2～模式 5 的情况中，如踏板无弹力，ABS 指示灯不亮，其原因可能是：压力开关卡住；出油阀阻塞或卡住；调节器线束连接不良。

6.2.3 本田雅阁轿车 ABS 系统故障码的读取与说明

1. 故障码的读取

1）故障码的读取步骤

（1）从位于乘客仪表盘下的接头盖上拔出诊断接头，用专用工具连接 2 个引脚，如图 6-17 所示。

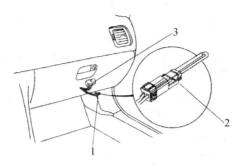

图 6-17 诊断接头

1—诊断接头；2—SCS 跨接接头；3—数据传输接头

（2）接通点火开关，不要启动发动机。

（3）记录 ABS 指示灯闪烁的频率。闪烁频率代表故障码，如图 6-18 所示。

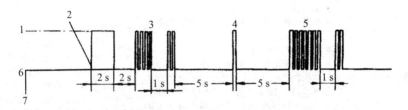

图 6-18 ABS 指示灯的闪烁频率

1—ABS 指示灯亮；2—接通点火开关；3—故障码：④-②（主码：④；次码：②）；
4—故障码：①（主码：①；次码：无）；5—故障码：⑦-②（主码：⑦；次码：②）；
6—ABS 指示灯灭；7—连接跨线

在启动发动机时，应将跨接线与诊断接头断开，否则只要发动机运转，故障指示灯（MIL）就会一直发亮。

2）故障检修说明

（1）ABS 电脑能对同一故障码显示 3 次。

（2）如果 ABS 指示灯不亮，参见后面讲解的"ABS 指示灯的检查"部分的有关内容。

（3）如果没有数清闪烁频率，关闭点火开关，然后再接通，使 ABS 指示灯重新循环闪烁。

（4）完成修理工作后，将发动机罩下的 ABS 熔丝/继电器盒内的 ABS B2（15A）熔丝拆开至少 3 s，以删除 ABS 电脑存储的故障码，然后再次接通点火开关进行检查。

（5）如果将 ABS 电脑接头拔下，或将 ABS 电脑从车上取下，则电脑中的存储将被删除。

（6）一边读码，一边记录下主码和次码。

2. 故障码说明

故障码说明如表 6-1 所示。

表 6-1 故障码说明

故障码 主码	故障码 次码	故障元件和系统	故障区域	可能的原因	不出现症状时的原因	诊断说明
①	—	泵电动机超速运转		• 制动液内混有空气 • 压力开关卡在 OFF 位 • 压力开关与电脑间的电路断路 • 压力开关与车身搭铁间的 P-SW 电路断路或搭铁不良 • 泵的排液量下降 • 出油阀泄漏 • 卸压阀泄漏 • 制动液泄漏 • ABS 电脑故障		当电脑探测到泵电动机继电器接通的信号持续 40 s 以上而 ABS 不工作时,ABS 指示灯点亮
①	②	泵电动机		• R/C 后视镜熔丝 (7.5 A) 与发动机罩下的 ABS 熔丝和继电器盒间的电路断路或对搭铁短路 • PMR 电路断路或对搭铁短路 • 泵电动机继电器故障 • 蓄电池和发动机罩下的熔丝和继电器盒间的电路断路 • ABS MOTOR (40 A) 熔丝熔断 • ABS 电脑熔丝 (10 A) 熔断 • 电机驱动电路和发动机罩下的熔丝和继电器盒内的 MCK 电路断路或对搭铁短路 • 发动机罩下的熔丝和继电器盒与 ABS 电脑间的 MCK 电路断路或对搭铁短路 • 发动机罩下的 ABS 熔丝和继电器盒与泵电动机间的电路断路或对搭铁短路 • 泵电动机故障 • 泵电动机与车身搭铁间的电路断路或搭铁不良 • ABS 电脑故障	• MCK 电路间歇性中断 • 泵电动机继电器驱动电路间歇性中断 • 泵电动机驱动电路间歇性中断	• 当探测到 MCK 引脚处是蓄电池电压并且泵电机继电器 OFF 时,ABS 指示灯点亮 • 当探测到 MCK 端子处的电压为 0,并且泵电动机继电器 ON 时,ABS 指示灯点亮
③	①	齿轮脉冲发生器	右前轮	• 脉冲齿轮破裂 • 转速传感器安装不当	转速传感器间歇性地中断工作	当转速传感器信号周期性消失时,ABS 指示灯点亮
③	②	齿轮脉冲发生器	左前轮			
③	④	齿轮脉冲发生器	右后轮			
③	⑧	齿轮脉冲发生器	左后轮			
③	⑫	轮胎直径不同		• 安装了不同直径的轮胎		安装了不同直径的轮胎时,ABS 指示灯点亮;当驻车制动开关为 ON 时,不能进行本项测试
④	①	转速传感器	右前轮	• 转速传感器内部电路断路,或对搭铁短路 • 转速传感器和 ABS 电脑间的正极导线断路或对搭铁短路 • 转速传感器和 ABS 电脑间的负极导线断路或对搭铁短路 • 转速传感器和 ABS 电脑间的正极导线和负极导线短接 • 接头松动或端子接触不良 • 转速传感器间隙不当 • ABS 电脑故障 • 齿轮脉冲发生器丢失 • 调节器不能正确减压	• 转速传感器内部电路间歇性中断 • 两个前轮打滑 • 变速器换到过低的挡位	当车速为 10 km/h 以上且转速传感器信号消失时,ABS 指示灯点亮;当驻车制动开关为 ON 时,不能进行本项诊断
④	②	转速传感器	左前轮			
④	④	转速传感器	右后轮			
④	⑧	转速传感器	左后轮			

续表

故障码 主码	故障码 次码	故障元件和系统	故障区域	可能的原因	不出现症状时的原因	诊断说明
⑤	④	后轮抱死	右/左轮 右轮	转速传感器内部电路断路或对搭铁短路 ● 后轮制动器拖滞 ● 调节器减压不当 ● ABS 电脑故障	● 转速传感器内部电路间歇性中断 ● 由于拉起驻车制动后，驻车制动开关卡在 OFF 位而导致车轮打滑 ● 汽车打滑	在行车过程中当某一个车轮或两个后轮抱死，且转速传感器信号消失时，ABS 指示灯点亮
	⑧		左轮			
①	③	高压泄漏		● 出油阀泄漏 ● 释压阀泄漏 ● 压力开关电路接触不良	● 压力开关间歇性地中断 ● 压力开关电路间歇性地中断	在发动机运转时，如探测到压力开关的 ON/OFF 循环信号，ABS 指示灯将点亮，ABS 起作用后，存储将被擦除
	④	压力开关		ABS 电脑和压力开关间的电路对搭铁短路 ● 压力开关卡在 ON 位 ● ABS 电脑故障		在每次初始诊断时都探测到压力开关 ON 信号，则 ABS 指示点亮，当电脑探测到压力开关 OFF 信号后，存储将被擦除
	⑧	高压系统		● 蓄压器气体泄漏 ● 卸压阀所设定的压力改变 ● 后出油电磁阀延迟关闭 ● 压力开关所设定的压力变化	在正常温度下，ABS 指示灯可能不亮；而在寒冷的气温下，ABS 指示灯将点亮	在初始诊断时，当压力开关处于 OFF 位置时，进行本项诊断，泵电动机工作使压力开关 ON，然后电磁阀瞬时接通，如压力开关信号由 ON 变为 OFF，则 ABS 指示灯点亮
②	①	驻车制动器		● 储液罐内的液位过低 ● BACK-UP LIGHTS/METER LIGHTS（倒车灯和仪表灯）熔丝与制动指示灯间的电路断路 ● 制动指示灯泡熔断 ● 制动指示灯和 ABS 电脑间的电路断路或对搭铁短路 ● 驻车制动开关卡在 ON 位 ● 制动指示灯和驻车制动开关间的电路对搭铁短路 ● 制动液位开关卡在 ON 位 ● 制动指示灯和制动液位开关间的电路对搭铁短路 ● ABS 电脑故障	在驻车制动器仍然作用时行车（无故障显示）	行车时，探测到驻车制动开关 ON 信号达 30 s 以上，则 ABS 指示灯点亮

续表

故障码 主码	故障码 次码	故障元件和系统	故障区域	可能的原因	不出现症状时的原因	诊断说明
⑥	①	失效保护继电器	前/后轮	• 失效保护继电器和 ABS 电脑间的继电器驱动电路对电源短路 • ABS 电脑内的继电器驱动晶体管故障 • 失效保护继电器卡在 ON 位 • 失效保护继电器和 ABS 电脑间的电磁阀驱动电路对电源短路		在失效保护继电器通电之前，如探测到电磁阀端子处的电压为蓄电池电压，ABS 指示灯将点亮
⑥	①	失效保护继电器	前轮			
⑥	④	失效保护继电器	后轮			
⑦	①	电磁阀	右前轮	• 失效保护继电器卡在 OFF 位 • 发动机罩下的 ABS 熔丝/继电器盒与 ABS 电脑间的电磁阀驱动电路断路 • 电磁阀与 ABS 电脑间的电磁阀驱动电路对搭铁短路 • ABS 电脑内的电磁阀驱动晶体管故障 • 电磁阀与 ABS 电脑间的电磁阀驱动电路对电源短路 • 电磁阀内的驱动电路对电源短路 • 电磁阀和 ABS 电脑间的进油电路与出油电路短路	• 电磁阀驱动电路间歇性中断 • 电磁阀搭铁电路间歇性中断 • 失效保护继电器间歇性中断	• 在初始诊断及汽车起步时，每个电磁阀都瞬时通电，当电脑探测到电磁阀端子处的电压为蓄电池电压时，ABS 指示灯点亮 • 在常规诊断时，探测到电磁阀 OFF 信号时，电脑探测到电磁阀端子处的电压为 0，ABS 指示灯点亮
⑦	②	电磁阀	左前轮			
⑦	④	电磁阀	后轮			
⑧	①	ABS 起作用		• 车速在 10km/h 以下时，转速传感器信号消失 • ABS 电脑故障	• 转速传感器内的电路间歇性中断 • 在不平道路上行驶	当 ABS 持续作用时，ABS 指示灯点亮
⑧	②	CPU 数据有差异		ABS 电脑故障		当 CPU 测得的数据不同时，ABS 指示灯点亮
⑧	④	IC（集成电路）		ABS 电脑故障		在常规诊断时，如 IC 内有异常情况，则 ABS 指示灯将点亮

6.2.4 本田雅阁轿车 ABS 系统 ABS 指示灯的检查

1. ABS 指示灯不亮

按图 6-19 所示的流程顺序进行检查。

2. ABS 指示灯不熄灭

按图 6-20 所示的流程顺序进行检查。

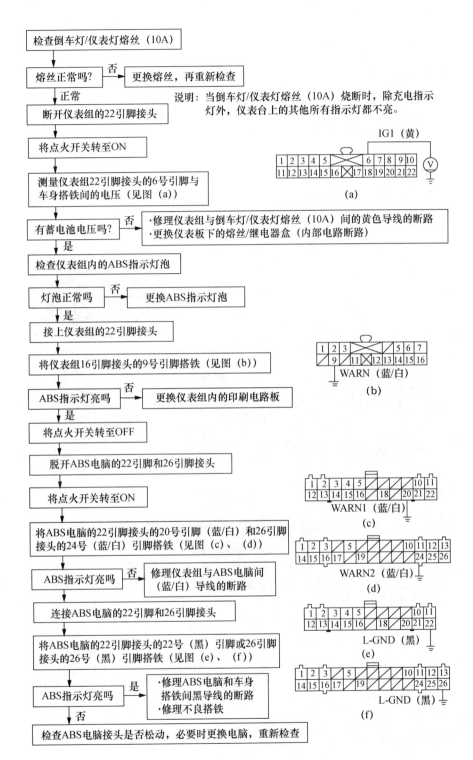

图 6-19 ABS 指示灯不亮检查流程

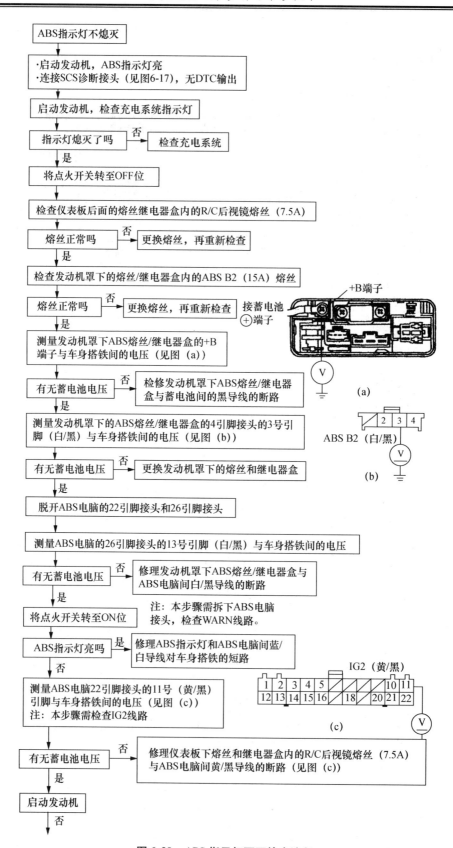

图 6-20　ABS 指示灯不灭检查流程

第 6 章 ABS 系统故障诊断与检修

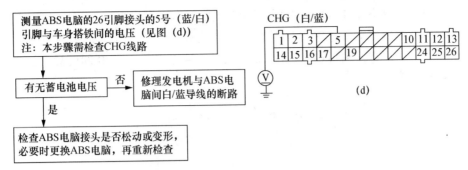

图 6-20 ABS 指示灯不灭检查流程（续）

6.2.5 本田雅阁轿车 ABS 系统 ABS 电脑和失效保护继电器的拆装

1. ABS 电脑的更换

首先拆下乘客侧的护板，脱开 ABS 电脑接头，如图 6-21 所示，拆下三颗固定螺栓即可将电脑拆下。按相反的顺序安装。

2. ABS 电脑继电器的位置

ABS 电脑有两种类型的继电器——失效保护继电器和电机继电器，元件位置如图 6-22 所示。

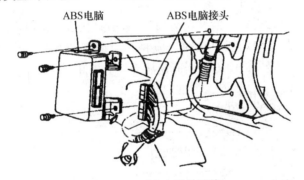

图 6-21 ABS 电脑的更换

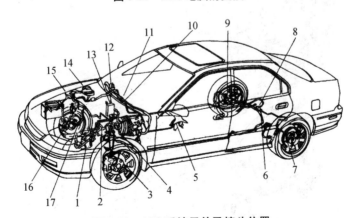

图 6-22 ABS 系统元件及接头位置

1—调节器装置；2—左前轮传感器接头；3—左前轮传感器；4—主缸；5—驻车制动开关；6—右后轮传感器接头；7—左后轮传感器；8—左后轮传感器接头；9—右后轮传感器；10—ABS 检查接头（6 引脚）；11—ABS 诊断接头（2 引脚）；12—失效保护继电器；13—ABS 电脑；14—发动机罩下的熔丝、继电器盒；15—发动机罩下的 ABS 熔丝、继电器盒；16—右前轮传感器接头；17—右前轮传感器拆下失效保护继电器和电机继电器,即可依次检查继电器端子 C 和 D 是否导通,正常时应导通;检查继电器端子 A 和 B 间是否导通(正常时应不导通)如图 6-23 所示。在继电器端子 C 和 D 间连接一个 12V 的蓄电池,此时继电器端子 A 和 B 间应导通。当拆下蓄电池时,就不导通。

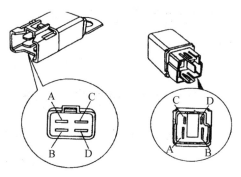

图 6-23 失效保护继电器和电动机继电器

6.2.6 调节器的拆卸与安装

1. 调节器的拆卸

参照图 6-24 所示进行拆卸。断开调节器的 14 引脚接头和泵电机的 2 引脚接头,从调节器支架上拆下线束夹(安装线束夹时,应将线束调到图 6-24 上方所示的尺寸进行装配)。旋下 3 个 M8 固定螺母,即可将调节器从支架上拆卸下来。

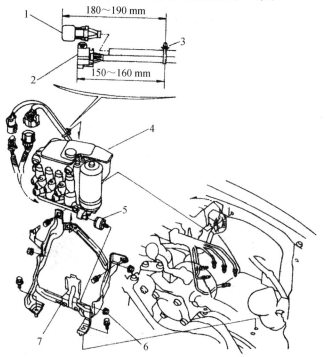

图 6-24 调节器的拆卸
1—泵电机的 2 引脚接头;2—调节器 14 引脚接头;3—线束夹;4—调节器;
5—橡胶座;6—M8 螺母;7—调节器支架

2. 调节器的安装

在将调节器装到车上之前，一定要先慢慢倾斜调节器，使空气从调节器的进油口排出，如图 6-25 所示（在安装时，一定不要使调节器倒置或倾斜过度）。按与拆装相反的顺序安装调节器。

检查调节器体上的标志字母，正确连接制动软管，各管路的安装位置如图 6-26 所示。

启动发动机并使之怠速运转几分钟后，检查 ABS 指示灯是否熄火、制动管接头有无制动液泄漏。关闭发动机后，检查储液罐内的制动液位是否处于 MAX 线处，然后给制动系统排气并检测 ABS 的功能。

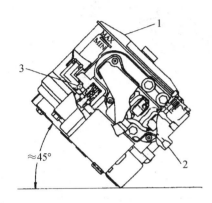

图 6-25　倾斜调节装置
1—储液罐；2—调节器；3—进油口

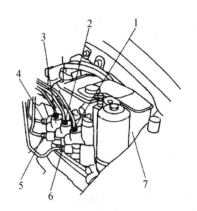

图 6-26　管路的安装位置
1—连接右前轮至 FR 的管路；2—连接左后轮至 RL 的管路；
3—连接右后轮至 RR 的管路；4—连接左前轮至 FL 的管路；
5—连接主缸副侧的管路；6—接自主缸主侧的管路；
7—调节器

6.2.7　车轮转速传感器的检测与拆装

1. 车轮转速传感器的检测

1）前轮脉冲发生器/传感器的检测。查看脉冲发生器的轮齿是否有断齿或受损。用手旋转驱动轴，同时测量传感器和脉冲发生器之间所有的圆间的间隙，其标准间隙为 0.4～1.0mm，如图 6-27 所示。检查间隙时，如果任何一点间隙超过 1.0mm，很可能是转向节变形，需要更换转向节。

2）后轮脉冲发生器/传感器的检测。首先检查脉冲发生器的齿牙是否有磨损或断齿。然后，用手旋转驱动轴，同时测量传感器和脉冲发生器之间所有圆周间的间隙，其标准间隙为 0.4～1.0mm，如图 6-28 所示。检查间隙时，如有任何一点间隙超过 1.0mm，很可能是因为转向节变形，需要更换转向节。

3）车轮转速传感器信号的检查：使用 ALB 检测仪（模式 0）来确认车轮转速传感器的工作是否正常。

检测时，从位于乘客座椅下的横梁接头盖上拔出 6 引脚的检测接头，将其接到 ALB 检测仪上。顶起汽车，使四轮离地并用安全架支撑住汽车。而后接通点火开关，将方式选择开关转到"0"位。将变速器置于空挡位置，用手转动每个车轮（以每秒钟一圈的速度旋转），确认当车轮旋转时，检测仪上相应的监控灯会闪烁。但在某些情况下，前轮不一定转动得快到足以清楚地看到监控灯的闪烁，如有必要，可启动发动机使前轮慢慢地加速和减速。监控灯闪烁表明车轮转速传感器的信号正常。如果监控灯不闪烁，则应检查相应的传感器及其间隙和接线/接头。

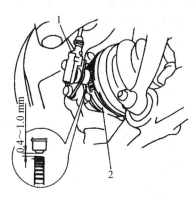

图 6-27 前脉冲发行器间隙
1—前轮传感器；2—前脉冲发生器

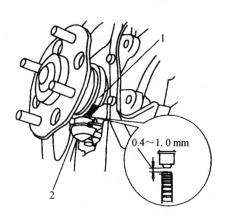

图 6-28 后脉冲发生器间隙
1—后脉冲发生器；2—后传感器

2. 车轮转速传感器的拆装

车轮转速传感器经检查有故障时，只能进行更换。在维护更换时，只需拆下车轮转速传感器的接头与两颗固定螺栓，即可将传感器拆卸下来。安装时，按拆卸的相反步骤安装。前传感器与后传感器的拆卸如图 6-29 和图 6-30 所示。

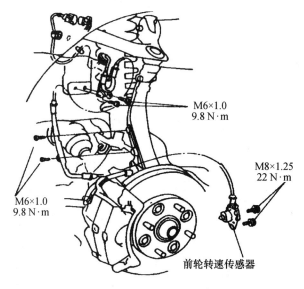

图 6-29 前传感器的拆卸

第 6 章 ABS 系统故障诊断与检修

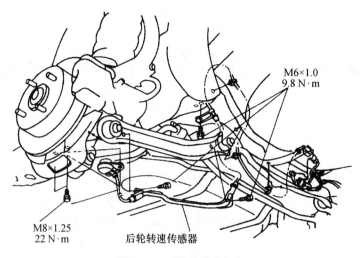

图 6-30 后传感器的拆卸

复习思考题

1. 制动时车轮抱死主要原因有哪些？如何对其进行诊断？
2. ABS 系统作用时刻不对主要原因有哪些？如何对其进行诊断？
3. 放松驻车制动时红色制动警告灯亮主要原因有哪些？如何对其进行诊断？
4. 广州本田雅阁轿车 ABS 系统的检测内容有哪些？
5. ABS 维修时的注意事项有哪些？
6. 本田雅阁轿车 ABS 系统故障码如何读取？
7. 简述本田雅阁轿车 ABS 指示灯不亮的诊断流程。
8. 简述本田雅阁轿车 ABS 指示灯不熄灭的诊断流程。
9. 本田雅阁轿车车轮转速传感器怎么检测？

第7章 汽车车身检测与修复

学习目标

了解汽车车身的一般构造；了解常用汽车车身测量系统；了解汽车油漆常识和最新的汽车车身检测与修复工艺；掌握汽车车身变形的常用检测方法；掌握汽车车身整形的常用设备及整形方法；掌握汽车车身主要零件和汽车车身表面涂层的修复方法。

7.1 概述

知识目标

1. 了解汽车车身的基本组成。
2. 掌握汽车车身各结构体的作用与工作情况。

能力目标

能够准确指认汽车车身各部分名称及工作情况。

汽车车身主要由车身壳体、车身钣金件、车门、车窗总成、车身内外装饰件、车身附件、座位、其他装置组成。

汽车车身壳体分为非承载式、半承载式和承载式三种。现代轿车普遍采用无骨架承载式车身，如图7-1所示。承载式车身取消了车架，全部载荷由车身承受，底盘各部件直接与车身相连，这种形式的车身由于承载部位的不同又分为底架承载式和整体承载式两种。前者底架部分强度较大，承受大部分载荷；而后者则是整个车身形成一个参与承载的整体。承载式车身的制造是将薄钢板压制成形状各异的板件，然后再点焊成一个整体。

通常整个车身壳体按强度等级分为三段，如图7-2所示。图中A、B、C分别代表车身前部、中部及后部。车身设计时，使乘客室尽可能具有最大的刚度，而相对于乘客室的前、后室则应具有较大的韧性。

为了便于在汽车车身修理工作中进行交流，通常将一个汽车车身分成三个部分：前部、中部、后部。

1. 前车身

前车身主要由前翼子板、前纵梁、前围板及发动机罩、前轮罩（又称翼子板内衬、翼子板骨架、前悬架支撑板、大包等）、发动机安装支撑架（副车架、元宝梁）以及保险杠等构件组成。大多数轿车的前部装有前悬挂及转向装置和发动机总成。

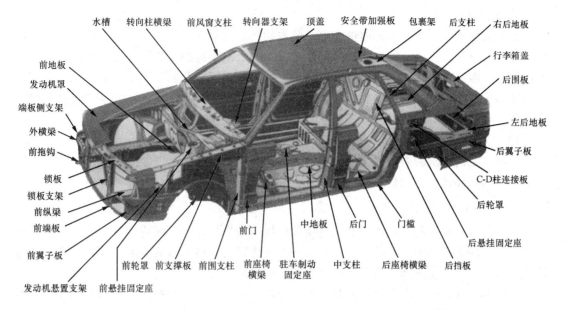

图 7-1　轿车车身壳体的组成

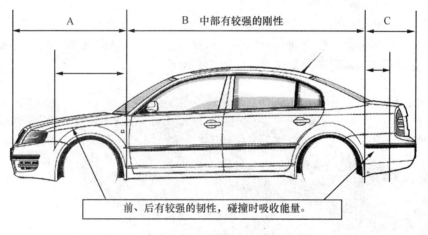

图 7-2　车身壳体刚度分级及受损变形情况

1）前翼子板

普通轿车的前翼子板主要由前翼子板外板、前翼子板内板、翼子板衬板及翼子板防擦装饰条等组成，部分轿车还装有翼子板轮口装饰条。

2）前保险杠

前保险杠位于车辆的最前端，是车身外部装饰体，主要部件一般由非金属面罩与金属加强筋相连而成，起到装饰、防护作用，应用于所有车辆车身。

3）发动机罩

发动机罩位于车辆前上部，是发动机舱的维护盖板，主要由发动机罩、发动机罩隔热垫、发动机罩铰链、发动机罩支撑杆、发动机罩锁、发动机罩锁开启拉索、发动机罩密封条等零件所组成。

4）前围板

前围板位于乘客室前部，通过前围板使发动机室与乘客室分开。前围板的两端与壳体前立柱和前纵梁组焊成一体，使整体刚性更好。由于前车身的后部构造还起横向加固壳体的作用，一般采用双重式结构。靠近发动机室一侧主要起辅助加强作用，靠近乘客一侧用高强度钢板冲压成型，并于两侧涂有沥青、毛毡、胶棉等绝缘材料，以求乘客室振动小、噪声低、热影响小。

5）前纵梁

前纵梁是前车身的主要强度件，直接焊接在车身下部。其上再焊接轮罩（有的前轮罩与前纵梁为一体式）等构件。

2．中间车身

中间车身设有车门、侧体门框、门槛及沿周采用高强度钢制成的抗弯曲能力较高的箱形断面，中间车身侧体框架的中柱、边框、车顶边梁、侧体下边梁等结构件也采用封闭型断面结构。车顶、车底和立柱等构件，均以焊接方式组合在一起。

中间车身的立柱起着支撑风窗和车顶的作用，一般下部做的粗大，上部的截面尺寸需要考虑驾驶视野而缩小。立柱包括前柱（A柱）、中柱（B柱）与后柱（C柱）三种。

1）立柱、门槛板、地板

立柱、门槛板是构成车身侧框架的钣金结构件，是车身非常重要的支撑件，如轿车、吉普车等车型的侧框架一般由前、中、后门框及门槛、门楣等构成一个框架结构，用来固定车门、支撑顶篷、固附车身蒙皮等，如图7-3所示。

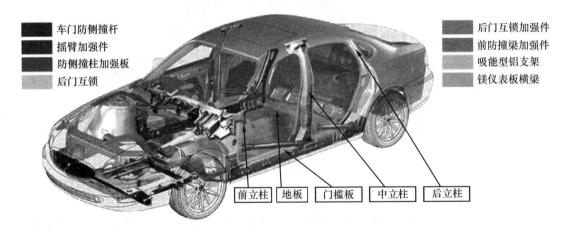

图7-3 立柱、门槛板、地板位置及车身加强件

2）车顶

车顶是指车身车厢顶部的盖板，其上可能装备有天窗、换气窗或天线等。车顶主要由车顶板、车顶内衬、横梁（可能有前横梁、后横梁、加强肋等组成），有的车型还备有车顶行李架。

3）车门

车门及附件主要包括车门板（车门外板和车门内板）、车门内饰板、车门密封条、车门铰链（一般包括车门上铰链、下铰链）、车门锁总成等零件组成。

3. 后车身

后车身是用于放置物品的部分，可以说是中间车身侧体的延长部分。三厢式车的乘客室与行李箱是分开的；而两厢车的行李箱则与乘客室合二为一。

1) 行李箱和行李箱盖

轿车的行李箱盖主要由行李箱盖板、行李箱盖衬板、行李箱铰链、行李箱支撑、行李箱密封条、锁总成等零件组成，部分轿车的行李箱盖还带有扰流板、车型品牌标识等。

2) 后侧板

后侧板是指后门框以后的遮盖后车轮及后侧车身的车身板。后侧板主要包括后侧板外板、后侧板内板、后立柱、侧板内饰板及轮罩板等零件组成。

3) 后保险杠

后保险杠是指位于车辆车身的尾部，起到装饰、防护车辆后部零件的作用。后保险杠主要包括保险杠外皮、保险杠杠体、保险杠加强件、保险杠固定支架以及保险杠装饰条。

7.2 汽车车身变形的检测

知识目标

1. 掌握汽车车身变形检测及车身测量的基本方法。
2. 掌握汽车车身测量各种方法的运用情况。

能力目标

能够运用车身测量方法对汽车车身进行测量。

导致汽车车身变形的因素很多，主要有以下几个方面：设计、制造过程中本身的薄弱环节；部分车身材料上存在的缺陷；维修工艺不当形成的隐患或损伤；经长期使用所引起的变形或材质劣化；碰撞事故而导致的机械损伤。

对于局部变形或损伤可以比较直观地做出判断，但对整体变形的诊断就显得不那么容易了。对于车身的整体变形，没有正确的测量结果作依据，修复作业便无从下手。

7.2.1 车身变形检测的基本步骤

（1）找出车身主要受碰撞的零件及位置，根据受碰撞部位损伤的特征和程度确定碰撞力的方向及其大小。

（2）初步检查与主要受损零件相连的部件有无损伤以及损伤程度。

（3）测量车身各参照点的位置尺寸，并与标准尺寸进行比较，确定车身的变形程度和特点。

（4）找出车身的所有变形零件和部位。

7.2.2 车身测量的意义

汽车车身测量是车身维修中不可缺少的重要环节之一。它是维持或恢复车身的正常工作能力，延长使用寿命并使其经常处于完好技术状态的主要依据。

由汽车车身的基本构造与机能可知，车身整体定位参数如果发生变化，对行驶性、稳定性、平顺性、安全性、使用性等都有至关重要的影响。整体定位参数，是指那些对汽车发动机、底盘、车身主要构件的装配位置有直接影响的基础数据。

车身维修的测量，一般分为作业前、作业中和竣工后三个步骤。作业前的检测，旨在确认车身损伤状态和把握变形程度的大小；维修作业过程中的检测，有助于对修复过程的质量进行有效的控制；竣工后的检测，为验收和质量评估提供可靠的数据。

7.2.3 车身测量的基准

1. 车身测量的基本要素

正确的车身检测与测量是车身维修的基础，而掌握车身测量的点、线、面三个要素，又是高质量完成车身测量任务的关键。

1）控制点原则

车身测量的控制点用于检测车身损伤与变形的程度。车身设计与制造中设有多个控制点，检测时可根据技术要求测量车身上各个控制点之间的尺寸，如果误差超过规定的极限尺寸时，应设法修复使之达到技术标准规定范围。

车身上的控制点并非无据可循。承载式车身的控制点如图 7-4 所示，第一个控制点通常在前保险杠或前车身水箱支撑部位①；第二个控制点在发动机室的中部相当于前横梁或前悬架支承点②；第三个控制点为中间车身相当于后门框部位③；第四个控制点在后车身横梁或后悬架支承点④。

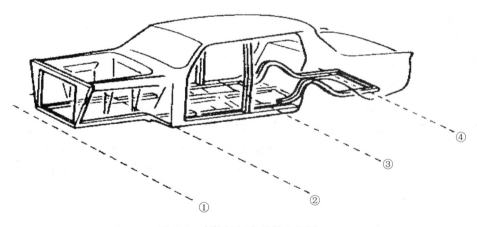

图 7-4 车身控制点的基本位置

2）基准面原则

车身设计时往往是先选定一根基准线，将该基准线沿水平方向平移到一水平平面，由车身上各个对称平行点所形成的线或面与之平行。那么，车身图纸上所标注的沿高度方向上的尺寸，为车身各部分与基准平面间的距离。既然车身设计与制造是以该平面为高度基准的，车身测量与维修同样需要这些高度要求来控制其误差的大小。

3）中心线及中心面原则

中心线及其沿垂直方向平移获得的中心面，实际上是一个假想的具有空间概念的直线和平面，该平面将车身沿长度方向截为对称的两半。车身的各个点通常是沿这一平面对称分布的，因此所有宽度方向的尺寸参数及测量，都是以该中心线或中心面为基准的。

2. 参数法测量

参数法以车身图纸或技术文件中的规定来体现基准目标。

如图 7-5 所示，这种数据链关系一方面说明，车身定位参数的变化在一定程度上增加了矫正与测量的复杂性；另一方面说明，较为严重的机械损伤，可以利用目标参数来实现对车身、车架的矫正与修复。

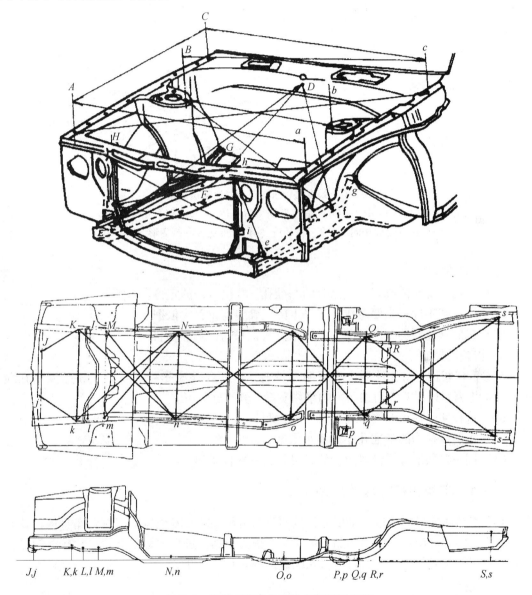

图 7-5　承载式前车身定位参数测量示例

3. 对比法测量

对比法是以相同汽车车身的位置参数作为基准目标，如图 7-6 所示。当然，所选择的车身应完全符合技术文件规定要求的状况，必要时还可以通过增选台数来提高目标基准的精确性。运用对比法确定测量基准时,应注意以下两个问题。

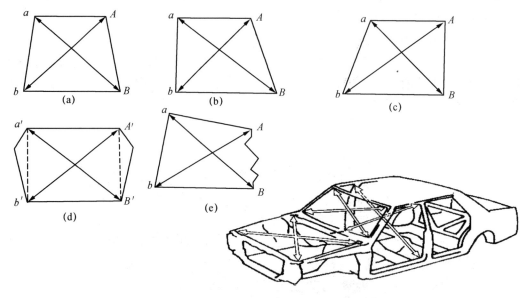

图 7-6　长度比较法和对角线比较法测量
(a) 无变形 ($ab = AB$);(b) 左侧变形 ($aB - Ab$);(c) 右侧变形 ($Ab > aB$);
(d) 左右变形相同 ($a'B' = A'b'$);(e) 长度比较右侧变形 ($ab > AB$)

1)数据的选取
(1)利用车身壳体或车架上已有的基准孔,找出所需的定位参数值。
(2)以基础零件和主要总成在车身上的正确装配位置为依据。
(3)按照其他同类型车身图中的标示方法,来确定基准参数的量取方案。
2)误差的控制
与参数法相比,对比法测量的可靠性较差,这就要求应尽可能将测量误差限制在最小,以防止因累计误差的增加而影响维修质量。其措施如下。
(1)选择便于使用的测量器具(如测距尺)。
(2)不能以损伤的基准孔作为测量依据。
(3)同一参数值应尽量避免接续,最好是一次性量得。

7.2.4　车身测量方法的应用

对车身整体变形的测量,是依靠计量器具采集相关的技术数据,以判定车身构件及其与基准之间的相对位置。以实际测得的状态参数为依据,进行的数值分析、比较,旨在找出相对位置的变化规律,进而对变形状况做出进一步的诊断。

1. 测距法

测距法可以直接获得定向位置点与点的距离,是最简单的一种测量方法,它主要通过测距来体现车身构件之间的位置状态。

测距法使用的量具是钢卷尺、专用测距尺等。钢卷尺测量简便、易行,但测量精度低、误差大,仅适用于那些对精度要求不高的场合,尤其是当测量点之间不在同一平面或其间有障碍时,就很难用钢卷尺测量两点间的直线距离,如图 7-7 (a) 所示。使用

图 7-7（b）所示的专用测距尺，可以根据不同位置将端头探入测量点，应用起来十分灵活、方便。

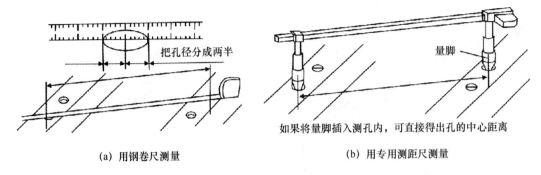

(a) 用钢卷尺测量　　　　　　　　(b) 用专用测距尺测量

图 7-7　钢卷尺和专用测距尺测量

车架发生变形时也可以运用测距法进行测量，如图 7-8（a）所示。将车架置于平台上并按一定的高度支稳，用高度尺逐一测量各基准点与平台的垂直距离，就可以分别得出车架垂直方向上的相关参数。有些图样或技术文件，按图 7-8（b）所示的方法标定参数。在没有专用测量架的条件下，也可使用测距法来测量，但要先利用三角函数法或勾股定理进行相应的计算。

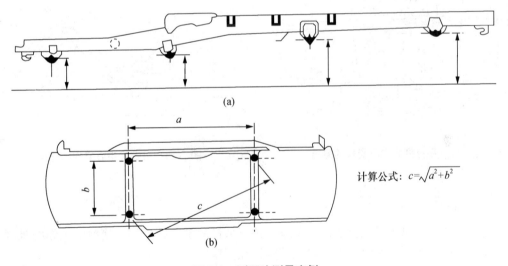

计算公式：$c=\sqrt{a^2+b^2}$

图 7-8　测距法测量实例

2. 定中规法

车身的许多变形尤其是综合性变形，用测量长度的方法测量变形情况往往体现得不十分明显，所反映出的问题也不够直观。例如，当车身或车架与汽车纵轴线的对称度发生变化时，就很难用测距法对变形做出准确的诊断。如果使用中心量规，就可以比较好地解决这类测量问题。常见的中心量规有平行杆式和吊链式，分别如图 7-9 和图 7-10 所示。

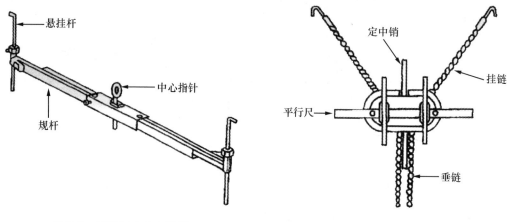

图 7-9 平行杆式中心量规　　　　　图 7-10 吊链式中心量规

如图 7-11 所示，将平行杆式中心量规悬挂好，通过检查定中销是否处于一条轴线上以及定中规尺面是否相互平行，就可以判断车架是否弯曲、翘曲或扭曲变形。图 7-12 是利用吊链式中心量规检查车身壳体骨架变形。

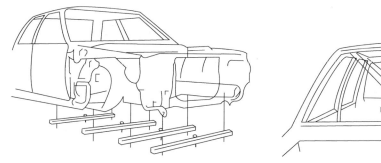
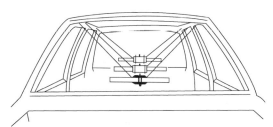

图 7-11 平行杆式中心量规的悬挂　　　　　图 7-12 吊链式中心量规的悬挂

3. 坐标法

坐标法适用于对车身壳体表面的测量。轿车那样的多曲面外形，使检测工作的难度加大。如果使用专用测量系统，就可以比较容易地实现这方面的测量。

1）桥式测量架

桥式测量架由导轨、移动式测量柱、测量杆和测量针等组成，如图 7-13 所示。测量过程中，可以根据需要调整与车身的相对位置，使测量针在接触到车身表面的同时，还能够直接从导轨、立柱、测杆及测量针上读出所对应的测量值。

2）激光测量台

激光测量台如图 7-14 所示。测量时光源发出的激光束，可将光点投射在各塑料标尺上，读数既直观又方便。尺寸测量架可分别检测车身其他方面存在的变形。这种变形测量台，可与修理矫正装置配套，实现车身修理的过程测量。

第 7 章 汽车车身检测与修复

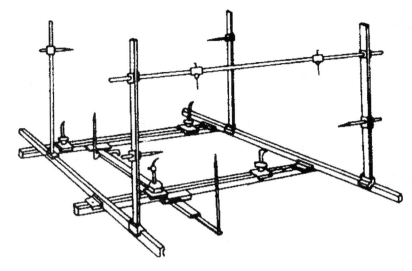

图 7-13 桥式测量架

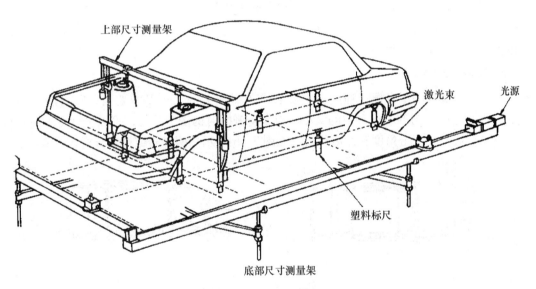

图 7-14 激光测量台

7.3 汽车车身整形

知识目标

1. 掌握汽车车身碰撞的基本要素及损伤形式与损坏的方式。
2. 掌握汽车车身整形的方法与基本的整形设备。

能力目标

1. 能够使用汽车车身整形设备。
2. 能够对汽车车身进行基本的整形。

测量只是从一个侧面提供了分析、确认变形的依据。然而，矫正变形还需要提供其他一些数据，例如，找出导致变形的诸因素中的主因素；确定损伤的类型及其严重程度；分析损伤倾向及其所产生的影响、波及范围等。这些都是车身维修中诊断所要完成的任务。

7.3.1 碰撞力分析

1. 碰撞力的大小

惯性力也与汽车的质量和运动速度相关，惯性力（Q）的大小是汽车质量与速度的乘积，即：

$$Q = mv \text{（N）}$$

当汽车与其他物体发生碰撞时，由惯性力转换成的冲击能量释放并与之相互交换，由此产生的冲击力同时作用于两相撞物体之间。冲击力的大小不仅取决于冲击能量，还取决于相接过程中的作用时间。

2. 碰撞力的要素

由碰撞所造成的车身损坏程度，主要取决于碰撞力的三个基本要素，即力的作用点（也称为着力点）、力的方向和力的大小。由车身碰撞时的受力分析，可以更进一步明确地解释为冲击对象、冲击角度和冲击状态，如图 7-15 所示的两种碰撞损伤分析。

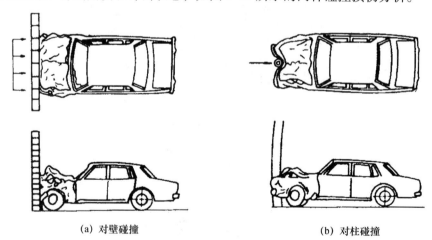

(a) 对壁碰撞   (b) 对柱碰撞

图 7-15 损伤分析

首先看力的作用点（即冲击对象）的影响。

公式为：

$$p = \frac{F}{A}$$

式中　p——单位面积上所受到的碰撞力（Pa）；
　　　F——碰撞力（N）；

A——作用面积（m^2）。

碰撞力的作用方向对损伤程度的影响也很大。

车身诊断过程中一定要根据车身的受力情况，分清力的作用点、方向和大小三个基本要素，从中找出变形的诸因素。

7.3.2 车身损坏

汽车车身的碰撞是物体间的相互机械作用，这种作用的结果使运动状态发生改变，甚至使车身发生变形和损坏，也即通常所说的机械损伤。常见的几种损伤形式，如图7-16所示。

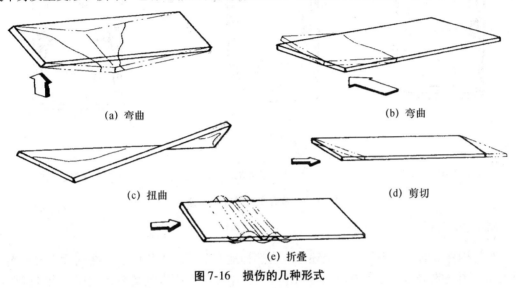

图7-16 损伤的几种形式

1. 损伤方式

1）损伤方式

直接损伤是指车身与其他物体直接碰撞而导致的损坏。

波及损伤是指冲击力作用于车身上并分解后，分力在通过车身构件过程中所形成的损伤。

诱发性损伤是指一个或一部分车身构件发生损坏或变形以后，同时引起与其相邻或装配在一起的其他构件变形。

惯性损伤是指汽车运动状态发生急剧变化，由强大惯性力作用下而导致的损伤。惯性损伤的主要特征是撞伤、拉断或撕裂、局部弯曲变形等。

2）方向性分析

碰撞时作用力的方向与汽车重心的相对位置，对车身的整体变形产生不同的影响。作用力的方向与汽车重心位置重合称为向心式碰撞，作用力的方向与汽车重心位置不重合称为偏心式碰撞，如图7-17所示。

3）结构性损伤

车身设计上安全性对策之一，是保证承受正常载荷的前提下发生碰撞时，能为乘客提供安全的生存空间。其中比较典型的是轿车的前、后车身，缓冲结构所具备的衰减冲击能量的功能，可使车身在严重的碰撞事故中，以自身的变形来吸收大部分撞击能量，达到对乘客安全保护的目的。

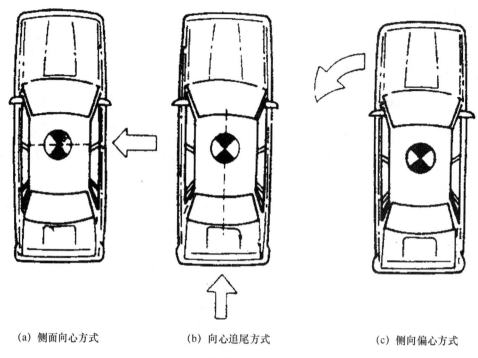

(a) 侧面向心方式　　　　(b) 向心追尾方式　　　　(c) 侧向偏心方式

图 7-17　碰撞作用力方向的分类

4) 应力集中

车身构件上的许多部位，据上述原理有选择地布置了应力集中点。在前段纵梁和翼子板支承上预制的结构突变和缺口，有利用应力集中和前面所讲到的避让效应，有效地吸收冲击能量而减少其他部位的损失。这些应力变形结构称为"卷褶区"，这种类型的构件称为卷褶型支承件。

2. 车身损坏

1) 前部损坏

前部损坏是由于车头撞上另一辆车或其他物体引起的损坏，碰撞力大小取决于车重、车速、撞击物以及撞击面积。如果碰撞不大，将造成保险杠后移，使前侧梁、保险杠座、前翼子板、散热器支座和发动机罩锁支柱等发生弯曲变形。

如果碰撞进一步增加，前翼子板将被撞到前门上，发动机罩铰链将上弯，触到发动机罩，前侧梁折皱，与悬架所在横梁接触。如果碰撞再增大，前翼子板围裙和前车身支柱（特别是前门铰链上部区域）将发生弯曲变形，前门可能被撞掉。此外，前侧梁折皱加大，使悬架横梁弯曲，发动机与驾驶室之间的隔板和地板也会变弯以吸收碰撞。

2) 侧向损坏

侧向损坏造成车门、前部侧板、车身中支柱，甚至地板发生变形。当前翼子板或后侧围板受到较大的垂直碰撞，碰撞力会传到撞击点另一侧的车身上。

如果前翼子板中部受撞，前轮将后缩。碰撞力将通过前悬架所在的横梁，传给两侧纵梁。

如果碰撞力很大，悬架部件会损坏，前轮定位将改变。侧向碰撞还会造成转向装置及其支座的损坏。

3) 顶部损坏

顶部损坏是由于落物砸伤汽车或汽车翻滚引起的损坏,顶部损坏不仅局限于车顶板,还可能造成车顶侧梁、后侧围板和车窗的损坏。

车辆翻滚时,车身支柱和车顶板会弯曲,相应的支柱也会被损坏。根据翻滚方式的不同,还可能造成车身前部或后部损坏,其辨认特征是车门及车窗附近发生变形,易于发现。

7.3.3 车身整形

1. 车身大梁矫正设备

如图 7-18 所示,车身大梁矫正系统主要分为 L 型简易车架车身矫正器、地框式矫正设备(俗称地八卦系统)、框架式矫正设备(专用型设备)和平台式矫正设备(通用型设备)。

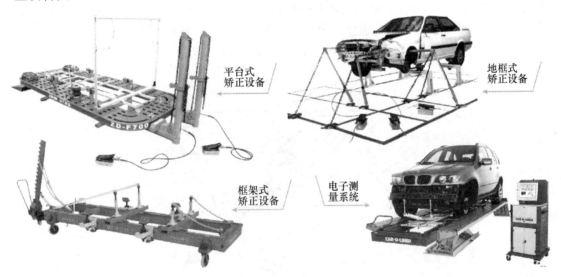

图 7-18 车身大梁矫正设备

2. 轿车矫正方法

1) 水平方向上的牵引

矫正轿车前车身正面碰撞损伤之前应先测量变形状况,并将一些关键参数记录下来,如对角线 A、B 和左右的垂直弯曲等。属于图 7-19 (a) 所示的情形时,可斜向牵引变形最大的左梁端部,左端的变形和右梁的弯曲自然会同时得以矫正,所设定的牵引方向适当向外倾斜一定的角度;如果纵梁变形向外倾,应将牵引方向适当向外倾斜一定角度;如果变形是向内倾的,只需向前牵引即可,待弯曲的构件展开后再确定是否需要调整牵引方向,如图7-19 (b) 所示。牵引过程中应不断测量那些关键参数。循序渐进地施加牵引力,不要急于求成以免造成二次损伤。例如,弯曲较为严重的纵梁,纵向牵引不能使其完全复位时,还要于侧面附加水平方向上的牵引力,如图 7-19 (c) 所示,通过更大的附加矫正力的作用,来实现单方面强行牵引难以达到矫正弯曲的目标。

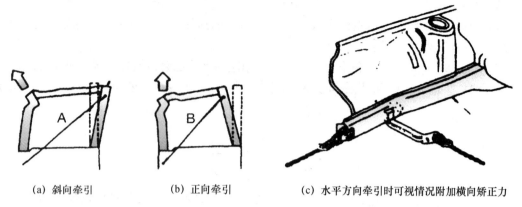

(a) 斜向牵引　　　　(b) 正向牵引　　　　(c) 水平方向牵引时可视情况附加横向矫正力

图 7-19　水平方向上的牵引

追尾碰撞造成的后车身变形的矫正方法并不比前车身简化。后车身受冲击时力的分散与传递更奇异，严重的还会波及车身的中间支柱。牵引时应用夹具等将拉链与车身纵梁后端固定。牵引点尽量布置得分散些以免发生局部变形。只是后翼板的轻度变形时，可用夹具于内侧固定拉链，这样可使装卡更方便些，如图 7-20 所示。

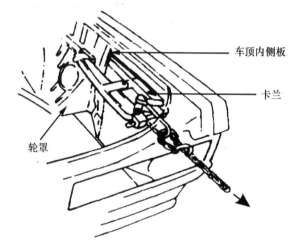

图 7-20　车身后翼子板内侧的固定方法

车身受到侧向冲击的危害性很大，严重时可使车身整体弯曲。矫正方法如图 7-21 所示，像扳直一根铁条那样从三个方向进行牵引。

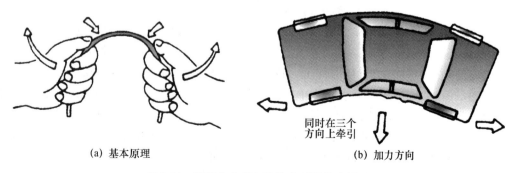

(a) 基本原理　　　　　　　　　　　　(b) 加力方向

图 7-21　矫正车身侧向整体变形的基本原理

2）垂直方向上的牵引

当车身于垂直方向上发生变形时（其中包括扭曲），就需要进行垂直方向上的上、下牵引，如图 7-22 所示。

翼子板上扬一类的变形，可以采取图 7-22（a）所示的牵引方法装配拉链，将向上变形的车身构件向下牵引。在进行向下牵引的操作时，车身构件将于三点承受两个不同方向上的作用力，门槛处的车身固定点 C 和牵引端 A 一样，都承受着垂直向下的拉力；而位于构件中间的支撑点 B 承受着垂直向上的支撑力。根据力的平衡原则，中间支点 B 所承受力的大小为拉力 A 与 C 之和，这与图 7-22（b）所示的对称牵引时的受力（A = B）存在明显不同。矫正过程中应十分注意 B 点的承受能力，一方面要选择变形开始的过渡点作为支撑点外，另一方面还要兼顾构件强度的大小，必要时应加垫木块等以减少单位面积上的压力。否则就有可能造成车身构件的损坏，也达不到矫正变形的目的。

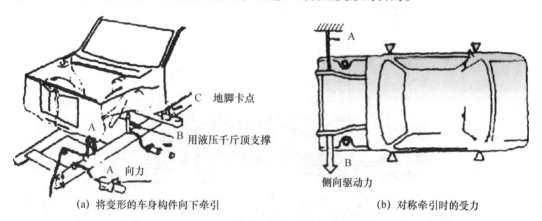

(a) 将变形的车身构件向下牵引　　　(b) 对称牵引时的受力

图 7-22　垂直方向上的牵引与支承

与向下牵引的意义相同，向上牵引也存在支撑方式和支点的选择问题。所不同的是，中间部位的受力方向与前述的正好相反。实际操作中应注意防止中间支撑部位的二次损伤。

3）车身任意方向折叠的牵引

车身发生冲撞事故后的损伤往往十分复杂，车身整体出现严重折叠变形并伴随下垂损伤时，最好使用图 7-23 所示的台式矫正系统，利用车身底梁做整体固定后，借助拉链和挂钩分步骤牵引、矫正。牵引和矫正时应从强度较大构件开始，首先修复对车身控制点影响较大的部位。

为了防止损伤支撑或牵引部位的构件，矫正时可在受力部位垫以木块或金属衬垫。

矫正时可先用拉链将变形部位拉紧，再用液压千斤顶将下垂的纵梁适当顶起至正确高度。

当中间车身受到冲撞损伤时，可采用图 7-24 所示的牵引方案予以矫正。矫正时应注意选择合适的挂钩，因为中央门柱为封闭式断面，并且强度有限，矫正过度或因矫正造成变形损伤都会十分棘手。

7.3.4　车身局部修复工艺

汽车车身局部修复常用工艺主要包括以下几种。

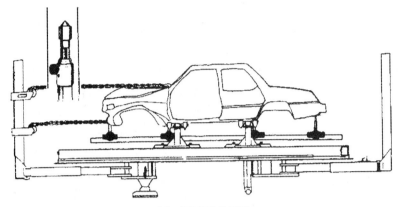

(a) 车身折叠的矫正

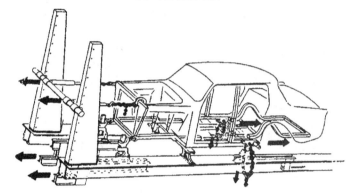

(b) 车身多处折叠变形的矫正

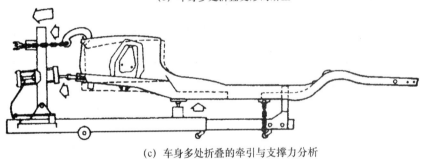

(c) 车身多处折叠的牵引与支撑力分析

图 7-23　车身折叠矫正

1. 敲平

在汽车碰撞事故中，发生碰剐的小事故占绝大多数，因此将汽车表面整平成原来的几何形状的作业很多。敲平时要注意用力适当，点击准确，落锤平稳。

2. 收缩

汽车碰撞造成某个表面翘曲、凹凸的伸展变形，伸展部分厚度变薄而面积增大。由于零件受边框尺寸的限制无法敲平，必须采用收缩法，使变形的部分恢复到原来的形状。收缩整形工艺过程如下。

（1）利用焊炬火焰将伸张中心加热至樱红色，但注意不要将板料熔化或烧穿。

（2）加热后急速敲击红晕区域的四周，并逐渐向加热点的中心收缩，迫使金属组织收缩。

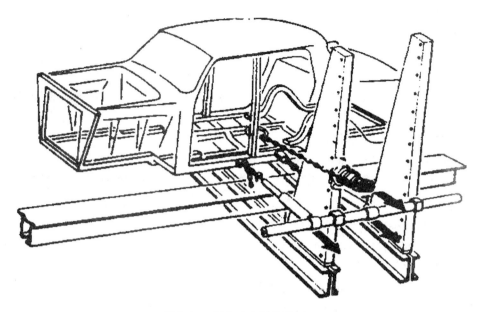

图 7-24　侧向冲击损伤的矫正

（3）如果只收缩一处不能达到整形的目的，可采用同样的方法多点收缩，并伴随每次加热收缩，都进行敲平校正。

（4）轻度伸张时，加热后可不需敲击，只用棉纱蘸凉水冷却，或者由其自然冷却。

3. 开褶

即将碰撞所形成的皱褶展开修整。车身碰撞可能造成冲压板料产生不规则皱褶，修理时，若方便可行，可就车用撑拉法解开皱褶，然后敲平；若不方便或不可行，应将车身解体，在车下修理。开褶的要领：首先是将死褶由里边设法撬开，缓解成活褶，然后加温，用锤敲击活褶的最凸脊之处，逐渐使其展开，恢复原来的形状。

4. 焊接

焊接在汽车车身修复作业中占很大比重，如车顶与立柱的铜焊、钢板与钢板的点焊、较大损伤面积的电弧焊、需要堆积金属的堆焊等。作业中，应根据不同的情况，选用正确的焊接方法、设备、焊条和正确的操作方法。

5. 铆接

铆接指用铆钉将两个部件连接在一起。铆接前，应对钢板进行除锈、整平、去除旧铆钉，并对铆钉孔进行修复。

其他工艺还包括修补、拆卸及安装、粘接等。

7.4　汽车车身主要零件的修理

知识目标

掌握汽车车身各主要机件的修理方法。

能力目标

能够对常用的汽车车身机件进行维修。

按照汽车碰撞时车身容易受损的部位,下面主要介绍汽车车身主要零件的修复或更换方法。

7.4.1 保险杠的维修

对于表面涂装漆面的金属制保险杠,当汽车发生轻微碰撞而造成保险杠上出现小的凹陷时,如果凹陷部分的漆面没有出现裂纹或脱落,可不必修理,因为这样的油漆仍然能够起到保护作用。如果修理,整平的过程必然要损伤到周围的漆层,弄不好反而适得其反。

对于车身其他部位发生的类似情况也不必修理,相反则必须修理或更换。

修理时,先拆下保险杠。对较小的凹凸变形,可用垫铁垫在凹处最低部位的背面,用手锤敲击,并相应改变垫铁位置。当凸起处基本敲平时,凹陷部位由于垫铁的反作用力也会大部分恢复。再观察金属表面的总体平整情况,有针对性地做一些细微的修整。

对于较大的凹陷,可用垫板垫在凹陷部的背面,用撑顶工具直接顶起;为减少顶出力,必要时可把凹陷部位加热至暗红色,顶出时应考虑回弹,可使其"矫枉过正";如表面有较大的延展性凸起,可采用收火的方法,使延展处金属适当收缩;如损伤部位难以放进垫铁,也可采用拉出法修复。

最后去除毛刺,涂装漆面,并将其装回车身。

7.4.2 翼子板的维修

汽车前、后翼子板损伤常常是由于汽车追尾或是撞到其他固定物而造成,常因受力很大,会出现塌陷(凹坑)、不规则的褶皱或塌陷与褶皱同时产生,并出现死褶等。维修时必须设法将褶皱展开平整。若条件允许,可用撑拉法解开褶皱,然后再敲平;若条件不允许,需分解拆除后,在车下展开褶皱进行平整修复。

1. 翼子板正面碰撞的修理

其修复步骤如下。

(1)拆下大灯圈及灯座等,将垫铁垫于大灯孔内,使垫铁两端卡住灯孔的弯边。

(2)把钢丝索的一端系在扁铁上,另一端系在墙柱上或某个合适的建筑体上。

(3)倒车自行拖拉,使皱褶逐渐打开,但个别的小死褶未缓解,如图7-25所示。

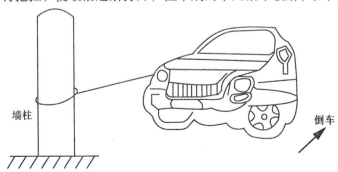

图 7-25 用简易方法开褶

(4) 卸下翼子板，在平台上进行修整。说明：用氧-乙炔火焰对死褶进行加热，并用撬具撬开。加热一段撬开一段，使其缓解。

(5) 将翼子板凹面向上置于平台上，由翼子板里侧敲平活褶。边敲边转动翼子板，如图 7-26 所示。

(6) 将里侧基本敲平的翼子板翻转过来，即凸面向上，用垫铁垫在里侧，由外向里继续敲击，最终使皱褶完全展开，如图 7-27 所示。

(7) 两面均敲平后，将翼子板装在车上，用锤子和垫铁进行一次全面修整。

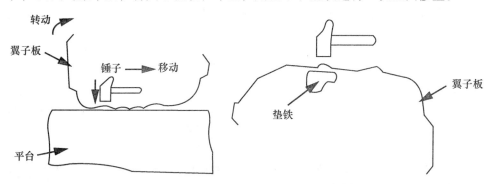

图 7-26 凹面向上用垫铁垫着敲击　　图 7-27 凸面向上用垫铁垫着敲击

2. 翼子板侧面碰撞的修复

其修复步骤如下。

(1) 首先用一根木棒从车轮与翼子板的空隙处伸进，用力往外撬，即可将凹坑大体上顶出来，趋于原状。

(2) 用垫铁在里面顶住向外凸出的较小部分，再用锤子在外表面处敲击凸出的部分。

(3) 用锤子边敲击、边移动，垫铁也同时移动。

(4) 翼子板的边缘处应用专用的垫铁在里边垫托，垫铁的边缘要对准弯折线，一手持锤从正面弯折线外缘敲击，如图 7-28 所示。

(5) 逐渐移动垫铁，循序渐进，使工件边缘逐渐恢复原形，直到全部平整。

3. 用钣金整形夹修复翼子板

钣金整形夹是一种较为先进的汽车钣金修理工具，其结构简单，使用方便，如图 7-29 所示。

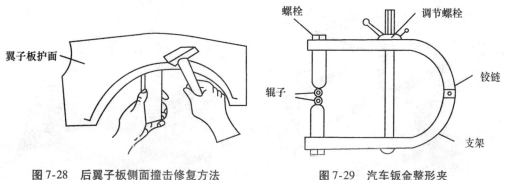

图 7-28 后翼子板侧面撞击修复方法　　图 7-29 汽车钣金整形夹

其修复步骤如下。

(1) 利用千斤顶将车顶起，然后拆下车轮与车灯，除去翼子板里边的灰尘与污泥。

(2) 在翼子板凹陷处背面垫好沙包，用木锤将表面大致敲平。敲击时要缓和，以免将钢板敲胀而发生变形，且应从凹陷部位的周边向中心敲击。

(3) 选择适当的辊轮装于整形夹上，再将整形夹装于汽车翼子板的被撞部位，并调整调节螺栓，使辊子之间施以轻微的压力。用整形夹做均匀的反复滚压，以压平凹陷部位。观察被撞部位是否滚压平整，再用手触摸，如仍有不平之处，再继续滚压，直至压平。

(4) 整平翼子板后，即可卸下整形夹，装上车轮、车灯等附件，然后进行表面喷漆工序，最后将喷涂后的翼子板安装于车体上。

4. 前翼子板内加强板总成、前横梁和散热器支座的安装

其步骤如下。

(1) 检查前翼子板内加强板与纵梁安装面的装配标记是否一致，确认并匹配好后用夹钳将它们夹紧。没有装配标记的零件，则放在旧零件的位置上。

(2) 利用杆规检测基准点间的距离来确定零件的位置，并对零件进行定位。在某一位置用定位焊临时固定前横梁，然后垫上木块，用锤子击打木块，使板件向需要调整的方向移动，调整其长度方向上的位置。

(3) 用自定心规检测车辆两侧的新旧内加强板的相对高度，使之一致，然后用千斤顶支撑住新的内加强板，以确保其高度位置不发生变化，如图7-30所示。

(4) 测量宽度和下对角线长度，仍用千斤顶支撑住新板件，以免高度位置发生变化。

(5) 仔细确定前横梁的位置，使其左、右两端均匀一致。

(6) 当定纵梁的位置尺寸与尺寸图表中所注尺寸一致后将它固定。悬架横梁也可用夹具来安装。

(7) 确保内加强板的上部尺寸不发生变化，可通过检查所画标线是否产生了移位来确认。

(8) 检测翼子板后安装孔与悬架座孔或翼子板前安装孔之间的对角线长度。

(9) 测量在宽度方向上悬架座和前翼子板螺栓孔之间的尺寸，然后把它们固定在一起。如果其宽度方向上的尺寸与车身尺寸手册中所标注的尺寸不一致，则需进行微量调整，同时要注意对角线的变化，如图7-31所示。

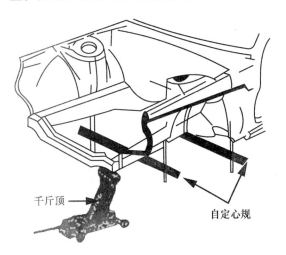

图 7-30　检测、调整高度位置

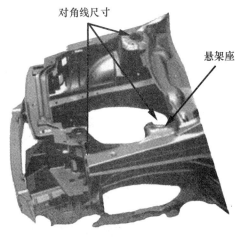

图 7-31　测量悬架座与翼子板之间的尺寸

（10）测量纵梁在宽度方向上的尺寸，将杆规调至适当尺寸，并根据需要调整内加强板，如图 7-32 所示。

（11）用夹钳较松地固定住下支座，然后用手轻轻拍打使其到位。

（12）测量散热器支座的对角线长度，确保这两个尺寸一致，如图 7-33 所示。

（13）临时性安装前翼子板，然后检查它与车门间的位置关系。如果缝隙不合适，则原因可能是内加强板或纵梁高度位置不准确。

（14）焊接之前再按上述方法检测一遍，再次验证所有的尺寸。

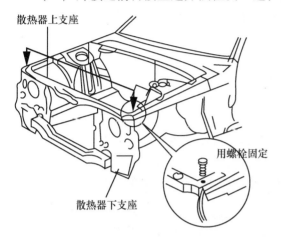

图 7-32　测量纵梁宽度方向上的尺寸　　　　图 7-33　检查散热器支架的对角线

7.4.3　车门的维修

由于车门是汽车车身总成中的可拆卸部件，是由内、外板合成的盒式构件，故应根据其受损伤的轻重程度与情况的不同，采取不同修复方式。

（1）不卸掉内板，在车身上直接修复。

（2）不卸掉内板，但须卸下车门在工作台上修复。

（3）既卸下车门总成，又须卸掉内板（内、外板分离）的修复等。

如果碰撞情况较轻，撞击的部位较易修整，可不必将车门总成拆卸下来，而在车身上直接修复。可以采用"钻孔拉伸法"，也可以采用"焊接垫圈拉伸法"。具体方法是：在凹陷处钻一小孔，用拉杆前端的弯钩钩住小孔，慢慢把凹陷处拉起，车门复原后用焊锡焊上小孔，磨平表面，再做喷涂。或在凹陷处直接焊一拉环作为拉出支撑点，最后撇断拉环，磨平表面，再做喷涂。

车门经过修理或更换后，应做淋雨试验，检查车门是否漏水。如果碰撞涉及车门框和立柱，要同时对车门框和立柱进行修复，再做淋雨试验检查车门是否漏水。

7.4.4　车门框和立柱的维修

如图 7-34 所示，当前车门在前柱 A 处咬住，而后车门则顶住 D 处，同时锁拴在前后门之间形成较大的间隙时，说明车顶被向后推移了。A 处的刚度比较小，当用千斤顶两端置于 A、B 处的方法校正时，A 处被向前上方推移，使车门框复原。

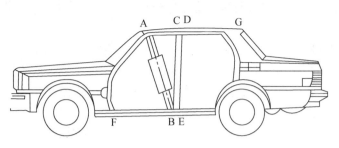

图 7-34 车门框的校正

如果前车门在 C 处被咬住，车门和前柱之间的间隙在 A 处特别大，则要将千斤顶放置在 B、C 处之间，将车顶稍稍抬起，并向下拉伸前柱。

如果后门仍在 D 处咬住，则要在 D、E 处加放一个千斤顶，两个千斤顶一起协作，将车顶斜面抬起。

如果车顶两侧斜面向前移动，A 处形成间隙，而后车门下垂，在 C 处咬住，则要在 C、F 和 E、G 之间同时放置千斤顶，将车顶向后移正。

如果立柱向内凹陷，则要用千斤顶和延长杆撑在汽车内部，将立柱向外顶出。

最后将受损表面磨平，再做喷涂。

7.4.5 车顶的维修

汽车车顶出现损伤大致有三种情况：第一种是常出现的交通肇事，即发生撞击后，无论是主动撞击还是被动撞击，无论是车体前部、中部或后部发生碰撞，均会不同程度地殃及车顶，导致车顶出现扭曲、拱起或凹陷等不同程度的变形。第二种情况是翻车事故，导致车顶大面积的塌陷与严重变形。第三种情况是从高处落下重物，造成车顶塌陷。

1. 车顶受到降落物撞击后的修复

其步骤如下。

（1）首先拆卸汽车车顶绝缘板。

① 用旋具等工具卸下压条及其他相关零部件；

② 逐步割断胶黏剂，并将绝缘材料取下来；

③ 将残留的胶黏剂最后清除干净。

（2）用液压或机械千斤顶将大凹坑顶出。

（3）经过顶出或拉拽后的车顶，可能会由简单的大面积单一凹陷变成小面积的凹凸不平。这时应用与撞击相反的顺序来进行修复工作。

（4）矫平整个车顶。

2. 肇事与翻车造成车顶严重损坏的修复

其步骤如下。

（1）用氧-乙炔焊炬使油漆软化，用钢丝刷或刮刀将油漆除掉。

（2）用手提砂轮机拆除焊点。

（3）从汽车上拆下车顶板。

（4）将更换的车顶置于车上并对正位置后，用夹钳固定，然后临时将其点焊在该位置。

(5) 检查车身所有框架部位的尺寸和形状。
(6) 准确无误后,将车顶牢固地焊接在该位置上。

7.4.6 发动机罩的维修

发动机罩碰伤的原因有两类:一类是受到重物从上方意外落下的撞击;另一类是汽车肇事,发生正面碰撞,波及发动机罩。

1. 重物从上方落下使发动机罩产生损伤的修复方法

可用顶撬法进行修复,其步骤如下。
(1) 当外板出现凹陷时,在内板的相关处,挖出一个或几个孔洞。
(2) 用撬棍或木棒将其从里面顶出,趋于平整。
(3) 再用锤子在表面外板上轻轻敲击,直至整平。
(4) 修平外板后,将内板挖出的孔洞补全。
(5) 敲平锉修。

2. 正面撞击使发动机罩损伤的修复方法

正面撞击使发动机罩损伤的修复方法其步骤如下。
(1) 拆卸。
拆卸原则:首先用旋具松开两个铰链上的紧固螺钉,便可卸下发动机罩总成。再将其放在工作台上,逐一拆掉附件。
(2) 将内、外板分离。
(3) 平整凹陷部位。
分离方法:首先用专用撬具将外板的包边撬开,使其与内板边缘逐渐分离出一定的角度。
平整方法:将外板表面朝下,里面朝上,放在平台上,用木锤先将塌陷的大坑顶出。
(4) 矫平整个工件。
矫平方法:采用错位敲击法对发动机罩进行最后修复。左手持垫铁,抵在最低部位,右手持锤敲击附近的凸出部位。
(5) 对工件表面进行光洁处理。
说明:整个外板的平整、矫形工作完毕后,由于铁锤与垫铁、撬棍等工具作业留下了凹凸不平的小痕迹,要用车身锉刀进行最后的修复。
(6) 对内板的修复。
说明:由于发动机罩的内板位于车身内部,只是起到加强外板刚度的作用,所以对其表面的质量要求较低,故修复起来也容易很多。其修复方法与外板相似。
(7) 内、外板合成。
合成方法:将修复完毕的内板与外板按原来的连接方式合成一体,即将外板的包边重新包住内板的边缘,四角处可用 CO_2 气体保护焊分段焊几点,以增加牢固度。

3. 发动机罩的调整

(1) 发动机罩与翼子板及前围之间的调整。
调整方法:首先,调整发动机罩的前后位置。稍微松开固定发动机罩与铰链的螺栓,再扣上发动机罩。发动机罩的前缘必须与翼子板前缘对齐,同时其后缘与前围之间保留足够的缝隙，以避免开启时相互干扰。

（2）发动机罩高度的调整。

① 首先稍微松开铰链与翼子板及前围边缘处的螺栓，然后轻轻盖上发动机罩，根据情况将它的后缘抬起或压下。

② 对于新换装的发动机罩，容易出现因边缘弯曲造成高度差，如图7-35（a）所示。对此，仅仅通过对铰链等的简单调整不能将发动机罩的变形消除，而需要调整发动机罩的边缘曲线。参照图7-35（b）所示的方法，用手搬动拱曲部位使其复位；也可参照图7-35（c）所示的方法，在前端垫上布团，然后用手掌轻轻压下拱曲部位（不要用力过大，以免出现二次损伤），使其与翼子板边缘高度一致。

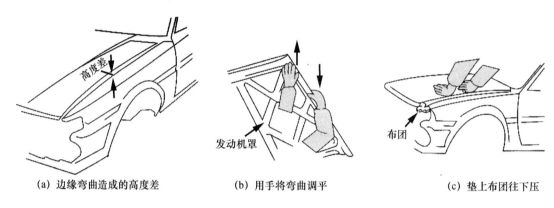

(a) 边缘弯曲造成的高度差　　(b) 用手将弯曲调平　　(c) 垫上布团往下压

图7-35　车门框的校正

7.5　汽车车身表面涂层的修复

知识目标

1. 掌握汽车车身修复用的常用涂料的使用及涂料的调色方法。
2. 掌握汽车车身表面修复的方法。

能力目标

1. 能够认识汽车车身修复的常用涂料并会基本的调色处理。
2. 能够对汽车车身表面进行基本修复。

7.5.1　常用涂料

1. 底漆

底漆是车身表面的基础涂料。

1）底漆的功能

（1）封闭金属基层，防止金属表面氧化腐蚀。

（2）填平金属基材的细微缺陷以及锈斑。

(3) 增强金属表面与原子灰或原子灰与漆面之间的附着力,使两者牢固结合,以构成坚固的覆盖层。

2) 底漆性能要求

(1) 底漆对底材表面应有良好的附着能力,对其他面漆或中涂层要有良好的结合能力。

(2) 底漆干燥后要有很好的物理性能和机械强度;能随金属伸缩、弯曲,能抵抗外来的冲击力而不开裂、不脱落,能够抵抗其上面涂层的溶剂溶蚀而不会咬起。

(3) 底漆要具有一定的填充力,能够填平底材上微小的高低不平、孔眼和细小的纹路等。

(4) 底漆要便于施工,涂膜流平性要好,不流挂、干燥快而且要容易打磨平整、不粘砂纸,保证漆面平滑光亮。

3) 常用汽车底漆

常用国产汽车底漆主要有酚醛底漆(F06)、醇酸底漆(C06)、环氧酯底漆(H06)、过氯乙烯底漆(G06)、沥青烘干底漆(L06)等;常用进口汽车底漆主要有美国杜邦1020R 双组分万能底漆、英国 ICI 单组分底漆、德国鹦鹉 283-150 高密度封闭防锈底漆、荷兰希肯士 680 底漆等。轿车一般使用进口汽车底漆。

2. 腻子

腻子是由大量的填充料以各种涂料为黏结剂所组成的一种黏稠的浆状涂料,用途是用来填嵌工件表面的凹陷、气孔、裂纹、擦伤等缺陷,以取得均匀平整的表面。

腻子的主要成分是填充料,占腻子总重的 70%~80%。为使腻子在施工中易标识,在腻子中加入极少量的氧化铁红、炭黑、铬黄等颜料,使其呈浅灰色或棕红色。腻子中要包含大量的固体成分,包括颜料等物质,涂抹在板件表面上后,能够快速固结,形成一些厚度的涂层。

1) 通常所指的腻子

通常所指的腻子一般是用油基漆作为黏结剂,以熟石膏粉等为填充料,并加入少量的颜料和稀释剂调以作填补之用。

其缺点是:这种腻子干燥时间长,干燥后质地比较软而且会出现不同程度的凹陷,对其上面的涂膜具有一定的吸收作用,不利于涂装修补和面漆的美观,现已不用。

2) 原子灰腻子

原子灰是涂料,所以也是由树脂、颜料、溶剂和填充材料等组成的。

原子灰的优点是:原子灰硬化时间短,常温下 0.5 小时即可干燥硬化,可以进行打磨;经打磨后的原子灰表面细腻光洁,表面坚硬,基本无塌陷,对其上面的涂料吸收很少甚至不吸收。附着能力强,耐高温,正常使用时不出现开裂和脱落现象,因此现在被广泛应用于汽车的制造和修补工作中,作填补之用。

常用国产汽车腻子主要有酚醛腻子(F07-1)、醇酸腻子(C07-5)、环氧腻子(H07-5)、过氯乙烯腻子(G07-3)、硝基腻子(Q07-5)等;常用进口汽车腻子主要有美国 PPG 原子灰腻子、英国 ICP551-10131 原子灰腻子、德国鹦鹉 839-20 多用途腻子等。

3. 面漆

面漆涂装不仅给予汽车车身色彩,还大幅度提高其外观装饰性,将汽车打扮得更漂亮、更豪华、更庄重。用在平整光滑的底涂层上，使汽车涂层具有更高的光泽，更高的丰满度，更高的鲜映性（反映镜物的清晰度），使漆面光亮如镜。

面漆不但要有优良的装饰性、涂膜色彩鲜艳、光亮丰满，而且还需有良好的保护性、耐水、耐油、耐磨、耐化学腐蚀性。

常用国产汽车面漆主要有醇酸磁漆、硝基磁漆、过氯乙烯外用磁漆、热塑性丙烯酸磁漆、聚氨酯磁漆等；常用进口汽车面漆主要有英国ICI汽车喷漆系列、英国ICI单组分快干清漆、英国ICI双组分镜面清漆、英国ICI双组分高固体镜面清漆、日本关西磁漆及清漆等。

7.5.2 颜色调配

当需要对车身局部补漆时，应依原车身颜色进行调配。涂料调色主要是色相、明度、纯度，以红紫、黄、蓝、白、黑、绿、银色、金色等涂料颜色为主，还要考虑到清漆和辅料的颜色（如催干剂等），底层涂料的颜色和色漆颜色上浮下沉等问题，需要在调色时一并考虑。涂料调色是一项科学、复杂的技术，既需要有理论的知识又要有多年实践经验的积累。

1. 调色前的准备

车身维修涂装一般分为全车涂漆和补漆两大类。全车涂漆又分为用原来颜色涂装和改变原来颜色涂装。整车涂装调配颜色较容易，补漆则要求颜色的误差性小，越接近越好，在没有先进仪器设备的情况下，调配较为困难。调色前应做以下准备。

1）在调色前要对原色漆进行观察、分析、判断。

2）掌握旧涂层的性能，了解旧涂层面漆是什么性质。

3）根据客户的要求，涂装不同档次的涂料颜色，是在车身维修涂装中经常遇到的问题。

2. 调色程序

手工调配色漆主要凭实际经验，根据调配色漆的样板（目标）来识别其中由哪几种单色组成，以及各单色所占的比例，据此将色漆调配出来。

操作要点为：根据颜色形成的机理仔细分析样板的颜色，基本估计出参配色漆种类、比例、分量后，再着手试配漆色的小样，以实际比例作为调配大样时的参考依据；调配时应先加入主色（指用量大、着色力小的色漆），再慢慢地、有间断性地加入副色（用量小、着色力不强的漆色）；分析、调配、检查均应在较好的天气下进行，"灯下不观色"、强烈的阳光直射也会造成色差；参配的色漆其基料必须一致，如醇酸系列色漆就不能与硝基系列色漆相配；还要考虑到色漆干湿状态下的颜色变化，一般湿时显得浅些干时会转深些。

操作方法：在做好调色准备的情况下，开始进行调色。先调小样，根据掌握的主色和其他副色（次色），先用干净木棒（玻璃棒）将涂料搅拌均匀，将主色倒进容器中，再按先浅后深的次序，将其他颜色边加入、边搅拌、边对照。如果涂料较稠，可用该涂料的稀释剂调整。当颜色接近样色时，可涂抹在玻璃片或白铁板上与样色比较，按颜色的三属性分析、查看。观看色相是否正确，然后检查明度、纯度，发现误差后继续调配一直到符合样板色为止。

当小样对好后,根据小样主色、复色的比例关系进行较大量配色,当颜色配好后根据作业要求,用喷浸等法涂在玻璃板上再次对比样板,如有差别继续调整。

在调配涂料颜色时,要在晴天或光线充足的地方进行观察颜色才准确,比色时,应将新调配的涂料颜色滴抹在干样板上,或将调对新涂颜色样板与干样板交替查看。为确保准确,查看时,应待湿涂料颜色干后与干样板对比,或将干样板用水洒湿再查看,否则会发生涂料颜色过浅或过深。

配色时使用的容器一定要干净,如使用喷枪特别是喷涂浅色涂料时,一定要洗净防止其他颜色混入。

调对同一种涂料颜色时,要注意颜色的上浮与下沉,稠度应调到施工时的要求,以免发生涂装后颜色差别。

调色时应考虑色漆中有清漆和其他辅料成分防止涂料干后变色较快。

3. 几种颜料色漆的色相分析

由于涂料中含各种不同基料,各种色漆都有基料的颜色,使涂料颜色受到一定的影响。深蓝色涂料中都带有黑的色相,如加白可以调对出不同程度的浅蓝,但这种浅蓝都带有灰色又不如浅蓝鲜艳,如果用这两种浅蓝加黄配成浅绿,其色相一个发灰,另一个较翠。中黄色涂料加白色对成浅黄和原桶的浅黄相比其色相前者显红,后者发青。

大红中加入少量的黑或加入少量的蓝,配出的紫红不如原桶的紫红夺目,如果将这两种颜色加入中黄,其色相更为明显。

手工调漆法需要丰富的经验和熟练的操作技巧。另外一种先进的调色方法——计算机调漆法,它根据调色样板,将原来颜色的特性输入计算机,再自动计算出原色的配比率并进行调色,大幅提高了调漆速度和成功率。

7.5.3 常用喷涂修理工具及设备设施

常用喷涂修理工具及设备设施包括空气压缩系统(空气压缩机、分水滤气器等,如图7-36所示)、喷枪、黏度计、喷漆烤漆室、喷灯、铲刀、刮刀、砂纸、抛光机等。

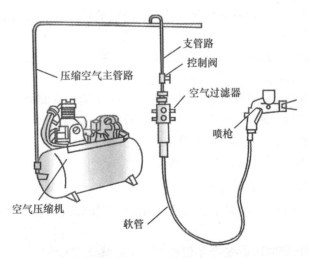

图7-36 空气压缩系统

7.5.4 汽车车身表面涂层的修复

适用于轿车的较好的面漆有丙烯酸烘漆和氨基烘漆。这两种涂料优于硝基外用磁漆、过氯乙烯磁漆、醇酸磁漆，但是对干燥条件的要求又不太适合维修时涂装使用。

1. 旧涂层的处理

1）脱漆

用碱液脱漆法、溶剂脱漆法、打砂除漆除锈法、火焰除漆法等，将旧漆层除掉；用砂轮钢丝刷将氧化皮、焊渣除掉；将焊口磨光、修平，用1.5号砂布将锈斑彻底打磨干净；用溶剂汽油擦净油污并用压缩空气除净粉尘。

2）刮腻子

刮第一道腻子。刮涂较大的坑凹处，应造型的地方，可一次填平补齐，干燥后用1.5～2号砂布机械打磨，将多涂腻子去掉、找平，吹干净覆盖件上的粉尘。

刮第二道腻子。将车身表面上需喷涂的部位全部刮平、找齐。自然干燥1 h后用1.5号砂布机械打磨。

刮第三道腻子。这次应将砂布道痕迹、微小缺陷、造型线条、棱角边线全部刮细、补齐，自然干燥1 h后用240～280号水砂纸垫板打磨。圆角和弧形处应用手掌垫砂纸打磨光滑、齐整，然后用水将腻子浆冲净晾干。

喷涂Q06-5灰硝基二道底漆，二道底漆应喷涂均匀并自然干燥2 h。

刮第四道不饱和聚酯腻子。按上述方法将腻子调制均匀，将全车细小腻子砂眼、棱角缺陷处刮平、找齐，干燥后用280～320号水砂纸将全车应涂漆的部分打磨光滑，用水擦洗干净晾干。用风管吹净全车尘渣，用胶带纸及报纸将不该涂漆部分遮严，待喷漆。

2. 喷漆

用Q04-31或Q04-34硝基磁漆和X-1硝基漆稀释剂按1∶1～1∶1.5比例调配均匀，用120～180目绸丝网过滤，喷涂2～3道，如环境相对湿度大于70%时，可按稀释剂比例的15%～25%加入F-1硝基防潮剂，常温干燥4 h。

用Q07-5硝基腻子或用硝基漆加化石粉，自调腻子将涂膜表面的细微砂眼打平，要求刮涂很薄并常温干燥0.5～1 h。

用320～400号水砂纸打磨全车，注意黏糊报纸处不要用水浸坏。将涂膜表面橘皮纹等打磨光滑，擦净表面脏物，常温干燥1 h。

用Q40-31或Q04-34硝基磁漆按上述方法调制后（硝基漆间隔10～20 min），最后两道可在磁漆中加入20%～30% Q01-1硝基清漆，最后常温干燥24 h。

将粘贴胶带、报纸部分揭掉，用稀料擦净不涂漆部分，装灯光和其他装饰零部件。如果表面品质要求较高，可进行全车抛光打蜡。

3. 刮涂不饱和聚酯腻子注意事项

1）不饱和聚酯腻子，通称原子灰腻子，因固化干燥较快，调配时一次不得调配过多，随用随配。

2）调配固化剂比例时可参照产品说明书，根据环境温度的高低，在使用范围内酌情调配。

3）调配腻子时主剂与固化剂一定调配均匀，不能用不干净的铲刀或带有固化剂的工具搅拌桶内主剂。

4）未用完的腻子不可回收再用。

复习思考题

1. 在汽车车身修理工作中，通常将一个汽车车身分成哪几个部分？各包括哪些零部件？
2. 导致汽车车身变形的因素有哪些？
3. 车身变形检测的基本步骤是什么？
4. 简述车身测量的意义。
5. 车身测量的方法有哪些？
6. 轿车矫正方法有哪些？
7. 简述保险杠损坏的维修方法。
8. 汽车车身局部修复常用工艺主要包括哪些？
9. 简述翼子板正面碰撞的维修方法。
10. 简述车门损坏的维修方法。
11. 简述车顶损坏的维修方法。
12. 发动机罩的调整内容是什么？怎么调整？
13. 调色操作要点是什么？
14. 刮涂不饱和聚酯腻子注意事项有哪些？

参 考 文 献

[1] 张凤山. 广州本田雅阁轿车结构与维修 [M]. 北京：机械工业出版社，2001.
[2] 马学高. 汽车车身结构与修复技术 [M]. 北京：北京邮电大学出版社，2008.
[3] 朱福根. 汽车使用性能与检测技术 [M]. 北京：北京邮电大学出版社，2008.
[4] 蒲永峰. 汽车诊断与维修 [M]. 北京：机械工业出版社，2005.
[5] 凌凯. 汽车资料编写组汽车维修检测与诊断技术 [M]. 北京：北京邮电大学出版社，2006.
[6] 周福林. 汽车底盘构造与维修 [M]. 北京：人民交通出版社，2007.
[7] 栾琪文. 自动变速器实用维修图集 [M]. 沈阳：辽宁科学技术出版社，2002.
[8] 黄嘉宁. 汽车检测实训教程 [M]. 北京：北京邮电大学出版社，2008.
[9] 于坤炎. 现代轿车制动防抱死系统构造原理与检修 [M]. 北京：北京理工大学出版社，1999.
[10] 嵇伟. 自动变速器故障诊断与检测 [M]. 北京：机械工业出版社，2004.
[11] 丛树林. 汽车底盘维修实训教程 [M]. 北京：人民交通出版社，2008.
[12] 李学民. 汽车故障诊断与维修技术 [M]. 重庆：西南师范大学出版社，2009.
[13] 闫永军. 汽车故障诊断与维修技术 [M]. 北京：高等教育出版社，2004.